主编简介

宋继革 男，汉族，1969年7月生，河北邯郸人，河海大学科技哲学专业毕业，研究生学历，哲学硕士，副教授。邯郸学院学工部部长、招生就业办主任。研究专长：科技哲学、教育管理、思政教育。主持完成河北省科技厅、省教育厅、省社科基金课题多项。主编教材《大学生军事训练教程》《大学生就业与创业指导》《大学生职业生涯规划》等，发表各级论文10余篇。

韩燕红 女，汉族，1973年5月生，河北邯郸人，邯郸学院传媒学院党总支书记。硕士，副教授，研究专长：比较文学与世界文学、思政教育等。参与完成河北省社科基金课题三项，主编《普通话水平测试指导》《赵文化资料汇编及注释》，参编《中国现当代文学中的文化融合与流变》《20世纪现代主义文学》《外国文学名著导读》《聆听三月——邯郸大学生诗歌选》等多部著作，发表论文10余篇。

高校校园文化建设成果文库

邯郸成语概说与集萃

主　编◎宋继革　韩燕红

副主编◎李建设

光明日报出版社

图书在版编目（CIP）数据

邯郸成语概说与集萃 / 宋继革，韩燕红主编．
--北京：光明日报出版社，2018.4
ISBN 978-7-5194-4161-6

Ⅰ.①邯… Ⅱ.①宋…②韩… Ⅲ.①汉语—成语—典故—通俗读物 Ⅳ.①H136.31-49

中国版本图书馆 CIP 数据核字（2018）第 081637 号

邯郸成语概说与集萃

HANDAN CHENGYU GAISHUO YU JICUI

主　　编：宋继革　韩燕红	
责任编辑：曹美娜　郭思齐	责任校对：赵鸣鸣
封面设计：中联学林	责任印制：曹　净

出版发行：光明日报出版社
地　　址：北京市西城区永安路 106 号，100050
电　　话：010-67078251（咨询），63131930（邮购）
传　　真：010-67078227，67078255
网　　址：http://book.gmw.cn
E - mail：caomeina@gmw.cn
法律顾问：北京德恒律师事务所龚柳方律师

印　　刷：三河市华东印刷有限公司
装　　订：三河市华东印刷有限公司
本书如有破损、缺页、装订错误，请与本社联系调换

开　　本：170mm×240mm	
字　　数：245 千字	印　张：15.5
版　　次：2018 年 6 月第 1 版	印　次：2018 年 6 月第 1 次印刷
书　　号：ISBN 978-7-5194-4161-6	
定　　价：68.00 元	

版权所有　　翻印必究

前　言

语言是文化发展与传播的重要载体。汉语在日积月累地演进与沉淀中含英咀华，凝练出了"成语"这一独特的词汇形式，它是深刻思想的凝练表达，是厚重文化的精致显现，是中华文明史最精巧绝伦的缩影。

邯郸是一座拥有着三千年历史的古城，在历史的风雨中遍观古今兴变，也由此诞生了灿烂的文化和不朽的文明。邯郸成语，广纳江南塞北风韵，深蕴文化哲理内涵，包罗万象，博采古今，在华夏历史长廊中独树一帜。据统计，与邯郸相关的成语典故共1500余条，邯郸市也因此被授予"中国成语典故之都"的称号。邯郸学院根植成语典故之都这片沃土，始终把弘扬和传播地方文化当作义不容辞的义务和责任。

近年来，邯郸学院高度重视成语典故文化的传承和弘扬，积极开展成语文化进校园的各种活动：邯郸成语故事讲读活动坚持不懈地开展；邯郸文化戏剧节营造了浓厚的成语氛围；邯郸成语典故征文、辩论赛、知识竞赛、校园成语大会等各种活动精彩纷呈。

在传统文化的丰厚土壤中，邯郸学院学子们也取得了丰硕的成果。在央视"2015中国成语大会"全国总决赛中，我校被称为"邯郸四霸"的四位选手取得了优异成绩，"白话灵犀"组合更是凭借自己深厚的成语功底和对成语共同的热爱和梦想，在决赛中勇夺亚军。

邯郸学院已把成语文化作为校园文化的重点内容纳入到教学活动、第二课堂活动之中，让同学们在实实在在的参与中感受到邯郸文化的独特魅力，接受中华民族优秀传统文化的熏陶和感染，在传统文化的丰厚土壤中成长成才。希望莘莘学子把成语文化学习落在平时，长期积淀，丰厚自己的文化底蕴，提升个人的文化品位，成为有文化、有气度、有品位、有境界的高素质人才。

邯郸学院党总支书记　杨金廷

目 录
CONTENTS

第一部分　邯郸成语典故概说 …………………………… 1

一、邯郸成语典故的界定和典源特点 ……………………… 2

二、邯郸成语典故文化继承与发展的载体 ………………… 5

　（一）文献记载 ……………………………………………… 5

　（二）戏曲传承 ……………………………………………… 7

　（三）建筑遗迹 ……………………………………………… 9

　（四）文化品牌 …………………………………………… 11

三、邯郸成语典故形成原因 ………………………………… 13

　（一）政治因素 …………………………………………… 13

　（二）经济因素 …………………………………………… 15

　（三）文化因素 …………………………………………… 16

四、邯郸成语典故的思想内容 ……………………………… 24

　（一）政治思想 …………………………………………… 24

　　1. 民本观念 …………………………………………… 24

　　2. 隆礼重法 …………………………………………… 27

　　3. 吏治观念、制度 …………………………………… 41

　　4. 变革图强精神 ……………………………………… 46

　　5. 开放包容精神 ……………………………………… 46

　（二）哲学思想 …………………………………………… 47

　　1. 荀子哲学思想 ……………………………………… 47

　　2. 公孙龙哲学思想 …………………………………… 49

3.《战国策》纵横家谋略与论辩技巧 …………………… 51
4.《颜氏家训》哲学思想 …………………………………… 52
(三) 教育思想 ……………………………………………………… 53
1. 荀子教育思想 ……………………………………………… 53
2.《礼记》教育思想 ………………………………………… 55
3. 曹操教育思想 ……………………………………………… 57
4.《颜氏家训》教育思想 …………………………………… 61
五、邯郸成语典故文化的当代价值 ………………………………… 64

第二部分 邯郸学院在传统文化进校园建设中的做法 …………… 71

第三部分 邯郸成语典故集萃 ……………………………………… 79
一、先秦时期 …………………………………………………………… 79
二、秦汉时期 …………………………………………………………… 116
三、魏晋南北朝时期 …………………………………………………… 184
四、唐宋时期 …………………………………………………………… 219
五、元明清时期 ………………………………………………………… 228

第一部分

邯郸成语典故概说

邯郸，坐落在河北省的南部，邯郸之域在西周时期属卫国，春秋时为晋地。晋国卿赵鞅（赵简子）将邯郸纳入自己的势力范围，从此邯郸便成了赵氏的世袭之地。到战国时，赵敬侯在公元前386年由河南中牟（鹤壁西）迁都邯郸，至公元前228年赵王迁被俘共经历了8代158年。赵国是战国七雄之一，邯郸也因此名扬天下。后来的汉文帝刘恒、唐太宗李隆基、明朝嘉靖皇帝、清慈禧太后等都来邯郸游历过。邯郸地名沿用三千年不改，是中国地名的一个特例。邯郸作为国家级历史文化名城，在政治经济军事文化上对中国的历史发展前进起着巨大的推动作用，对中国社会发展做出了不可磨灭的贡献。邯郸文化在中国文化史上占有重要地位，俯拾皆是的成语典故与历代大量文人墨客留下的文学作品、戏曲、摩崖刻经群交相辉映，彰呈了邯郸文化古城底蕴、人文精神。在上古时期就有美丽的神话《女娲补天》；邯郸磁山文化遗址更能证明邯郸早在几千年前就是黄河以北最早栽种粟物、最早饲养家鸡的人类生活居住场所。邯郸西边处太行山脚下，东接华北平原。土地肥沃，物产富饶，人杰地灵。得天独厚的地理位置使得邯郸成为兵家逐鹿之地。邯郸发展到西汉时期已经是除国都长安之外，与洛阳、临淄、成都、宛（南阳）并列为"五都之一""富冠海内，天下名都"，从战国到东汉兴盛达五百年之久。

成语典故文化是中国最古老的文化现象之一，人们常把邯郸称为"成语典故之都"，2005年10月26日，国家民间文艺家协会也以现行最高规格认同了这一称谓。

从文化载体角度讲，成语典故有浓缩一个完整历史故事的，还有蕴含社会和人生哲理的，也有记载风俗民情的，可以说承载着历史、哲学、社会风俗等社会各方面的文化信息，内涵相当丰富，具有独特的传承、传播历史文化的功能。

从汉语言文化发展的角度看，成语典故增添了汉语语言的艺术表达魅力。它用最简洁的语言准确形象地记录着历史，同时也在表达着人类丰富的思想和感情，达到了语言艺术的高超境界。它是文学语言中的画龙点睛之笔、锦上添花之笔、会意传神之笔。

从社会教化功能看，民族文化系统的深层意识就是该民族的自我意识，它支配着人们的一般文化观念和价值观念，以及由这些观念而采取的社会文化行为。就邯郸成语典故来说，励志类有"胡服骑射""毛遂自荐""青出于蓝胜于蓝""破釜沉舟"等。资政类有"任贤使能""奉公守法""水则载舟，水则覆舟""开源节流"等。启智类有"围魏救赵""绠短汲深"等。省身类有"负荆请罪""黄粱美梦""铸成大错"等。喻世类有"纸上谈兵""邯郸学步"等。寓意类有"完璧归赵""美意延年"等。

从民族精神和性格的培育上讲，邯郸的众多经典成语典故，已成为中华民族传统文化和传统美德的标志性语言，堪称中华民族精神的集大成者，为中华民族精神的形成做出了重要贡献。如"胡服骑射"，体现了"开拓进取、竞争图存、兼收并蓄、改革创新"的伟大精神。"毛遂自荐"成为挺身而出的代用语。赵奢"奉公守法"提供了"以法治国"的范例，成为千古政训。廉颇、蔺相如联袂上演的"将相和"的历史活剧，是摒弃前嫌、团结御侮的象征。蔺相如的"完璧归赵"，不仅表现了他的大智大勇，成就了他一代贤相的美名，而且被引申为"完璧奉还""诚实守信"等意义，成为中华民族传统美德之一。

一、邯郸成语典故的界定和典源特点

研究邯郸成语典故文化，首先必须搞清楚邯郸成语典故的界定范围和典源。《现代汉语词典》指出，成语是"人们长期以来习用的、简洁精辟的定型词组或短句。汉语的成语大多由四个字组成，一般都有出处。"典故是"诗文里引用的古书中的故事或词句"。可以看出，成语和典故是两个不同的概念，成语是从其特有的结构形式和功能的角度来说的，典故却是从语源的角度来说的。判定成语典故的标准大致有两条：一是其本身出自于权威性的经典著作，即有所本。二是成语的内容包蕴着较强的故事性，或是本身就是一个完整故事的概括；或是其本身不具有故事性，而是与之紧密相关的事物却有故事性，从而使它也具有了故事性。从这两条标准看，成语典故一般要具有鲜明的历史故事性、哲理性特点，所以一个地方的典故必须要与当地的历史存在较为密切的关系，并具有一定的哲理或现实意义。

秉承以上主要宗旨，收入邯郸成语典故的根本原则，应看其典故内涵与邯郸历史（包括政治、经济、文化等各个领域的历史）、地域或邯郸人物之间联系的密切程度。至于这种程度的理解，还需要我们根据每个条目的取材内容、产生的背景、原因等多方面情况去研究，去把握。具体有：

1. 与邯郸历史有较为密切关系的经典历史故事凝结成的成语典故。不论典故中的主人公是否为邯郸人，不论故事发生在邯郸地域内和地域外，都可称为邯郸典故。如"胡服骑射""围魏救赵""毛遂自荐""黄粱美梦""路不拾遗""奉公守法""负荆请罪""破釜沉舟"等。

2. 邯郸曾作为先秦赵国国都、两汉诸侯国都；邺城曾是三国魏、后赵、冉魏、前燕、东魏、北齐六朝故都；大名也曾一度为北宋的四个陪都之一——北京。都城作为一国的政治、经济、文化中心，是各种政策法令所出之地。所以与帝王、后妃、将相、名臣等活动在都城内的国家重要人物密切相关的历史故事、逸闻趣事等演化成的成语典故，也可视为邯郸成语典故。如"腹心之患""完璧归赵""一言九鼎""脱颖而出""纸上谈兵""铜雀分香"等。

3. 赵文化作为以赵都邯郸为中心的地域文化，已得到学术界公认。先秦赵国的历史是赵文化的主要载体。为赵国奠基做出贡献赵氏先祖的历史理应看作赵文化的范畴。所以从赵氏起家到三家分晋，围绕赵氏先祖及其重臣和赵国成长过程中发生的历史故事演化成的成语典故，也可有选择地纳入邯郸成语典故的范畴。如"按兵不动""夏日之日""冬日之日""赵氏孤儿"等。

4. 邯郸人或赵人所著的文学作品以及非邯郸人所著的关于邯郸历史的著作、传说、寓言故事中，提炼出的相关的成语典故，可有选择地视为邯郸成语典故。如"管窥锥指""绠短汲深""温故而知新""登高望远""白马非马""邯郸学步""任贤使能""三纸无驴"等。

5.《史记》《汉书》等二十四史和《战国策》《左传》等典籍以及历代诗词歌赋、戏曲小说中有关邯郸的历史故事、叙事议论之词演化成的成语典故，应该列入邯郸成语典故的范畴。如"抵掌而谈""目中无人""百炼成钢""城门失火，殃及池鱼""釜底抽薪""十恶不赦""兼听则明偏信则暗"等。

6. 围绕与邯郸历史相关的故事、名人产生的成语典故。如"奇货可居"等。需要指出的是，因为每个成语典故都与历史人物有着根本联系，所以确定人物的范围是收入条目的一个关键。其祖籍是赵人或邯郸人，或者其本人是邯郸籍贯但一生不在邯郸地域内活动的人，围绕他们发生的历史故事或其文学作品中演化出的成语典故，不应或大部分不应视作邯郸成语典故，因为这些成语典故产生的物质环境和思想基础都与邯郸无关，如邯郸淳及其作品等；相反，有些人不是邯郸籍贯但长期生活在邯郸地域内，以及外地人根据有关邯郸历史故事撰写的文学作品中演化出的成语典故，却可以看作邯郸成语典故。如颜之推的《颜氏家训》、沈既济的《枕中记》、纪君祥的《赵氏孤儿》等作品中所出的成语典故；还有些邯郸籍人（生于邯郸）因某种原因曾离开邯郸地域，围绕他们产生的成语典故，也可有选择地当成邯郸成语典故。如晋学者束晳、唐相魏征、金相赵秉文、清学者崔述等人的论著中形成的成语典故。

目前，学术界对于邯郸成语的概念及其收入原则的理解和认识还不统一，所以造成各位学者所收条目数量也存在很大差距。从已有的成果分析，邯郸成语典故的典源可以归结为以下几个明显的特点：1. 典故的时代以先秦战国为主，基本上涵盖了我国古代史的各个时期。2. 从地域范围看，以邯郸、邺城为中心，基本上每个县市区多多少少都有成语典故产生。3. 从典故的载体看，除以《史记》等二十四史及《战国策》《荀子》等重要的典籍为主外，还涉及了我国各个历史时期众多的古典小说、戏曲、散文、笔记等文艺、文学作品。4. 据有关资料显示，我国成语典故数量近万条。如果邯郸成语典故按照近千条计算，占十分之一，数量十分可观。特别有意义的是，邯郸成语典故中包含有我国许多历世的经典之作。同时具有数量和经典这两方面优势，这在国内其他地区还是不多见的，我们认为，这正是邯郸无愧于"成语典故之乡"美誉的理由，二者缺一不可。

二、邯郸成语典故文化继承与发展的载体
(一) 文献记载

在邯郸成语典故文化传承的过程中,以文字为载体的各类文献,一直是最主要的载体。在长达几千年的中华历史文明中,邯郸成语典故文化以多种形式散见于史籍的记载中。《左传》《国语》《战国策》《吕氏春秋》《史记》《汉书》《乐府歌词》《荀子》《慎子》《公孙龙子》《庄子》《三国志》《礼记》《魏书》《新旧唐书》以及唐传奇、元曲、明清章回小说等,都以不同形式记录了邯郸独有的历史与文化。

邯郸馆陶人荀子是我国战国时期赵国的大哲学家,与孔子、孟子齐名,是儒家的代表人物,韩非、李斯都是他的学生。他著有的《荀子》一书,是优秀的散文集,个别篇章采用民歌形式,对后来的赋有一定的影响。公孙龙,战国思想家,字子秉,赵国人。毛苌,西汉时诗学"毛诗学"的传授者,《诗经》就是毛苌注释的"毛诗"。汉乐府《陌上桑》的故事就出自邯郸,其艺术成就对魏晋南北朝、元明清的戏曲小说产生了主要影响。邯郸馆陶人魏征,字玄成,是唐朝的政治家、名臣,为官正直坦诚、严于律己、敢于直言,唐贞观二年(628)秘书监魏征请诏集学者校定四部书。魏征等编写《隋书》书中的《经籍志》与《汉书·艺文志》并称为我国古典目录学的典范作品,是现存最早的史志目录,把图书分为经、史、子、集四部47类。魏征死后,唐太宗亲自撰碑文:"以铜为镜可以正衣冠,以史为镜可以知兴衰,以人为镜可以知得失。"给予魏征很高的评价。另外唐人沈既济的《枕中记》、元人马致远的杂剧《黄粱梦》、明人汤显祖《邯郸记》、清人蒲松龄《续黄粱》以及诗人李白"秦陵失本步,笑煞邯郸人"的诗句,都是表现邯郸的作品,极大地丰富了中国文化艺术的文学宝库,是对中国文化的一种贡献。还有政治家、军事家、诗人曹操,曾在邯郸的临漳邺城生活过、战斗过,建安十八年(213)汉献帝册封曹操为魏国公,于邯郸建都,在三台村亲手设计督造铜雀台,同时还屯田安民、兴修水利、开修道路。邺城是东汉末年魏晋时期中国政治文化中心,四百年间,为北方著名古都,曹魏到北齐相继在此建都。"三曹七子"在此吟诗当游,成就了建安文学。中国封建社会的第一位皇帝——秦始皇于公元前259年出生在邯郸,取名

叫嬴政，父亲曾是秦国放在赵国的人质，两国发生战争时，秦昭王逃回秦国，而秦始皇却和母亲赵姬在战乱中的邯郸艰难生活了九年之后才回到秦国，秦王政于公元前246年即位，时年13岁，吕不韦为相国，号称仲父，到公元前238年秦王亲政终于统一了中国，建立了专制主义中央集权封建国家，这些是与秦始皇在赵国邯郸所经历的九年战乱生活分不开的。可以说邯郸的政治家、军事家们拥有着高度的智慧，博大的胸怀和无比的创造力，创造出举世闻名的赵文化，给我们留下了一笔宝贵的财产，丰富了中国文学宝库。邯郸深厚的文化底蕴，造就了许多燕赵有识之士，使邯郸成为一座历史文化名城，邯郸的大名、永年等许多县，也曾在历史上有着浓重一笔。

现代人对于成语典故文化的辑录与研究工作开始于20世纪80年代。最初的邯郸成语典故辑本为内部发行刊物，多是由于某种需要而编写，后来则多为正式出版书籍，经历了一个发展过程，现整理如下：

《邯郸成语典故选》，柴国柱、梁辰、张记书、郑暄编选，1983年10月编印，内部资料本，收录成语典故51个，附录为古文部分。《邯郸成语典故集萃》，申有顺、梁辰编著，1990年编印，内部资料本，收入成语典故267个。《邯郸成语故事》，邯郸市文联编，柴国柱执笔，河北少年儿童出版社，1989年1月出版，收入成语故事42篇。《邯郸成语典故》，柴国柱编著，国际文化出版公司，1996年1月出版，收入成语典故91个。《邯郸辞典》，张建华编著，科学普及出版社，1996年版。这部辞典分为十个部类，成语与典故是其中之一。《邯郸成语典故集》，郝在朝编著，中华工商联合出版社，1997年版，中华联合出版社发行，收录成语典故1584条，徐怀中作序。《邯郸成语典故》（画册），张树芬编，景英豪、范美丽翻译，中国文史出版社，1998年版，两册。《邯郸成语典故》（画册），王树义编著，朱振芳、阎真等绘图，中国文史出版社，1998年出版，上下两册。《邯郸成语典故集萃》（画册），杨青藻绘图，邢春民编文，中国文史出版社，2003年12月出版，收入成语典故58条。《邯郸成语精选》，张永生、陈军编著，内蒙古人民出版社，2004年4月出版，收入成语61个。《历史·成语》，朱金玲编著，中国文史出版社，2005年8月出版。《邯郸成语故事600篇》，王树义编著，中国文史出版社，2006年1月出版。《邯郸成语典故辞典》，申有顺主编，编著者有梁辰、马延良、乔永生，研究出版社，2008年版。

《邯郸成语典故读本》，刘安平、蔡其伦、高宇征、李玮著，北京大学出版社，2011年04月。《邯郸成语典故》，苑清民著，中国社会科学出版社，2011年12月。《战国成语与赵文化之邯郸学步》，周功鑫著，三联书店（香港）有限公司，2014年12月。此外，关于邯郸现代学者研究的邯郸成语典故的辞书还有几种，这里不再枚举。

（二）戏曲传承

戏曲是我国传统的艺术表现形式，它来自于民间歌舞、说唱，融合了各地不同的民间艺术、风土人情以及审美习惯，因此，每一个地方戏曲都是人民大众创造的精神财富，是一个地方的文化见证。中国的戏曲文化与邯郸的成语典故文化水乳交融，互为表里，从元代起，就已经相得益彰了。元杂剧是集文学、音乐、舞蹈、美术、杂技、武术和表演为一体的综合性艺术，是继唐诗、宋词之后又一个文学主流，开启了中国文化发展的又一个新时代。邯郸的成语典故顺应潮流，出现在纪君祥、马致远、汤显祖等名家笔下。

纪君祥是我国元代著名的杂剧作家，元大都人，生平事迹无考。仅知他与郑廷玉、李寿卿为同时代人，是元杂剧鼎盛时期的人物。一生创作有六部杂剧作品，只有《赵氏孤儿》与《陈文图悟道松阴梦》有残存轶文，其中《赵氏孤儿》影响最大。《赵氏孤儿》全名《冤报冤赵氏孤儿》，取材于春秋时代晋国的历史事实与传说，《公羊传》卷十五、《穀梁传》卷十二、《国语》卷十一、《史记》中都有对这个故事的记述。包括赵、屠两家的恩怨，搜孤救孤的故事轮廓，程婴、公孙杵臼等人物。纪君祥在这些史料的基础上组织出了一个悬念重重、冲突激烈、扣人心弦的故事。而赵氏孤儿的故事，在宋元的历史背景下又有着特殊的意义。抗元英雄文天祥有诗云："英雄未死心为碎，父老相逢鼻欲辛。夜读程婴存赵事，一回惆怅一沾巾。"赵氏孤儿打动文天祥与打动纪君祥的应该是同一个情结，那就是反元复宋的思想，它赋予了邯郸成语典故文化另一种新的深刻含义。《赵氏孤儿》还是我国第一个被译成外文的戏曲。1735年被译成法文，由普雷马雷（马若瑟）翻译，在巴黎出版，名称为《赵氏孤儿：中国悲剧》。1755年法国文豪伏尔泰改编的《中国孤儿》在法国上演。此前，1748年，意大利作家梅塔斯培齐奥改编的《中国英雄》在本国发行，后来又有英文、德文、俄文等版本问世。所以，王国维在《宋元戏曲考》中曾评论它说："即列于世界大悲剧中，亦无愧色也"。

马致远，号东篱，一说又字千里，大都人，元代著名的杂剧作家，有"姓名香贯满梨园"之称，元代音韵学家周德清尊马致远为杂剧四大家之一。一生共写杂剧十五种，现存七种，《邯郸梦》是他根据唐人沈既济的传奇《枕中记》改写的著名杂剧之一，与明朝汤显祖的《邯郸记》，无名氏的《三化邯郸》（邯郸道卢生枕中记）都取材于一个故事。

汤显祖，字义仍，号若士，亦号海若，又号清远道人，别号玉茗堂主人，临川人。一生饱经忧患，先为南京太常寺博士，后为浙江遂昌知县，痛感政事之不可为，辞官还乡。万历二十六年春，回到临川老家构筑玉茗堂隐居，全力投入文学戏剧的创作活动。汤显祖一生所做传奇有《紫箫记》《紫钗记》《还魂记》（《牡丹亭》）《南柯记》《邯郸记》五种，后四个剧目里都有做梦的情节，世称"玉茗堂四梦"或"临川四梦"。其中《邯郸记》虽然借用了吕洞宾度卢生的故事，宣扬道家思想来点化世人，但剧本的主题着重于暴露科举制度的腐败和官场的尔虞我诈。主人公卢生与《南柯记》中的淳于棼不同，他完全是一个追求功名利禄的政治钻营者，采取各种手段，从穷书生爬到上层权臣的地位，在官场上出生入死，出将入相，其传奇的一生就是封建官场的现形记。汤显祖的作品和艺术活动影响深远，效法于他的"临川派"戏剧家在明代有吴炳、孟称舜等，在清代有李渔、洪升等。直到今天，"临川四梦"还保留在昆剧舞台上。

明清之后，邯郸成语典故里的这些传统剧目长期活跃在舞台上，经久不衰，并被改成了多个剧种形式演出，遍及大江南北。这当中既有京剧，也有昆剧，既有豫剧，也有梆子。从戏剧艺术上讲，反映邯郸成语典故故事的作品远不止这些，放眼今天的舞台，仅京剧一个剧种，就有《将相和》《廉颇负荆》《完璧归赵》《西门豹》《文姬归汉》《二度梅》等。仅《赵氏孤儿》一个剧目在京剧中就有《赵孤儿》《搜孤救孤》《兴赵灭屠》等名称。而古代无名氏的《马陵道》与今天湘剧的《马陵道》更有同工异曲之妙，其中，湘剧《马陵道》曾获文化部中国曹禺戏剧文学奖。越剧中的《魂断铜雀台》则把人们的目光又一次投向了战火硝烟中的儿女情怀。无疑，剧目繁多、剧种多样、区域广泛是邯郸成语典故文化在我国的一个带有创新发展性质的文化现象，也使邯郸的成语典故文化有了更广泛的群众基础和社会影响。

(三) 建筑遗迹

武灵丛台是古代邯郸的象征，丛台一名，始见于《汉书·高后记》，但实际建造的年代相传是战国时代。释其名义，唐颜师古《汉书》注云："连聚非一，故名丛台"。这是说当时这里有许多高台，比肩耸高，所以叫丛台。古人曾用"传说宫苑似蓬莱，丛台高耸云霄外，天桥接汉若长虹，雪洞迷离如银海"的诗句，描写丛台的胜观，此言并非虚谬。唐人李白、杜甫也都在《自广平乘醉走马六十里至邯郸登城楼览古书怀》与《壮游》中借此抒发豪情，大清皇帝乾隆也在这里以一首七律诗大展文才，真是笔思千古，雄风犹在，使人遥想当年赵武灵王改革的猎猎大风。丛台最上一层的据胜亭上，有"夫妻南北，兄妹沾襟"八个鎏金大字，从而把梅良玉、陈杏元丛台诀别的场景再现了出来。梅开二度，触及伤怀，今天想来又不失为人生一件快事，丛台可鉴。

"回车巷"位于邯郸市城内中街南段，全长约75米，宽约1.8米，相传是赵国上卿蔺相如给大将廉颇回车让路的地方，所以又叫"蔺相如回车巷"。明代万历十二年（1584），邯郸知县肃察在此，巷东口墙上镶有石碑，刻有"蔺相如回车巷"六个大字。遗憾的是，该碑在"文化大革命"中被砸毁，面目全非。"回车巷"文化的深处，正是那些岁月不能抹去的"将相和"和"负荆请罪"的历史故事。

邺城（今河北省邯郸市临漳县境内）始建于春秋齐桓公时期，距今已有2700多年，地处太行山东麓南北交通要冲，背倚太行，东眺齐鲁，物阜粮丰，历来为兵家必争之地。战国时期，具有雄才大略的魏文侯曾一度以此为都。其间，他委托西门豹为邺令。西门豹不负君命，大破"河伯娶妇"的骗局，为民除害；后又开凿渠道，引漳灌田，发展农业生产，泽被后世。其后，邺城的重要战略地位越来越被军事家和政治家所垂青，先后有曹魏、后赵、冉魏、前燕、东魏、北齐六个朝代在此建都，成为当时中国北方政治、经济、军事和文化中心。尤其是曹操在邺城建都时期，创造了一个极其辉煌的历史时期。东汉建安九年（204），曹操一举击败占据邺城的冀州牧袁绍，自领冀州牧。之后，他一面进行统一北方的战争，一面把邺城作为大本营积极营建。他"挟天子以令诸侯"扫荡群雄，虎视吴蜀，使邺城成为北中国的施政中心。当时，曹操广拓城垣，兴建宫室，使邺城"东西七里，南北五里"，城内宫殿、衙署、苑囿等鳞次栉比，颇具规模。尤其是在城市建设的布局上，曹操独具一格，开创了"中轴对称，衙署与民居分建，成棋盘格状"的建筑格局。这种城建格局，开了城市建筑史上的先河，历朝历代争相效仿。其影响甚至远及海外，日本的奈良（平城京）等城建格局也竞相效仿，成为城建史上的佳话。

曹操于建安十五年（210），在邺城西墙北部，以墙为基，筑起铜雀台，高10丈，上有房屋一百余间；建安十八年（213），于铜雀台南面的城墙上又筑起金虎台（后赵时因避建武帝石虎讳改为金凤台），高8丈，上有房屋135间；建安十九年（214），又在铜雀台北面的城墙上筑起冰井台，上有房屋140间。三台相距各六十步，上有阁道式浮桥相通。"施则三台相通，废则中央悬绝"，巍峨耸峙，蔚为壮观。曹操修建三台的目的，一是把其作为饮宴歌舞、接待宾客的重要活动场所；二是因当时战争频繁，政敌甚多，他经常置身于铜雀台上，以防不测，实质上也是一个重要的军事据点。据史料载，建安十八年左右，他曾在铜雀台上一举粉碎将领严才发动的叛乱，巩固了自己的统治。此外，在铜雀台的东面不远处还建造有颇具规模的皇家园林——铜雀苑。曹操父子经常在这里与邺下文人们吟诗作赋，使这里成为"建安文学"的发祥地，"建安文学"的创作活动日益繁荣昌盛，邺下文人集团的代表"建安七子"（除孔融外）经常活动于此，写下大量诗文，在我国文学史上留下了辉煌一页。另据传，当时的一代才女蔡文姬被曹操从南匈奴手中用重金赎回后，就在铜雀台上接见了她。蔡文姬兴之所至，即兴在铜雀台演奏了自己的名作《胡笳十八拍》，成为文坛上的佳话。东晋十六国时期，后赵石勒、石虎都曾对邺城大加营建。石虎还增高铜雀台，在其上建五层楼，去地共高27丈，并在楼顶铸1.5丈高的铜雀，改金虎台之名为金凤台，在台顶铸金凤，并对冰井台也进行修缮。公元550年北齐建立后，又对三台进行过扩建。

邺南城为东魏高欢于公元534年始建，东西六里，南北八里六十步，规模宏大，殿宇堂皇。公元550年高洋建立北齐后，在邺南城又建了许多新的建筑，尤其是他修造的仙都苑、东明观等更是颇负盛名。南北朝时期，佛教文化发展到了一个高峰时期，作为北方政治中心的邺城，自然也成为佛教文化中心，当时著名的禅宗二祖慧可及大和尚浮屠澄、道安等就活动在邺城，影响非常大。

据史料载,当时在邺城就有"佛寺四千所,僧尼近八万",达到了极盛时期。北朝时期,随着北方少数民族政权入主中原,邺城成了中国北方民族大融合的交汇点。在这里少数民族和汉族人民共同生活,相互包容,共同促进了社会的进步和发展,成为我国历史上民族大融合的重要历史时期。

(四)文化品牌

在品牌至上的时代里,应细心地去铸造文化品牌。品牌的背后埋藏着巨大的社会效益和大量的无形资产。在这一点上,邯郸的业内人士为铸造邯郸成语典故文化的品牌做出了长期不懈的努力,从而又赋予了邯郸成语典故文化以更多的内涵和更深刻的社会意义。它表现在以下一些方面:

磁州窑是中国陶瓷艺术的瑰宝,多少世纪以来,这种文化之根深植于邯郸大地的沃土中,历经千年而窑火不熄。大量的邯郸成语典故出现在磁州窑艺术品上,与美丽的陶瓷艺术交相生辉。这种盛况不仅出现在中国古代时期,更多的还表现在当今的陶瓷生产中。各种邯郸成语典故文化的造型跃然瓷上,栩栩如生,勾勒出了一幅幅邯郸历史的风情画。现在,仅峰峰一地就有这类的厂家不下几十家,产品远销二十多个国家和地区,邯郸成语典故也随之名扬远播。

以邯郸成语典故文化为题材,将邯郸历史文化注入"赵绣"刺绣艺术,形成具有邯郸地方特色的旅游纪念产品和刺绣精品,是邯郸的业界人士继承、利用、开发"赵绣"艺术的一次成功尝试,引起了世人的关注。这是原邯郸市旅游研究会副会长杨青藻在所著文章《邯郸成语典故苑与赵绣艺术》一文中提出的带有震撼性的观点之一,也是邯郸生产企业与邯郸成语典故文化相结合的成功范例,文章指出:"面临改革开放的形势,一批批外宾的参观,拿出什么产品来满足外宾的需求是摆在我们面前的一个重大难题和当务之急。经厂技艺人员反复研讨多次论证决定,立足现有条件,扬长避短,紧紧抓住特色和地方题材,先后选出黄粱梦、学步桥、将相和、二度梅、照眉池、窃符救赵、胡服骑射、西门豹治邺、铜雀台、苏三起解、罗敷采桑、响堂石窟、武灵丛台等几十个邯郸成语典故和名胜古迹的题材与赵绣艺术密切结合,开发出了赵绣挂屏、被单套、窗帘、手绢、枕套、台布等二十个品种产品,受到了国内外市场的广泛欢迎。'赵绣'这一古老技艺在继承的基础上进行创新,在不断的实践中,先后总结出了赵绣以人物见长、花卉次之;图案以吉祥物为主题的特点,并在生产中

11

予以运用。在用色对比上他们讲究鲜明强烈，粗犷奔放；在针法上他们注重沿袭民间刺绣中辫绣的传统针法，以及平针、长针、打籽绣等针法的使用；在面料上他们善于采用以绫、绢、绸、缎为底色，根据题材随形赋彩，逐步形成了赵绣艺术的新风貌。"杨青藻先生在文章的第四部分"赵绣中邯郸成语典故类产品的社会效益"中还写道："产品问世后，受到了社会上多方面的关注，特别是受到了外宾的好评。""产品被外国团队抢购一空，先后接待了美国、法国、德国、西班牙、意大利、加拿大、泰国、荷兰、日本等 30 多个国家和地区的朋友，达 1000 多人次。"使邯郸的成语典故文化在对外交流中发挥了积极的作用，扩大了邯郸文化的影响。

  剪纸艺术在邯郸有着悠久的历史。有材料记载说，邯郸县的剪纸艺术可以追溯到人类文明的初年——夏代。唐宋之际，由于造纸业的兴起，剪纸艺术广为流传，结合民俗用于节日装饰和点缀，还出现了喜花、门花、礼花等类型，有了新发展。这里，我们姑且不去考究其源流，仅就这门艺术来说，无疑又给邯郸成语典故文化品牌的打造提供了新平台。剪纸艺术在邯郸流传着两种形式：一是单色剪纸，二是刻制染色，主要用来装饰环境，如窗花、门花、壁花等。现代的代表人物有老艺人孔繁锦、王秀梅母女和闫飞等人。主要作品有《黄粱美梦》《武灵丛台》《负荆请罪》《梅开二度》《邯郸学步》《完璧归赵》《奉公守法》《一言九鼎》《窃符救赵》《纸上谈兵》《胡服骑射》等。这些作品多次在国内、国外展出，备受青睐。其中王秀梅、闫飞的一些作品还荣获 2004 年全国成语典故邮票参展一等奖，并多次接受国家、省、市电视台和报社的专访和报道，受到了国内外专家的高度评价。王秀梅女士还把成语典故文化的剪纸艺术拓展到扑克牌领域，让人们在休闲中体会到文化带来的乐趣，可谓匠心独运。但就目前而言，这种剪纸艺术给人们带来的效益是有限的，尚需人们进一步拓宽视野，扩大交流，从而铸造出邯郸文化产品的多张品牌。这种品牌的打造还应该深入到其他领域中去，例如魏县的花布染织、土纺土织，鸡泽的土布织字，磁县的印花布，肥乡的纺织等。

  邯郸的成语典故文化还表现在书法、雕刻、绘画、陶瓷、草编等技艺上，邮票、贺年卡、纸扇、扑克牌上也都有这种文化的印痕。需要指出的是，不仅我们国内发行了邯郸成语典故的邮票，2002 年，中国与斯洛伐克还发行了两枚国际邮票,叫"亭台与城堡",亭台选取的是邯郸丛台,城堡选取的是斯洛伐克的"博伊尼采城堡"。此套邮票的发行使丛台走向了世界,成为世界闻名的古老亭台之一,使人们对邯郸的历史文化有了更直接的感受。

的确,无论在古代东方还是在现代社会,很难再找到一个城市或地区的成语典故文化能与邯郸相比拟,因此,我们说这种文化是邯郸历史文化发展的一个显著特征。文化是一个城市和地区得以长期延续的根基。邯郸成语典故文化以自然传衍着的文化因素,以更接近于人性之本真的品质,吸引和影响了一代又一代人。下面我们试图去解读这一特殊文化现象的成因,以期能够更好地继承和发扬这一文化的精神。

三、邯郸成语典故形成原因

(一)政治因素

从一定意义上说,文化的产生与衍传离不开政治。邯郸成语典故文化是政治作用于社会的产物。

先秦时期,《竹书纪年》载:"自盘庚徙殷至纣灭二百七十三年,更不徙都。纣时稍大其邑,南距朝歌,北据邯郸及沙丘,皆为离宫别馆。"据此推算,邯郸至少已经有三千多年的建城史。在这漫长的岁月中,作为一个历史城市的邯郸城及周边地区在中国历史上留下了浓墨重彩的一笔,这对邯郸成语典故文化的形成奠定了深厚的基础。

赵国自赵襄子元年(前475),到赵王嘉被秦俘虏(前222)灭亡,共经历了十二代十三位国君,存在了253年。这里不乏政治家,赵武灵统治时期,进行了胡服骑射改革,消灭了心腹之患中山国,向北方扩地千里,南北连成一片,实力大增。但到赵孝成王时期,赵国内部各种惰性因素开始滋生膨胀,政治日益腐朽,特别是经过长平之战后国力日渐衰微,最终被秦国所灭。这里也不乏家,廉颇、赵奢、李牧都曾称雄当世;这里也不乏外交的练达之士,蔺相如面对秦王的咄咄逼人之势,不辱使命,完璧归赵;这里也不乏一些令人称道的小人物,毛遂的果敢与智慧,让人们想起了"一言九鼎"的成语典故,如此等等,大量成语典故的文字记载、野史拾遗、小说戏剧在传承中不绝于史。历史证明,邯郸历史上的一些厚重的成语典故大都产生于这一历史时期。

公元前222年，秦灭掉赵国后，设置了邯郸郡。西汉时，邯郸大部分时间是作为诸侯国赵国的国都所在地。就其诸侯王来说，初为张氏赵国，吕后时曾为吕氏赵国，其余绝大部分时间为刘氏赵国，共历13个赵王。东汉时期，继续设置赵国，仍以邯郸为都城，又历8个赵王。建安十八年（公元前213年），曹操正式废除赵国，迁赵王刘珪为博陵王，从此赵国绝封，邯郸成为魏郡统治下的普通一县。

秦汉之际的邯郸在政治上仍不失为一个区域的政治中心。政治的腥风血雨一直在这块土地上激荡，孕育出了许许多多的成语典故。没有周昌的"期期"，就谈不上邓艾的"艾艾"。同样，没有赵国与韩信的战争，也不会有"背水一战"等成语典故的产生。

汉末、三国之际，邯郸的区域政治中心地位趋于衰落，代之而起的是距邯郸城三十余公里的邺城。公元204年，曹操占据邺城后，建立了一个相对稳定的政治中心，许多文士在饱经战乱之苦后，相继奔往邺城，归附到曹氏周围，形成了以"三曹""七子"为代表的庞大文人集团。他们战时随军，归来习文作诗，留下了大量诗作，悲感苍凉，骏爽刚健，从而形成了建安年间的文学主流，被后人称为建安风骨，丰富了中国文学的宝库，同时，"老骥伏枥、志在千里""曹冲称象"也为邯郸成语典故体系的形成做出了历史性的贡献。

十六国与南北朝时期，后赵、冉魏、前燕、东魏、北齐又相继在邺城建都，使邺城再次成为黄河以北地区的政治、经济、军事、文化中心。尽管这些王朝历时较短，但也留下了一些见之于青史的人文故事，如惊慌失措等。

宋辽时期，大名是继临漳之后在邯郸区域兴起的又一个政治中心。唐时设魏博节度使，治所就在大名县境内。宋初，设置河北东路，路治又在大名府，下辖三府、一州、五十七县。宋辽对峙时期，大名又成为陪都，有道是"北方锁钥"，称之为"北京"，成为冀南一带的政治中心，并延续了一个较长的历史时期。晋公子重耳"乞食五鹿"的典故发生在这里；而马陵之战的硝烟又仿佛勾起了人们对古代战场的回眸，自大的庞涓由于恣意骄横，结果被孙膑打得一败涂地。

近代以后，中国开始沦为半殖民地半封建社会，由此也揭开了近代邯郸人民革命斗争的序幕。在长期艰苦卓绝的斗争中，英勇的邯郸人民始终与民族同呼吸，共命运，写下了邯郸近代历史的新篇章。尽管这时的邯郸社会仍然保持着落后的政治与经济形式，但人民在革命斗争中展现出来的红色文化精神，逐步汇聚成一股历史的洪流，继承并丰富了邯郸成语典故文化的内容。

中华人民共和国成立后，在中国共产党的领导下，邯郸的文化事业进入了一个新的发展时期。火热的社会实践活动为邯郸成语典故文化的发展提供了更为广阔的空间，从而使得邯郸的成语典故文化在继承中发展，在发展中创新，在创新中前进。

（二）经济因素

经济基础决定上层建筑。文化作为一种意识形态，既受经济基础的制约，又推动着经济与社会的进步。彼此之间存在着密切的关系。

1. 农业、畜牧业、手工业的发展

《国语·晋语九》载："邯郸之仓库实"，说明早在春秋时期，邯郸的农业、手工业发展就达到了一定水平。公元前546年，卫国统治集团发生了一次政变，卫献公的弟弟"出奔晋，织绚邯郸，终身不言卫"（《春秋·穀梁传》），可以看出，当时邯郸的手工业已经较为发达了。

到战国时期，荀子在他的著作中提出了"开源节流""强本节用"的理论体系，荀子认为人可以战胜自然，如果"强本而节用，则天不能贫""本荒而用侈，则天不能使之富"，而"本事不理"和"政令不明，举措不时"同样为人祸。荀子的这种农本理论既是对中国农业理论的重要贡献，也极大地丰富了邯郸成语典故文化的内容。

在列国中，赵国的手工业发展同样占有重要的位置。赵国的国都邯郸是重要的冶铁中心，不仅有着丰富的矿产资源，而且也有着较为精湛的冶铁技术。此外，赵国的铸铜业、制陶业、酿酒业、玉石业等，都保持着较高的水平，呈现出一派兴旺景象。

赵国的畜牧业有着悠久的传统。《史记》载"车千乘，马万匹"，可谓充分地反映了赵国畜牧业发展的情况。《廉颇蔺相如列传》附《李牧传》也称李牧在代地"大纵畜牧，人民遍野"，都说明了这一问题。

2. 商业、货币及城市经济的发展

独特的地理位置和相对宽和的经济政策，使赵国的商业在社会经济中占有相当的比重。仅从货币种类讲就有青铜铸币体系、黄金体系和布币体系等，充分体现出赵国商品经济的繁荣。与此相适应，赵国的度量衡制度也较健全。货币体系及度量衡制的健全，极大地促进了赵国商业的发展。这不仅使商品交换日益活跃，也使赵国出现了一些名噪一时的大商人，见于史籍的郭纵和卓氏都是以冶铁致富的大商人，富比王侯，"家累千金"。

西汉后期，邯郸成为全国著名的商业城市，与洛阳、临淄、宛、成都并称为五大都市，建立了一系列商业管理机关，市场繁荣，货流不断，繁荣一时。史书记载说明，当时的邯郸是仅次于长安和洛阳的全国第三大城市。遗憾的是，这种繁荣没有能够长期的延续下去，东汉以后，邯郸经济状况逐渐衰落下去。

东晋以后，邯郸区域内的经济保持着一般封建县域经济的状况，除农业生产外，手工业及其他行业时兴时艾，没有形成什么特色。邺城虽然在东晋至北朝时期几次为都，但经济发展平缓。大名的陪都经济在经过一个时期的政治刺激有点发展后，随着封建政权的转移，也仅仅是昙花一现。需要指出的是，这些县域封建经济是支撑地方封建政治的基础，在合理的封建社会形态下，它也同样孕育了中国古代的文明，推动着历史的前进，是社会发展的动力之一。这也是邯郸的成语典故文化分布广泛的原因之一。

（三）文化因素

任何一种文化的形成和发展并取得较大的成就，是与他们对传统文化的继承与开拓分不开的。在这一点上，邯郸成语典故文化有着自身发展的优势。

1. 文化蕴聚

黄河中下游地区是中华人类文明的发祥地之一。从遥远的古代起，这里便诞生了悠久的历史与文化。从文字的源流讲，甲骨文、金文莫不起源于这一地区。从中国文学史的角度来讲，中国古代韵语一般以《诗经》为发端。在风雅颂三部分中，《卫风》在"风"中占有一定的比例。《卫风·淇奥》《卫风·硕人》《卫风·氓》《卫风·伯兮》《卫风·木瓜》等等，都有成语典故出现。从地域上讲，这些成语典故反映的文化应该是邯郸成语典故文化的最初源头。

从历史上看，邯郸先属卫，后属晋，本身就是民族文化发展较早的地方。

邯郸作为春秋时期卫、晋地的主要城邑，其文化发展自然也比别的地方要早一些。中国社会科学院研究员胡小伟先生认为，卫国史官体制在西周初年即已建立。据《尚书·酒诰》的记载，卫在立国之初就任用了大量的殷商史官，占据了得天独厚的有利条件。从现今保存的春秋时期卫国史官的言论看，卫史所论广泛涉及政治、宗教、哲学等诸方面，学术优势一直保存到了春秋晚期，对于战国时期的三晋及其齐鲁文化的发展产生了重要影响。同时他还说到，卫国还是地杰人灵之处，子路、商鞅、吴起、吕不韦、柳下惠都是卫人，留下了大量不朽之作，对中国历史文化的发展做出了巨大的贡献。

胡小伟先生在文章中还谈道，"孔子西游不到秦"，但却数度"适卫"，有意在卫施展他的才华。这其中的原因不仅是他的弟子子路是卫人，更重要的原因还是卫国的传统风习、史官制度及文化基础使他充满向往。由此可以看出，孔子对卫、晋之地的文化推崇有加，由此，这种文化对后世所产生的影响也就自不待言了。

2. 人才辈出

西周以后，邯郸代有人才出，对邯郸成语典故文化的形成和发展产生了深远的影响。

春秋战国之际是中国历史上的一个大转折时期，各阶级、各阶层之间的斗争十分复杂而又激烈。表现在思想上，他们都企图按照自己的利益和要求，对宇宙万物做出解释，或提出主张，于是就出现了百家争鸣的局面。在这一历史时期内，赵国极力罗致、吸引天下之士，以致使"天下之士合纵相聚于赵"（《战国策》卷五），赵国境内也出现了一些学术大家，代表人物有荀况，著有《荀况》三十二篇；虞卿，著有《虞氏春秋》，"凡八篇，以讥刺国家得失"，还著有《虞氏微传》两篇；庞煖，著名兵书《庞煖》三篇；公孙龙，著有《公孙龙子》十四篇；毛公，著有《毛公》九篇；慎到，著有《慎子》四十篇；处子，著有《处子》九篇。此外，在平原君赵胜的食客三千人中，也有一部分是学者，活跃了赵国的文化气氛。同时，这些人还开坛授徒，传授学业，不少后来学者出自赵国学者门下，对后世产生了深远的影响。如李斯、韩非、綦毋子等都是荀子和公孙龙子的学生。

对《诗经》的研究在邯郸有着悠久的历史，西汉时期，邯郸鸡泽人大小毛公是名倾全国的《诗经》学者。两汉赋兴，涉猎邯郸的赋作应该以刘劭的《赵都赋》为代表。刘劭，邯郸人，三国时期著名的哲学家和文学家，他创作的《赵都赋》文辞优美，为赞咏邯郸的佳作。西晋时期，在邯郸历史上还诞生了一位著名史学家束皙，大名县人，撰有《七代通纪》《晋书》部分章节、《穆天子传》七十余篇，他根据战国墓中出土的竹简，整理出魏国的编年史《竹书纪年》在中国历史上影响深远。到唐代，馆陶人魏征可谓是一代名相，他的《谏太宗十思疏》等文章对李世民以及唐代政治产生了深刻影响。此外，唐代邯郸人刘言史的诗作在当时也是名噪一时。金代的"文学领袖"——磁县人赵秉文，官至礼部尚书，以散文和诗作见长，对行草书法也颇有造诣，主要著作有《滏水集》和《滏水外集》三十卷，还有《易从说》《中庸说》《文中子类说》《资暇录》等十多部著作。元代窦默是一代理学大家，肥乡人，遗憾的是未见有窦默的著述记载。崔东壁是我国历史上一位著名的考据学家，魏县人，他一生著述颇丰，对近代史学产生了重要影响，著有《考信录》三十六卷，《考信异录》十二卷及《直隶水道纪》《漳河利弊策》《桑梓文献志》《木本源志》《大名水道考》《大名水陆考》等。现代著名史学家顾颉刚编有《崔东壁遗书》，由上海古籍出版社出版发行。

3. 乐舞风尚

战国秦汉之际，邯郸一带的音乐舞蹈普遍盛行，人们善于演奏和歌唱。歌、舞、诗并行，有着广泛的社会基础。男子的"慷慨悲歌"与女子的"弹琴跕屣"同样具有无限的魅力。赵国女子则擅长弹奏琴瑟和表演歌舞，她们游媚贵富，甚至涌入诸侯后宫为妃。邯郸多倡女的这种风俗使歌舞艺术日趋商品化，在促使"邯郸倡"走向宫廷、方便上层统治者欣赏歌舞艺术的同时，也使得其中少数倡优趁机跻身统治者行列，左右着政局的发展变幻。这种乐舞风尚不仅生成了"邯郸学步""罗敷采桑""分香纳履"等成语典故，留下了《陌上桑》《邯郸少年行》《邯郸宫人怨》《邯郸郭公辞》《邯郸才人嫁为厮养卒妇》《铜雀台》等乐府曲调，而且还使"邯郸倡"成了善乐者的代称，邯郸乐舞也由此成了中国优秀乐舞的代表之一。由此也诞生了一些大的音乐家，邯郸城中聚集了不少专门从事歌舞演唱等职的职业艺人。其中的一些文化因素必然对邯郸的成语典故的形成产生深远的影响。

曹魏时期，这种因素在三台之上又一次再展风采。曹操对清商乐的提倡，开创了邯郸地域上文化发展史上的又一个新局面。曹操下令建造铜雀台，设立清商署，广泛招徕文士，网罗音乐人才，致使一批有才能的文人、乐伎、乐官汇聚在邺下，促进了清商三调歌诗与大曲的发展。

4. 学校教育

邯郸学校教育制度的建立，是邯郸成语典故文化得以传承发展的另一个重要原因。我国的学校教育源远流长。不少学者推论，夏代当有学校建立，但还有待于考古学的证明。到了商代，甲骨文中有了关于商代学校的记载。西周学校大体分为两类，一类是国学，一类是乡学，制度也较之以前系统完备。春秋战国时期，学校教育的特点是由官方的官学教育转移到民间的私学教育。私学教育又分为两种形式，一是指私家学派，一是指私人办学形式。在这一时期内，邯郸的私学兴起。鬼谷子、荀况、公孙龙既是当时的名家，也是邯郸私学开业授徒的先祖。

秦代教育受到较大限制。西汉时，汉武帝采纳董仲舒"抑黜百家，立学校之官"的建议，各类学校开始兴起。东汉时期，地方官学普遍设立，章帝时，在赵国邯郸也有官学。

魏晋南北朝时期，在河北其他地方官学衰微的时候，邯郸的官学却一枝独秀，主要原因是曹操十分重视教育。建安八年（202），曹操颁布《兴学令》，劝导地方兴学，并于建安二十二年在邺城内修建泮宫，为中央官学的建立奠定了基础。同时，这时的私学也有了较大发展。这种官学与私学在晋代也繁荣了一个历史时期。后赵、前燕、东魏、北齐在建都邺城时期，虽然时间很短，但都大兴学校，成就各有大小，这说明学校教育在当时政治中占有十分重要的地位。

隋唐是中国封建社会的鼎盛时期，这一时期邯郸教育发展迅速，学风渐浓，人才辈出，是我国教育高度发展的地区之一。宋代地方官学兴起于仁宗景佑年间，形成了遍布全国各地的州、县学校网络，在邯郸区域内，肥乡县学可为代表。辽金时期，这种学校设置仍以不同形式发展。元代推行汉化政策，路有路学，府有府学，州、县有州、县学。据《续文献通考·学校考》记载，这时的学校"可谓盛矣"，学校设置十分普遍。这时，邯郸周围也出现了义学，即个人捐资建立的学校也在这时出现，培养了一大批人才。

从宋代起，在河北还出现了一种新的教育场所——书院。但在邯郸区域内还缺少这方面的史料，现在的各县也多以明清开始记载。

明清之际，邯郸的文化教育事业面临着旧体制的解体和新体制的诞生。尤其是16世纪后，随着西方文化的"东渐"，邯郸的学校教育也发生了一些变化。明清本是中国封建社会的末期，学校制度日臻完善，培养目标、教育内容、教育制度等都有明确要求。这时，各府、州、县都设有学校，考规异常严格，并影响到了近现代，这在邯郸各县志中已开始记述。

5. 西学东来

在历史的长河中，赵文化乃至一直占据华夏民族的中原汉文化与少数民族文化无时无刻不在交流碰撞。对邯郸成语典故的梳理、归纳当中同样可以对赵文化和少数民族文化交流的概貌做一描述。

（1）才女蔡文姬的身世所呈现的文化交流

蔡文姬是东汉末年大文人蔡邕之女，其父与曹操素好。东汉末年，社会动荡，蔡文姬被掳到了南匈奴，嫁给了匈奴左贤王，饱尝了异族异乡异俗生活的痛苦。十二年后，曹操统一北方，用重金赎回了蔡文姬。蔡文姬这一去一来，一胡一汉，不仅从她个人身上能看到汉胡文化交流的印记，也从战争、人民的迁徙和流亡中看到民族的碰撞、文化的交流。这些印记在成语典故中保存了下来。日东月西【典源】《乐府诗集·琴曲歌辞》蔡琰《胡笳十八拍》之十六："十六拍兮思茫茫，我与儿兮各一方。日东月西徒相望，不得相随兮空断肠。"【释义】蔡琰，即蔡文姬。先嫁河东人卫仲道，后被南匈奴左贤王招为妾。因其父蔡邕与曹操友善，操用重金将文姬赎回，并在邺宫接见了她。中郎有女【典源】《后汉书·列女传·董祀妻》："陈留董祀妻者，同郡蔡邕之女也，名琰，字文姬。博学有才辩，又妙于音律……时且寒，赐以头巾履袜。操因问曰：'闻夫人家先多坟籍，犹能忆识之不？'文姬曰：'昔亡父赐书四千许卷，流离涂炭，罔有存者。今所诵忆，载四百篇耳。'操曰：'今当使十吏就夫人写之。'文姬曰：'妾闻男女之别，礼不亲授。乞给纸笔，真草唯命。'于是缮书送之，文无遗漏。"【释义】蔡邕是东汉末年著名学者，任过中郎将的官职。他只有一女叫蔡琰，是有名的才女。曹操曾在邺城接见过蔡文姬。她博学能文，善晓音律，能继承父业。她的《胡笳十八拍》和《悲愤诗》颇为有名。文姬归汉【典源】

《后汉书·列女传·董祀妻》："陈留董祀妻者，同郡蔡邕之女也，名琰，字文姬。博学有才辩，又妙于音律。适河东卫仲道。夫亡无子，归宁于家。兴平中，天下大乱，文姬为胡骑所获，没于南匈奴左贤王，在胡中十二年，生二子。曹操素与邕善，痛其无嗣，乃遣使者以金璧赎之，而重嫁于祀。"【释义】东汉末，蔡文姬在离乱中被南匈奴左贤王招为妾。曹操和蔡文姬父亲蔡邕素友善，念其无后，用重金将蔡文姬从南匈奴赎回。曹操还在邺城的宫殿里接见了蔡文姬，后将其嫁于同郡的屯田都尉。其他有关蔡文姬的身世遭遇衍生的成语典故还有"魏公嫁文姬""蔡女没胡"等等，都是以成语形式来记录历史事件。

（2）邯郸成语典故中透露的直接交流

在邯郸的一些成语典故中记载着中原文化与少数民族文化的直接交流。这其中，记载一个名为代国的少数民族国家的成语典故有不少。春秋时代末期，在今河北省西北部、山西省东北部，活跃着一个以少数民族为主体建立的国家，这就是代国。远在商周时期，从商武丁开始到西周文、武、成、康年间，华夏民族国家就接连对称作"西戎"的少数民族集团用兵，沉重打击了他们的军事力量，恶化了他们的生存环境。西戎的部分部族开始东移迁徙，寻找新的牧场和居地，时间约在公元前11—13世纪，到达冀西北、晋东北一带的时间约在公元前10世纪左右。戎人与聚居燕北的狄、戎等民族，同属游牧民族，生活习惯、民族风俗相似，被史书统称为"北狄"。代国就是由北狄建立的少数民族国家。邯郸成语"代妤摩笄"就直接记载的赵国与代国通婚交好的事件。

代妤摩笄【典源】《战国策·燕策一》："昔赵王以其姊为代王妻，欲并代，约与代王遇于句注之塞。乃令工人作为金斗，长其尾，令之可以击人。与代王饮，而阴告厨人曰：'即酒酣乐，进热，即因反斗击之。'于是酒酣乐，进取热，厨人进斟羹，因反斗而击之，代王脑涂地。其姊闻之，摩笄以自刺也。故今有摩笄之山，天下莫不闻。"此事亦见《史记·赵世家》。【释义】代妤，指春秋时代王之妻，赵襄子之姊。襄子赵毋卹为了吞并代地而使人杀死代王。代妤闻之，摩笄自刺而死。代妤死之地为摩笄山。邯郸成语典故中也有对于匈奴使者来中原的记载。捉刀人【典源】《世说新语·容止》："魏武（曹操）将见匈奴使。自以形陋，不足雄远国，使崔季珪代，帝自捉刀立床头。既毕，令间谍问曰：'魏王何如？'匈奴使答曰：'魏王雅望非常，然床头捉刀人，此乃英雄也。'魏王闻之,追杀此使。"【释义】三国时,曹操接见匈奴的使者,自己认为自己的相貌不足震慑外域,便使崔季珪代替自己接待来使,自己捉刀立在床头前,以充侍御。然后他派人探听使者对魏王的印象。来使却认为床头捉刀人是真正的英雄。

(3) 直接记录少数民族文化

邯郸成语典故中直接记录少数民族文化的有"祝发文身",记录了古代吴越一带的风俗。传说这样可以避免水中蛟龙为害。祝发文身【典源】《战国策·赵策二》:"祝发文身。错臂左衽。瓯越之民也。"【释义】祝发:断发。文身:在皮肤上刺花纹。错臂:站立时两臂交叉,指没有礼貌。左衽:衣襟向左掩。瓯越:我国古代民族名。出处《穀梁传·哀公十三年》:"吴,夷狄之国也,祝发文身。"晋·孙绰《喻道论》:"周之泰伯远弃骨肉,托迹异域,祝发文身,存之不反,而论称至德,书著大贤。"

(4) 赵国所吸收的其他民族的先进文化

中原赵国吸收其他民族先进文化最典型的就是赵国人吸收胡族人的穿衣习惯,邯郸人的步伐比起其他国家的步伐来说是为当时人所称道的,其原因就是赵国人穿胡族衣服,走起路来不像其他国家的人衣衫累赘,而是比较灵活。邯郸成语典故中有关成语除了广为流传的"邯郸学步"和"胡服骑射",还有一些由此衍生的相关成语。

邯郸学步【典源】《庄子·秋水》:"子独不闻寿灵余子之学行于邯郸欤?未得国能,又失其故行矣,直匍匐而归耳。"【释义】战国时,赵国邯郸人走路的姿态很美,燕国寿灵少年去邯郸学走路,本领没有学到,反而把自己原来的步法也丢失了,只好爬着回去。

效颦学步【典源】《庄子·天运》:"故西施病心而颦其里,其里之丑人见而美之,归亦捧心而颦其里。其里之富人见之,坚闭门而不出,贫人见之,挈妻子而去之走。彼知颦美,而不知颦之所以美。"又《庄子·秋水》:"子独不闻夫寿灵余子之学行于邯郸欤?未得国能,又失其故行矣,直匍匐而归耳!"【释义】寿灵少年去邯郸学步,本领没有学到,反而把本来的步法也丢掉了。

寿灵失步【典源】《庄子·秋水》:"子独不闻寿灵余子学行于邯郸欤?未得国能,又失其故行矣;直匍匐而归耳!"【释义】燕国寿灵少年到邯郸学习走路的姿势，不但没有把赵国人走路的姿态学好，反而把自己原来的步伐也丢失了，只好狼狈地爬着回寿灵。

胡服骑射【典源】《史记·赵世家》武灵王"召楼缓谋曰：'今中山在我腹心，北有燕，东有胡，西有林胡、楼烦、秦、韩之边，而无强兵之救，是亡社稷，奈何？……吾欲胡服。'楼缓曰'善。'"【释义】武灵王赵雍，为了富国强兵，提出向胡人学习骑马射箭，进行军事改革。他的做法首先遭到以其叔父公子成为首的一些人的反对，武灵王首先登门做公子成的工作。武灵王力排众议，在大臣肥义等人支持下，下令在全国进行了以长胡服骑射的军事改革，从而增强了国力，使赵国成为"战国七雄"之一。

(5) 直接描述赵国周围的少数民族环境

"腹心之患"在描述赵国周围的军事战略环境时，也描述了其周边的少数民族情况。【典源】《史记·赵世家》："王北略中山之地，至于房子，遂之代，北至无穷，西至河，登黄华之上。召楼缓谋曰：'我先王因事之变，以长南藩之地，属阻漳、滏之险，立长城，又取蔺、郭狼，败林人于荏，而功未遂。今中山在我腹心，北有燕，东有胡，西有林胡、楼烦、秦、韩之边，而无强兵之救，是亡社稷、奈何？'"【释义】武灵王赵雍请楼缓一起谋划，说我先王根据世事的变化，来做南边属地的君长，现在属地虽然不小，但大功尚未告成。如今中山国是我心腹之患，四面有这样长的边界，却没有强大的兵力自救，这是要亡国的。其中提到东面有胡，西面有林胡、楼烦等少数民族，并且这些少数民族对于中原政权构成了威胁。

(6) 与少数民族之间的战争

邯郸成语典故中也直接记录了中原与少数民族之间的冲突、战争。

强弩之末【典源】《史记·韩长孺列传》："汉数千里争利，则人马罢，虏以全制其敝。且强弩之极，矢不能穿鲁缟；冲风之末，力不能漂鸿毛。非初不劲，末力衰也。"《汉书·韩安国传》亦载，作"强弩之末，力不能穿鲁缟"。【释义】汉代韩安国字长孺，其父赵国人。在朝廷上论述与匈奴和战事宜时讲，汉军跋涉数千里去与匈奴作战，人马疲惫。犹如强劲的弓弩射出的箭，飞到最后连鲁地的薄绸子也穿不透；猛烈的风，刮到最后连鸡毛也吹不动。这是因为末尾的力量已变得衰弱之故。汉主思李牧【典源】《史记·张释之冯唐列传》：

"上既闻廉颇、李牧为人,良说,而博髀曰曰:'嗟乎!吾独不得廉颇、李牧时为吾将,吾岂忧匈奴哉!'"【释义】李牧,战国时赵国之良将,他北防匈奴,屡立战功。汉文帝困于匈奴的侵扰,曾说若得李牧为将,此忧即可解除。在此条成语中,既记录了汉代文帝时期中原与匈奴之间的冲突,又通过良将李牧对战国时赵国与匈奴的战争,侧面的进行了记录。

四、邯郸成语典故的思想内容

邯郸成语典故,是中华民族优秀的传统文化的精华和瑰宝,凝结着我们祖祖辈辈的经验、智慧和祈盼。其之所以千百年来经久不衰,说明它们一定程度上揭示了社会的发展规律,具有深刻的、丰富的思想内涵。

(一)政治思想

1. 民本观念

民本思想最早可追溯于夏商周时代。《尚书·五子之歌》中提到:"民为邦本,本固邦宁。"是说对于一个国家来说人民百姓才是其根本,只有根本稳定,也就是人民安居乐业,这个国家才能够平稳发展。随着夏商二代由于统治者的残暴荒淫而覆灭,新的统治者从中吸取了教训,周公旦在辅佐成王时,提出了"敬天保民"的思想。《尚书·无逸》中列举了从殷王中宗开始到周文王几任帝王勤政爱民的行为,由此可以看出,尽管统治者提出"敬天保民"的思想,但其根本目的是为了维护自身的统治,但是将"保民"与"敬天"上升到同一认识高度,这本身就是关于民本思想的重大进展和突破,也变成了后世儒家思想中民本理论体系的基础。孔子、孟子、荀子三者的民本思想总体上看来是一脉相承的,但是由于所处时代的不同以及个人思想观念上的差异,又各自有所侧重。荀子的民本思想主要是在继承了前人的精华之后又有所发展,主要观点如下:

(1)君民舟水说

荀子认为民众是君主能够得以存在的根本因素,同时指出君主能够被人民推翻,进而强调民本的重要性。《荀子·王制》:"马骇舆,则君子不安舆;庶人骇政,则君子不安位。马骇舆,则莫若静之;庶人骇政,则莫若惠之。选贤良,举笃敬,兴孝弟,收孤寡,补贫穷,如是,则庶人安政矣。庶人安政,然后君子安位。传曰：君者，舟也；庶人者，水也。水则载舟，水则覆舟。'此之谓也。故君人者，欲安，则莫若平政爱民矣；欲荣，则莫若隆礼敬士矣；欲立功名，则莫若尚贤使能矣。是君人者之大节也。"成语载舟覆舟即出自于此。这段话本意是说，如果马在拉车时受到了惊吓而狂奔，那么车中的君子就无法在车中稳稳地坐着；那么同样的道理，平民百姓若是因为政治上受到了惊吓而扰乱了政局，那么君王也就不可能把江山坐稳。要解决这样的问题非常简单，马惊车，就想办法使它平静下来；百姓要是扰乱政局，就想办法给他们恩惠。接下来，荀子又对如何做到安抚百姓提出了自己的看法：即选用有才能德行的人，提拔忠厚谨慎的人，同时要倡导孝顺父母尊敬兄长，收养孤寡无依的人并救助穷困潦倒的人。如果做到了这些，那么百姓就会安于被统治的地位。百姓安于政治，然后君子才能安稳地坐在王位上。接下来，荀子借以古书上的话总结自己的思想观点——如果将君主比作船，那么百姓则是水。水既能够载起船，也能够把船掀翻。载舟覆舟这个成语，特别典型地体现了荀子的民本思想，既论述了人民作为统治基石不可撼动的重要地位，又指出之所以要重视百姓根本目的还是为了维护统治者的统治，这也是荀子的思想在近代被人所诟病的地方。

赵惠文王的妻子赵威后，是赵国著名的女政治家。成语"安然无恙""舍本问末"语出《战国策·齐策四》。齐国使者见赵威后，书信没有启封，赵威后问使者"岁""民""王"无恙耶？三问把民放在前，把王放到最后，引起使者不满。赵威后的本末观，反驳使者无言以对，从而阐述了其民生至上、民贵君轻、孝以教民等思想，这在战国时期难能可贵。

魏徵是我国初唐时期伟大的政治家、思想家和杰出的历史学家。辅佐唐太宗十七年，以"犯颜直谏"而闻名。魏徵一生节俭，家无正寝。魏徵病后，太宗亲临吊唁，痛哭失声："夫以铜为镜，可以正衣冠；以古为镜，可以知兴替；以人为镜，可以知得失。我常保此三镜，以防己过。今魏徵殂逝，遂亡一镜矣。"魏徵"上不负时主，下不阿权贵，中不侮亲戚，外不为朋党，不以逢时改节，不以图位卖忠"的精神，辅佐太宗开创了中国封建史上辉煌的一页——"贞观之治"。

一次，太宗问魏徵："历史上的人君，为什么有的明智，有的昏庸？"魏徵说："一个人的智慧到底有限，君王若多听各方面意见，就明智；若只听单方面的话，就昏庸。"他还列举了历史上尧、舜等名君和秦二世、梁武帝、隋炀帝等昏君的例子说："治理天下的人如果能够采纳下面的意见，那么下情就能上达，他的亲信们想蒙蔽他也就做不到了。"太宗听了连连点头称是，并提醒自己时刻牢记。隋朝皇室与唐皇室有亲戚关系，唐太宗对隋在很短的时间里亡国的历史记忆犹新。又有一次，太宗读完隋炀帝的文集，对左右大臣们说："隋炀帝这个人，学识渊博，也懂得尧、舜好，夏桀和殷纣王不好，为什么干出事来那么荒唐。"魏徵接口道："一个皇帝光靠聪明和学识渊博还不行，还应该虚心听取臣子的意见。隋炀帝自以为才高，骄傲自信，说的是尧、舜的话，干的是桀、纣的事，到后来越来越糊涂，就自行灭亡了。"魏徵乘机劝太宗以隋亡为鉴，并引用《荀子》"水能载舟，亦能覆舟"，以君喻舟，以民比水，劝太宗体恤民众。唐太宗对荀子的这一思想十分欣赏，在与郡臣讨论国家的治理问题时，多次引用和发挥了这一观点，他在《论政体》一文中说："君，舟也；人，水也；水能载舟亦能覆舟。"荀子和唐太宗，都看到了人民的伟大力量，强调了依靠人民力量的重要性。这一思想，为后来历代统治阶级所接受。

（2）节用裕民说

在荀子看来，国家能够安稳富足的首要条件就是民众富裕。《荀子·富国》："足国之道，节用裕民，而善臧其余。节用以礼，裕民以政。彼裕民，故多余；裕民，则民富。民富，则田肥以易；田肥以易，则出实百倍。上以法取焉，而下以礼节用之。余若丘山，不时焚烧，无所臧之。夫君子奚患乎无余？"成语节用裕民的意思是国家节约用度而使人民富足。那么节约使用要按照礼法，使百姓富裕要采取政治措施。只有民众富裕了，才会使生产生活进入一个良性的循环里。能够体现荀子这种观点的成语还有开源节流。《荀子·富国》："故明主必谨养其和，节其流，开其源，而时斟酌焉，潢然使天下必有余，而上不忧不足。"荀子认为"知国计之极"的表现在于无论是国家还是人民都能得到极大的富足。那么要想达到这样的程度，就需要统治者在谨慎考虑天时和顺的基础上，控制消费，拓展财路来源，并时时斟酌考虑这件事。无论是节用裕民还是开源节流，荀子想要表达的思想都是统治者想要维护统治最根本也是最有效的办法就是使民众富裕起来。百姓富裕了，才能更好地发挥其主观能动性，只有百姓的积极性得到了发挥，富国之道才能实现。

(3) 立君为民说

要判断荀子是君本位者还是民本位者，首先要理清荀子认为的君与民的关系，即君王和人民百姓之间究竟是谁为谁而存在。荀子在《大略》篇中就此观点进行了非常明确的论述："天之生民，非为君也；天之立君，以为民也。"这与他在《富国》中所说的"故美之者，是美天下之本也"相互印照，可以看出荀子是一位民本位者，他所倡导的是立君为民。

2. 隆礼重法

(1) 先秦时期

就如何进行国家建设，儒家主张道德教化，道家是无为而治，法家一断于法。在赵国，却有一个系统的国家建设机制。这种机制表现出了强烈的德法并治理念，这在邯郸成语里有明显的体现。"铸刑鼎"典出《左传》："冬，晋赵鞅、荀寅帅师城汝滨，遂赋晋国一鼓铁，以铸刑鼎，著范宣子所为刑书焉。"在赵简子的主持下，晋国新的刑法铸于大铁鼎之上，以示不可更改，人人必须遵法行事。典故"铸刑鼎"在一定程度上反映了赵氏祖先守法的积极性。奉公守法的精神在春秋赵简子时期就有所表现。"奉公守法"由"奉公如法"转化而来，典出《史记·廉颇蔺相如列传》："以君之贵，奉公如法则上下平，上下平则国强。"赵奢不畏平原君权势而征其租税，体现了执法必严精神，平原君听了赵奢的话后，不仅交了租税，且以之为贤，荐之于赵王，则明显体现了奉公守法精神。反面的有"十恶不赦""怙恶不悛""中饱私囊"等等。还有"奖善罚过""无功受禄""赏罚分明""罚不当罪""何罪而责"等等。强调法制的治国理念，并不是像韩非那样一味地否定德治，在赵国，其实是德法并举的。很多邯郸成语就反映了当时的道德教育和人们的道德风貌。例如："道不拾遗""排难解纷""师道尊严""赤膊上阵""一言九鼎""刎颈之交""任贤使能""难至节见""顶天立地""天经地义""忠臣孝子""一言为定""坐怀不乱"。反面的有"利令智昏""声名狼藉""大儒纵盗""欺世盗名""前倨后卑""市道之交""贪欲无厌""心术不端""偷合苟容"等等。

荀子是先秦时期首先将儒法合流的思想家，他巧妙地将儒家的"礼治"和法家的"法治"结合起来，认为君主治理国家不能仅仅依靠"礼"或"法"，从而形成了自己"隆礼重法"的独特观点。

①性恶论作为荀子整个思想的基础，在《性恶》篇中一开始就说人性是恶的，那些善的表现，是人后天的作为。为了论述其"性恶"的观点，荀子指出人生下来就有那些贪利、嫉妒、憎恶、欲望的本性，如果人们对这些恶的天性放任不理，就必然会引起争执，扰乱秩序，最终导致社会暴乱。与孟子提出的人性本善相反，荀子认为，人的好利疾恶等等陋习是天生的，而正是因为人有这样那样的缺点，才需要通过道德教化和法律惩治的手段来使人改变这些恶习。在人性论发展史上，荀子的性恶论独树一帜。《荀子·性恶》："凡古今天下之所谓善者，正理平治也；所谓恶者，偏险悖乱也；是善恶之分也矣。今诚以人之性固正理平治邪？"成语"正理平治"是指用合乎正道的礼法规范，使社会安定有秩序。荀子认为如果人的本性是符合礼义法度，遵守社会秩序的，那又为什么还需要圣王，还需要礼义呢？况且即便是有了圣明的帝王和礼义，又能对顺理安定还守秩序的本性上有什么好处呢？但事实并非如此，因为人性本恶，所以才要给他们明确君主的权威来统治他们，彰明礼义以教化他们，建立法治以管理他们，加重刑罚以限制他们，只有这样才能使人人都遵守秩序。正理平治的原因是人性本恶，而想要抑制这种恶，正理平治又是引导人们向善的手段。

②重礼制

荀子认为人类是生来就带着欲望的，为了满足自己的私欲，就会混乱争夺从而影响社会的稳定，动摇君王的统治，而为了避免这种局面的产生，就需要统治者制定"礼"来加以约束。"礼"的作用不仅能够调节与满足人的物质欲望，还能够确立社会等级制度。"礼"的实行确立了各种道德规范和礼节仪式，这些都对等级制度的确立与巩固起到了积极的作用，因此统治者必须重视实行礼。《荀子·礼论》："礼者，谨于治生死者也。生、人之始也，死、人之终也，终始俱善，人道毕矣。故君子敬始而慎终，终始如一，是君子之道，礼义之文也。夫厚其生而薄其死，是敬其有知，而慢其无知也，是奸人之道而倍叛之心也。君子以倍叛之心接臧谷，犹且羞之，而况以事其所隆亲乎！故死之为道也，一而不可得再复也，臣之所以致重其君，子之所以致重其亲，于是尽矣。故事生不忠厚，不敬文，谓之野；送死不忠厚，不敬文，谓之瘠。君子贱野而羞瘠，故天子棺椁七重，诸侯五重，大夫三重，士再重。然后皆有衣衾多少厚薄之数，皆有翣菨文章之等，以敬饰之，使生死终始若一；一足以为人愿，是先王之道忠臣孝子之极也。"荀子认为，礼是用来谨慎的处理生死之事的。遵守这方面礼的准则，使人们无论在生前与死后抑或是结束一生时与开始一生时都像一个样子，使这种始终如一的完全满足行为过程成为人们的愿望，这是古代圣王的原则，也是忠臣孝子的最高准则。成语"忠臣孝子"即出自于此。

③加强法治

荀子作为儒家思想的代表人物，也同时受到了法家思想的影响，他指出："以善至者待之以礼，以不善至者待之以刑"。荀子的"重法"可以从以下得到体现：《荀子》一书中，"法"字出现高达170次，是除礼之外出现频率最高的词之一。荀子的法是礼治得以施行的辅助手段。荀子说："礼义生而制法度。"可见，法是预设于礼后的保障措施，荀子认为首要的是"厚德音以先之，明礼义以道之，致忠信以爱之，苟贤使能以次之，爵服赏庆以申重之。"而当这些措施无效时，"然后刑于是起矣"。《荀子·富国》："故不教而诛，则刑繁而邪不胜；教而不诛，则奸民不惩；诛而不赏，则勤励之民不劝；诛赏而不类，则下疑、俗俭而百姓不一。"成语"不教而诛"是指事先不教育人，一犯错误就加以惩罚。荀子认为如果这么做的话即使刑罚用得很多也难以根除邪恶；一味进行惩罚而不实行奖赏，那么勤劳努力的百姓就得不到鼓励；惩罚奖励实行得不好，那么下面的百姓就会心存疑惑而人心不齐。由此可以看出，荀子的重法不是简单地惩罚，而是教化的另外一种实施方式。同时，注重法治也有利于军事的发展，《荀子·议兵》："孙卿子曰：'将死鼓，御死辔，百吏死职，士大夫死行列。闻鼓声而进，闻金声而退，顺命为上，有功次之。令不进而进，犹令不退而退也，其罪惟均。不杀老弱，不猎禾稼，服者不禽，格者不舍，犇命者不获。凡诛，非诛其百姓也，诛其乱百姓者也。百姓有扞其贼，则是亦贼也。以故顺刃者生，苏刃者死，奔命者贡。微子开封于宋，曹触龙断于军，殷之服民，所以养生之者也，无异周人。故近者歌讴而乐之，远者竭蹶而趋之，无幽闲辟陋之国，莫不趋使而安乐之，四海之内若一家，通达之属，莫不从服，夫是之谓人师。'"成语"鸣金收兵"即出自于此，荀子认为在战斗的时候士兵听见战鼓的声音就前进，听见敲钲的声音就后退；对于军人来讲最重要的是服从命令，其次才是取得战功。治军同治理国家异曲同工，都是立好规矩才能成方圆。

(2) 曹操"拨乱之政，以刑为先"

东汉末年，天下大乱，曹操以汉天子的名义征讨四方，对内消灭二袁、吕布、刘表、马超、韩遂等割据势力，对外降服南匈奴、乌桓、鲜卑等，统一了中国北方，并实行一系列政策恢复经济生产和社会秩序，扩大屯田、兴修水利、奖励农桑、重视手工业、安置流亡人口、实行"租调制"，从而使中原社会渐趋稳定、经济出现转机。曹操在汉朝的名义下所采取的一些措施具有积极作用。

①刑律为用，宽仁教化为本

曹操深知法律的重要性，认为"拨乱之政，以刑为先"，而立法是法律运行的开端。曹操治国多沿用汉律，但时局的变化，法多不宜，因此随宜设辟，也即根据实际情况的变化，因时制宜制定刑律。"乱世用重典"是古往今来的定律。面对东汉末年，战乱不休、盗贼横行、世风衰败、礼教不行的社会现实，曹操为实现其治乱的主要价值目标，也曾试图用重典治国，但最终还是在立法时从"人贵"思想出发，以宽仁为本，旨在教化民众，法律只是其治国的一种手段。例如："旧法，军征士亡，考竟其妻子。太祖患犹不息，更重其刑。"士卒逃亡严重影响曹操的军事行动，曹操想加重刑律以阻止士卒逃亡。高柔认为重罚并不能制止逃亡，只能让更多的人害怕被牵连而逃亡，应该宽宥逃亡士卒的妻子儿女，让逃亡士卒有回心悔过的机会，才能达到制定法律的本来目的，曹操同意了高柔的建议。卢毓认为士卒逃亡罪及妻子，不符合"礼"，曹操由是叹曰："毓执之是也。又引经典有意，使孤叹息"，终究没有加重对逃亡士卒处罚刑律。曹操制定新法收取州郡租税绵绢。何夔认为州郡刚收复，加上饥馑，如果用新律课税，有不能交纳者依律就不得不诛，这样就会违背教化民众的本意。建议"比及三年，民安其业，然后齐之以法，则无所不至矣"，曹操接受何夔的建议。

②严刑重禁，信赏必罚

曹操的政治思想通过立法活动贯穿于其法律之中，再通过司法得以实现，故曹操非常重视司法环节：明典且平。曹操认为"拨乱之政，以刑为先"，即治乱用刑罚；同时认为"夫刑，百姓之命也，而军中典狱者或非其人，而任以三军死生之事，吾甚惧之"，即刑罚关系到百姓的生死、军队的成败，但军中司法者不合格却被委以重任决定三军的生死，对此曹操极为恐惧，因此主张选"明达法理者，使持典刑"。高柔"清识平当，明于宪典"，曹操任命高柔担任理曹掾，掌管刑狱。曹操还根据实用的需要任命卢洪、赵达等人为校事，使察群下。高柔认为二人人品不好，不宜做校事，曹操说："要能刺举而辨众事，使贤人君子为之，则不能也。昔叔孙通用群盗，良有以也"，意思是说察举奸佞的事君子是做不好的，明知不良而用之。后来赵达事发，曹操杀赵达等以谢于高柔。从曹操任用的执法者来看，一般为熟悉法律且品行清正的君子，赏罚自然公平。

③刑赏适宜，以配德教

法家认为："法者，所以齐天下之动，至公大定之制也……骨肉可刑，亲戚可灭，至法不可阙也"，即法律是统一天下人行动最公正、稳当的制度，法律不可或缺，执法不避亲疏。曹操秉承法家这一理念，为其司法制定了如下价值目标：

第一，"重刑罚罪惩恶"。一方面要求治军严厉，《败军抵罪令》规定："赏功而不罚罪，非国典也。其令诸将出征，败军者抵罪，失利者免官爵"。《步战令》中规定斩刑即达十多例，"卒逃归，斩之，一日家人弗捕执，及不言于吏，尽与同罪"，即逃亡士卒的家人与逃亡士卒一样处斩刑，此外，还根据将士违法的不同情况，规定了鞭刑、髡刑等。另一方面，要求军民犯罪一样都要受处罚且不阿权贵、不避故旧。早在曹操担任洛阳北部校尉时，造五色棒，县门左右各十余枚，有犯禁，不避豪强，皆棒杀之；刘勋与曹操有旧交，贵宠骄豪，"自恃与太祖有宿，日骄慢，数犯法，又诽谤"。后来刘勋被曹操"以不轨诛，交关者皆获罪"；曹操任命满宠为许令，"时曹洪宗室亲贵，有宾客在界，数犯法，宠收治之。洪书报宠，宠不听。洪白太祖，太祖召许主者。宠知将欲原，乃速杀之。太祖喜曰：'当事不当尔邪？'"。满宠杀了曹洪亲贵，曹操高兴地说："做事难道不应这样吗"；曹彰是曹操特别喜爱的儿子之一，担任北中郎将，行骁骑将军职务，率部出发时曹操告诫曹彰说："居家为父子，受事为君臣，动以王法从事，尔其戒之"。曹操执法不避权贵和故旧，是值得肯定的。

第二，宽法以配德教。曹操在"拨乱刑为先"理论指导下，治乱首先用刑律，随着北方秩序的逐渐稳定，也宽宥用法。刘廙因弟弟刘伟与魏讽谋反案，受株连应该处死，曹操认为"廙，名臣也，吾亦欲赦之"，并引经据典"叔向不坐弟虎，古之制也"，不追究刘廙的问题；王粲为丞相掾，赐爵关内侯，深受曹操赏识，王粲的两个儿子受魏讽案牵连被诛。曹操当时在汉中征战，听说王粲的儿子死讯叹息说："孤若在，不使仲宣无后"，仲宣就是王粲。

第三，重赏功能。曹操除了使用"罚"的手段外，同时也使用"赏"的手段。他说"明君不官无功之臣，不赏不战之士；治平尚德行，有事赏功能"，"赏"以有功有能为据，而不是以其出身门第高低为标准。建安十二年（207年），曹操发布《封功臣令》："吾起义兵诛暴乱，於今十九年，所征必克，岂吾功哉？乃贤士大夫之力也。天下虽未悉定，吾当要与贤士大夫共定之；而专飨其劳，吾何以安焉！其促定功行封"，于是大封功臣二十余人，皆为列侯，其余各以次受封，并要求将士用力与之一起平定天下。同时把自己封地的租税收入分给将领、属官以及士卒，"吾得窃大赏，户邑三万……今分所受租与诸将掾属及故戍于陈、蔡者，庶以畴答众劳，不擅大惠也。宜差死事之孤，以租谷及之。若年殷用足，租奉毕入，将大与众人悉共飨之"。对荀彧、荀攸的功绩更是给予高度评价，"忠正密谋，抚宁内外，文若是也。公达其次也"，并请求增加荀彧的封邑，"原其绩效，足享高爵。而海内未喻其状所受不侔其功，臣诚惜之，乞重平议，增畴户邑"；还对田畴论功封赏，说田畴"文武有效，节义可嘉，诚应宠赏，以旌其美"。

④ "制法而自犯之，何以帅下"

"士不得背法而有名；臣不得背法而有功。"守法是法律得以实现、社会秩序有序的必然要求。曹操的守法思想要点如下：

第一，司法者以身作则。曹操作为立法者自然以身作则带头守法，曹操曾下令"士卒无败麦，犯者死"，结果自己的马受惊腾入麦田中，踢倒大片的麦子，主簿以春秋之义，罚不加于尊的惯例认为不必议罪，曹操认为"制法而自犯之，何以帅下？然孤为军帅，不可自杀，请自刑"，遂拔剑割发代替首级。曹操还要求其亲属严格守法，他告诫曹彰说"居家为父子，受事为君臣，动以王法从事，尔其戒之"。

第二，"一断于法"兼顾个人尊严。曹操令其有关部门严格依法行事，"一断于法"。曹操在《诸儿令》中说："吾非有二言也，不但不私臣吏，儿子亦不欲有所私"，不管是对官吏还是对自己的儿子们，曹操都不会有所偏私，都要按照法度来衡量。冀州一直流行厚葬和复私仇之风，曹操"令民不得复私仇，禁厚葬，皆一之于法"。太原、上党等四郡有"寒食"的旧风俗，曹操认为"北方沍寒之地，老少羸弱，将有不堪之患。令到，人不得寒食。若犯者，家长半岁刑，主吏百日刑，令、长夺一月俸。"曹操以法禁止"寒食"旧俗，否则家长、各级官吏都要依律处罚，"一断于法"。虽然曹操强调"一断于法"，但在许多情况下，也会顾及个人的尊严。例如曹操为表彰田畴"文武有效，节义可嘉，诚应宠赏，以旌其美"，封田畴为亭侯，食邑五百户。田畴以为封赏与其志义不符而率众逃走，曹操下了《听田畴谢封令》，允许田畴谢绝封赏。后来曹操追念田畴功勋，认为田畴谢封是"是成一人之志，而亏王法大制也"。有司也弹劾田畴"狷介违道，苟立小节，宜免官加刑"，田畴以死表明谢封的决心，曹操最终不再相逼，成全田畴的德义，拜其为议郎。这一事例说明，虽然曹操认为田畴"亏王法大制"，但其成己之志的做法是值得尊重的。这里体现出曹操的守法伦理对个体尊严（尤其是具有道义内涵的个人意志）的认同，这在封建社会是难能可贵的。

（3）颜之推主倡的"规行矩步"

颜之推（529—595），字介，琅琊临沂（今山东临沂）人，北齐文学家。他博览群书，为文辞情并茂，得梁湘东王赏识，19岁就被任为国左常侍。后投奔北齐，历20年，官至黄门侍郎。577年，北齐为北周所灭，他被征为御史上士。581年隋代北周，他又于隋文帝开皇年间，被召为学士，不久以疾终。依他自叙，"予一生而三化，备荼苦而蓼辛"。叹息"三为亡国之人"。传世著作有《颜氏家训》《还冤志》《集灵记》等。《颜氏家训》共二十篇，是颜之推用儒家思想教训子孙，以保持家庭传统与地位，而写出的一部系统的家庭教育教科书。这是他一生关于士大夫立身、治家、处事、为学的经验总结，在封建家庭教育发展史上有重要的影响。后世称此书为"家教规范"。颜之推的门风家教严整周密，从小就受到严格的礼节教育。他说："吾家风教，素为整密，昔在龆乱，便蒙诱诲。"（《颜氏家训》序致）他认为，要成为一个高贵的人，在注重道德培养的同时，还要经过充分的礼仪训练，"规行矩步，安辞定色"（《颜氏家训》序致），孩子长大后才能成为谦谦君子，扬名立德。他还提出"礼缘人情，恩由义断"的衡量标准，即守礼节要符合人情，重恩情也要适合礼义，表现出礼、情兼顾，以礼为归宿的灵活变通的思想。

①家庭人伦观

儒家把"人伦"放在各种道德关系的首要地位，以家庭为本，由"三亲"而"九族"的宗法血缘关系是我国封建社会的基础。颜之推对此有体会并非常深，也非常重视协调家庭成员之间的伦理关系，在《教子》《兄弟》《后娶》《治家》等篇章中，详细地讲述了如何处理好家庭成员之间的关系、义务和相处的各种道德准则，强调了教育子女、尊老爱幼、和睦家庭的重要性。

夫义妇顺

夫妇乃人始之道，夫妇关系是家庭的首要关系。儒家的主张是以夫为纲、夫主妻从。《白虎通义》说："夫者，扶也，以道扶接妇者，服也，以礼屈服。"意思是丈夫以道扶接妻子，妻子以礼顺从丈夫。按《礼记》所记，妻之事夫有五个层次，平日俪笋，则有君臣之义规盟馈食，则有父子之敬报反而行，则有兄弟之道规劝成道，则有朋友之义寝席之交，而后有夫妇之情。要求妻子对待丈夫首先要像臣对君、子对父那样尽忠尽敬，然后要像对待兄弟、朋友那样尽义尽礼，最后才谈得上夫妻之情。受传统的儒家男尊女卑思想的影响，颜之推认为妻子的职责就是相夫教子，"妇主中馈，唯事酒食衣服之礼尔。国不可使预政，家不可使斡蛊。如有聪明才智，识达古今，正当辅佐君子，助其不足，必无牝鸡晨鸣，以致祸也"。就是说，女子处于依附辅助男人的卑微地位，即使有聪明才智，也只能发挥在辅佐君主上，如果有女子干涉家事国务，就如母鸡打鸣一样，被认为是不祥之兆，定会闯下大祸。他认为在夫妇关系中，女子要对男人绝对地服从才能维持家庭的和谐。深明生活事理的儒家十分清楚，家庭的和谐是由夫妻双方共同决定的，在主张妻子顺从丈夫的同时，对做丈夫的并不是没有要求，颜之推对丈夫也提出了一定的要求，"夫不义则妇不顺矣"，也就是说如果作为丈夫不能以义为上，那么妻子也照样有不从不顺的权利。所谓"夫义"，包括了礼仪、情义和道义，即丈夫要自觉遵守夫妻间的礼仪，夫妻间以礼相待、相互尊重要重视夫妻间情义，与妻子恩爱和谐不违背夫妻道义，处富贵而不相忘，见色而不忘义，与妻子同甘共苦，白头偕老。也就是做丈夫的不在"七出"之外弃绝妻子，要善待自己的妻子。这在当时"夫贵妻贱"的社会背景下，也是显得难能可贵的。

父慈子孝

在父子关系上，颜之推坚持儒家传统的"父慈子孝"观，希望为人父母者和为人子女者，都能尽到自己的本分，共同建立一个和谐美满的家庭。

首先，父慈。父慈即亲代对子代的关怀爱护，主要是父母对子女成长的关心、期待、培养和教育。

第一，生而有养。

受传统的男尊女卑思想的影响，在传统社会，女性的生存权受到漠视和践踏，因此"若生女者，辄持将去，母随号泣，使人不忍闻也"。（《颜氏家训》治家）对这种弃杀女婴的恶习，颜之推予以痛斥"天生蒸民，先人传体，其如之何世人多不举女，贼行骨肉，岂当如此而望福于天乎？"（《颜氏家训》治家）他说，女儿也是父母的骨肉，她有何罪？像这样生了女儿不养育，残害亲生骨肉的人，上天也不会降福于他。虽然颜之推也有男尊女卑的思想，但他要求善待女婴的观点是难能可贵的。

第二，慈严相济。

颜之推认为父母对子女要爱心与严格要求相结合，才能使慈爱不至于有失偏颇，即"慈严相济"。颜之推反对无度的溺爱，认为有的父母明知孩子的要求是不恰当的，也会想方设法去满足他，放任而不加节制，生怕孩子受委屈甚至是非不分，做错事本应该严肃批评的却嬉笑袒护，"饮食运为，恣其所欲，宜诫翻奖，应呵反笑"。（《颜氏家训》教子）这样难以帮助孩子树立正确的是非观念，其结果严重的甚至会导致"倾宗覆族"。甚至自己反省认为小时候由于父母早亡，兄长待他"有仁无威，导示不切"，以致"肆欲轻言，不修边幅。"（《颜氏家训》序致）"严"的最高层次是对家人子弟的败行恶德绝不姑息迁就，决不妥协纵容。要及时制止其错误言行，以礼来严格约束和规范子女的行为。为了说明自己的观点，他还以梁朝一位父亲宠爱其子而导致教育失败的事例为例："有一学士，聪敏有才，为父所宠，失于教义一言之是，遍于行路，终年誉之一行之非，拚藏文饰，冀其自改。年登婚宦，暴慢日滋。"（《颜氏家训》教子）有位学士从小被父亲宠爱，管教失当。他若一句话说得漂亮，父亲就到处宣扬，巴不得过往行人都晓得，一年到头地挂在嘴上，他若一件事做错了，父亲为他百般遮掩粉饰，希望他能够自己改正。这位学士成年以后，养成粗暴傲慢的习气,最终死于非命。

严爱表现在对待子女的学业上,就是让子女老老实实做学问。颜之推说:"治点子弟文章,以为声价,大弊事也。一则不可常继,终露其情。二则学者有凭,益不精励。"(《颜氏家训》名实)就是说替儿子修改文章,为他谋求名声,是极坏的事。一来父母不可能长期如此,到最终究还是要暴露出孩子无能的实情来。二则正在学习的子女有了依赖,更加不肯专心努力。这样做最终都是害了孩子,是"大弊事"。

第三,"不狎不简"。

颜之推认为,父子之间正确的相处之道是:"父子之严,不可以狎骨肉之爱,不可以简。简则慈孝不接,狎则怠慢生焉。"父母亲在孩子面前应该保持尊严,不可以过分亲昵随便,但是父母与孩子之间的骨肉之爱,也不可以淡漠疏远,过于淡漠疏远就不能做到父慈子孝,过分亲昵就会导致对父母的不尊重,产生放肆不敬之心。要做到"不狎不简",则"父子异宫,此不狎之道也抑搔痒痛,悬衾筐枕,此不简之教也"。即父子不同室居住,这就是使父子之间不过分亲昵的方法。长辈身体不适时,晚辈为他们按摩抓搔,长辈每天起床后,晚辈为他们整理卧具,这就是父子之间不过于淡漠疏远的方法。此外,"君子之不亲教其子也,诗有讽刺之辞,礼有嫌疑之诫,书有悖乱之事,春秋有邪僻之讥,易有备物之象,皆非父子之可通言,故不亲授耳。"因为《诗》中有些讽刺的言辞,《礼》中有些避嫌疑的训诫,《书》中有些悖乱的事情,《春秋》中有对邪恶变态的讥讽,《易》中有备物致用的象征,都不是父子之间可以讨论的,所以君子不能亲自教授他的子女。做父母的如果做到这些就能达到"父母威严而有慈,则子女畏慎而生孝矣"。(本段引文出自《颜氏家训》教子)

其次,子孝。

在子孙对待父母的态度上,颜之推继承了儒家"孝为百行之首"的思想,并认为内心的孝和对父母的敬是通过外在的礼节表现出来的。他在《风操》篇就专门论述孝道以及日常生活中对待父母的基本礼仪。

第一,称谓有礼。

颜之推认为对长辈的称呼要尊重,"凡亲属名称,皆需粉墨,不可滥也","凡与人言,称彼祖父母、世父母及长姑,皆加'尊'字,自叔父母已下,则加

'贤'子，尊卑之差也"。长辈的名字，都要加以修饰，不可滥用。与人交谈时，称别人的祖父母、伯父母、父母和长姑，都加个"尊"字，从叔父母以下，就加个"贤"字，以表示尊卑有别。他还批评王羲之写信时，称人家的母亲和称自己的母亲相同，都不加"尊"。

第二，临危见孝。

颜之推告诉子女们，在父母危难的时候，一定要用"孝"来待他们。如果长辈身处险境，做子女的要"贬损自居，不宜奏乐宴会及婚冠吉庆事也"。父母生病时，即使医生贫贱而又年轻，也要跪下求他给父母治病，"医虽少虽贱，则涕泣而拜之"。在父母犯罪受刑或冤屈遭贬时，要注重父子深情，守候狱中的父亲，关心发配远方的亲人，不嫌父罪，尽力为父母陈情请罪，以洗冤情，"露跣陈谢""草屦粗衣，蓬头垢面，周章道路要候执事，叩头流血，申述冤屈。若配徒隶，诸子并立草庵于所署门，不敢宁宅"。

第三，丧亲哀戚。

丧亲之后的哀戚之情，也是对父母的孝敬之举。颜之推说，在新年和冬至，"己孤，而履岁月及长至之节，无父，拜母，祖父母，世叔父母，姑、兄、姊，则皆泣无母，拜父、外祖父母、舅、姨、兄、姊，亦如之此人情也"。在父母的忌日，"不接外宾，不理众务""不预饮燕，闻声乐及行游也"。他甚至认为，子女的丧礼规格高于父母，都是大为不敬的，在交代自己后事时，特别嘱咐子女"有加先妣，则陷父不孝"。（《颜氏家训》终制）在要求子女对父母尽"孝"的同时也反对那些过于拘礼的行为，"礼缘人情，恩由义断"，一方面要斟酌人情，另一方面要兼顾事理，礼应在情理之中。他嘲笑"闻讳必哭，为世所讥"，批评那些"父之遗书，母之杯圈，感其手口之泽，不忍读用"，父母去世后"所居斋寝，子与妇弗忍入"。北朝李构，其父被割首，宴饮时见人割鹿尾而怆然离席，江宁人姚子笃，因为母亲被烧死，终身不忍吃烧烤类的肉食的迂腐举动。他说，"亲以噎死，亦当不可绝食"，过分注重外在表现的行为并不是真正的孝。告诫儿女在他死后"宜以传业扬名为务"，（《颜氏家训》终制）不能"多废公事"。但是，对于那些打着忌日不乐的旗号深藏内室，谈笑如故、大吃大喝，装模作样，不见宾客、不办急务的伪孝行为，他也给予了谴责。

兄友弟悌

颜之推在《兄弟》篇中特别强调兄弟相爱对于巩固家族的重要性。

首先，兄弟乃分形连气之人。

颜之推认为兄弟之间本来就应该相亲相爱。因为从身体上说，兄弟之间血脉气息想通，他们分父母之形，连祖宗之气，由父母分授祖宗的血脉，是难以割舍的骨肉至亲。"兄弟者，分形连气之人也。"从感情上说，"方其幼也，父母左提右挈，前襟后据，食则同案，衣则传服，学则连业，游则共方"。所以即使有荒谬胡乱来的，也不可能不相友爱。即使在父母去世以后，也要相互牵挂、相互爱护。他对于江陵王家三兄弟有福同享、有难同当的兄弟情义极为赞赏，希望家族子弟能像他们一样尊重骨肉情义。

其次，兄弟不睦，则子侄不爱。

颜之推认为兄弟和睦对于家族来说也是非常重要的。"兄弟不睦，则于侄不爱，子侄不爱，则群从疏薄，群童疏薄，则僮仆为仇敌矣。"意思是说，如果兄弟之间不和睦，那么子侄就不相爱，子侄要是不相爱，族里的子侄之间就疏远欠亲密，族里的子侄辈疏远不亲密，那童仆就成仇敌了。

再者，友悌深至，不为旁人之所移。

兄弟之争，古已有之。原因何在呢？幼小时"虽有悖乱之人，不能不相爱也"，但是长大以后各自成家，"各妻其妻，各子其子，虽有笃厚之人，不能不少衰也"，再牵涉姑嫂关系，"娣姒者，多争之地也……娣姒之比兄弟，则疏薄矣。今使疏薄之人，而节量亲厚之恩，犹方底而圆盖，必不合矣"。"以行路之人，处多争之地，能无间者鲜矣。"姑嫂本是陌路人，"当公务而执私情，处重责而怀薄义"，要像兄弟一样相互之间不产生嫌隙比较难。另外，兄弟之间由于争夺财产也会反目成仇，"邺下有一领军……诸子争财，兄遂杀弟"（《颜氏家训》治家）。那么如何才能避免冲突？颜之推说："唯友悌深至，不为旁人之所移"，只有真诚相待，不受他人的挑拨。唯有"恕己而行，换子而抚，则此患不生矣"。一方面兄弟要不受妻妾离间，另一方面，姑嫂之间也尽量以仁爱相待、推己及人，就可以避免同室操戈了。同时，除了不受蛊惑，有隔阂要及早沟通解决，"譬犹居室，一穴则塞之，一隙则涂之，则无颓毁之虑如雀鼠之不恤，风雨之不防，壁陷楹沦，无可救矣"。弟弟对兄长也要做到"悌"，"人之事兄，不可同于事父，何怨爱弟不及爱子"。

姑慈妇听

婆媳、翁婿、继父母与继子女之间既无血缘纽带，又无性情的牵挂，因此更加难于处理。特别是婆媳关系，千百年来是一个不变的话题。

首先是婆媳关系。

儒家对婆媳关系的要求是"姑慈妇听"，即为婆者慈爱，为妇者顺从。在颜之推看来，家庭中婆媳不和是影响家庭和睦的重要原因，"宠婿则兄弟之怨生焉，虐妇则姊妹之谗行焉"。做母亲的宠爱女婿引起儿子的不满，虐待儿媳导致女儿进谗言，不管是女婿和儿子的矛盾还是媳妇和女儿的矛盾，都是由于"妇人之性，率宠子婿而虐儿妇"。做婆婆的贪图媳妇的陪嫁，对媳妇任意谩骂，只爱自己的儿子，却不知爱护媳妇，"为子娶妇，恨其生资不足，倚作舅姑之尊，蛇虺其性，毒口加诬，不识忌讳，骂辱妇之父母""但怜己之子女，不爱己之儿妇"，其实最终"却成教妇不孝己身"，最终也得到了报应"落索阿姑餐，此其相报也"，（本段引文出自《颜氏家训·治家》）这是家庭中经常存在的弊端，要引以为戒。

其次，继父母与继子女。

虽说颜之推不赞成后娶，但是有时续娶又是不可避免的。继母与前妻之子发生矛盾是由于"前妻之子，每居己生之上，宦学婚嫁，莫不为防焉，故虐之"。（《颜氏家训》后娶）那么继母与前妻之子有没有相处之道呢？颜之推以《后汉书》所记载的薛包的事迹告诉子孙，不论后母怎样虐待，都不能记恨，还要尽到自己为人子的孝心，只要心诚情笃，最终会赢得继母的疼爱。同样，以"悌"对待继母之子，终会维持家庭的和谐，赢得社会的尊敬。颜之推认为继父与前夫之子相对来说比较容易相处，"后夫多究前夫之孤"。这是因为前夫之子对自己的孩子没有威胁，不敢与自己的孩子争夺家业，继父与前夫之子，没有什么利益冲突，故而可以和平相处。

②持家理念

颜之推深知生计的艰难，所以他不仅重视子女的个人学习、修养、进取，也很重视治家之道。他在《治家》《止足》《省事》篇中把他在乱世中求生存的治家经验传授给子弟们。

39

俭而不吝

"俭者，省约为礼之谓也。吝者，穷急不恤之谓也。"（《颜氏家训》治家）节俭是指节约以合礼数，吝者是指对贫困急难的人也不关照周济。颜之推希望那些骄傲奢侈的人，要学习古人的恭俭节约，谦卑养德。而一贯浅薄吝啬的，要学习古人的重义轻财，周济穷困，积而能散。正确的持家原则应是"施而不奢，俭而不吝"。对自己要俭，日常生活要有节度但是别人有危难时，要挺身相助，不可吝啬。有的人肯施舍却又奢侈，有的人能节俭却又过于吝啬，这都是不对的。颜之推自己的生活也是很节俭的。"人生衣趣以覆寒露，食趣以塞饥乏耳。形骸之内，尚不得奢靡，己身之外，而欲穷骄泰邪。"（《颜氏家训》止足）家族兴旺固然可以更好地庇护家族子弟，为他们提供更舒适的生活，但是也不能太过招摇，"常以二十口家，奴婢盛多不可出二十人，良田十顷，堂室才蔽风雨，车马仅代杖策，蓄财数万，以拟吉凶急速"。（《颜氏家训》止足）他还特别在《终制》篇中，对自己的丧葬规格也做了仔细的安排，只需沐浴干净，换上平常衣服即可。埋葬时只要求子女为他备办二寸厚的松木棺材，并且不要任何陪葬，也不行招魂之礼，祭祀时不许用酒肉饼果，只要白粥清水等物，叮嘱他们"勿拷竭生资"。（《颜氏家训》终制）

婚姻素对

封建大家族在婚姻的态度上，历来讲究的是门当户对。颜之推对当时社会上"卖女纳财，买妇输绢"（《颜氏家训》治家），把婚姻当成是招财之路、买誉之门，攀比家世，计较财富的现象给予了严斥。他说这样"责多还少，市井无异"，有失身份的同时只能得到"狠婿在门，或傲妇擅室，贪荣求利，反招羞耻"的结果，反而成了家门的不幸。所以，他赞成先祖靖侯立下的"婚姻素对"的家规，要子女们不要贪图钱财、计较门第，要选择家世清白、甚至清寒的人家。颜之推在《后娶》中是反对后娶的，他告诫儿女说"假继惨虐孤遗，离间骨肉，伤心断肠者何可胜数"。由于继父母与继子女之间有着这样那样的矛盾，往往导致"辞讼盈公门，谤辱彰道路，子诬母为妾，弟黜兄为佣，播扬先人之辞迹，暴露祖考之长短"。由于续娶，造成"父母被怨""兄弟为仇"，为地位和家产，一家人对簿公堂，无礼谩骂，实在是"门户之祸"。同时，他还以儿子思鲁的堂舅续娶的例子告诉子女，做继母其实也是"悔事"。因为继子思念母亲,"每拜见后母,感幕呜咽,不能自持",以致继母"亦凄惨,不知所容,旬月求退"。所以,对于后娶一定要"慎之哉慎之哉"。

惜生养生

颜之推的养生思想主要有三个观点:第一,前提是"全身保性",要"先需虑祸"。他说"夫养生者,先须虑祸,全身保性有此身然后养之,勿徒养其无生也"(《颜氏家训》养生)。只有保全了身体和生命才谈得上养生。

第二,主张自然养生。他不赞成子女去学那些隐居山林,炼制丹药,以求得道成仙、长生不老的做法。炼丹花费太大"非贫士所办""纵使得仙,终当有死,不能出世"(《颜氏家训》养生)。主张"爱养神明,调护气息,慎节起卧,均适寒暄,禁忌食饮,将饵药物,遂其所享,不为夭折者,吾无间然"。

第三,生命"不可不惜,不可苟惜"。既不去做无谓的冒险而丢掉生命,也不可因贪恋生命而置忠孝仁义而不顾。他说"涉险畏之途,干备难之事,贪欲以伤身,豫患而致死,此君之所惜哉",至于"行诚孝而见贼,履仁义而得罪,丧生以全家,泯躯而济国",则为"君子不咎也"。在这一点上,颜之推完全继承了孟子"舍生取义"的义利观。

3. 吏治观念、制度

赵国在政治上形成一套严格的制度,特别是在吏治上,有一套完善的程序和制度,这主要表现在官员的选拔、使用、考核等制度上。

(1) 官员的选拔制度

赵国形成了一套丰富的人才选拔思想,把德才兼备作为选拔官员的标准。成语"任贤使能"典出《荀子·王制》:"欲立功名,则莫若尚贤使能矣。"同时在人才的选拔和使用过程中,不能掺杂个人的情感和偏好,"私仇不入公门"。官员选拔途径上,自荐与举荐相结合。成语"外举不避仇,内举不避亲"就是一个举荐的反映。成语"毛遂自荐"是官员选拔上自荐的一个典型。

(2) 官员的使用、考核制度

官员的使用原则:"量才授官",该成语典出《荀子·君道》:"论德而定次,量能而授职,皆能使其人载其事而各得其所宜。"根据被使用者的具体情况给予相应的职位,最大限度地发挥其特长。官员的考核:奖罚并举,"奖善罚过""无功受禄""赏罚分明""怙恶不悛""罚不当罪""奖善罚过",等等。

(3) 官员的道德要求

这体现在成语"奉公守法""难至节见"等上。"奉公守法"典出《史记·廉颇蔺相如列传》，赵奢不畏平原君权势而征其租税，显然体现了执法必严精神，平原君听了赵奢的话后，不仅交了租税，且以之为贤，荐之于赵王，则明显体现了奉公守法精神。成语"难至节见"典出《藏书·名臣传·肥义》：肥义面临公子章、田不礼叛乱的杀身之祸，坚守赵武灵王让其保护赵惠文王的嘱托，不退缩，代替赵惠文王应公子章、田不礼之召，这明显表现了尽节守义的高尚情操。

①荀子的"臣道"

关于臣道，首要在于人臣自身品德，荀子按照人臣的才能品德把他们分成四种不同的类型，即态臣、篡臣、功居、圣臣四种。态臣就是那些阿谀奉承的人，对内不能以自己的德行统一人民，对外不能以自己的智慧抵御患难，既得不到下层百姓的亲近也得不到上层诸侯的信任，但是他们往往能说会道，擅长在君主面前花言巧语从而得到宠幸。篡臣就是那些篡夺君主地位及权利的人，他们上不忠于君主，下在人民中骗取声望，不顾国家的原则和道义，结党营秘、蒙蔽君主、图谋私立。功臣就是那些为国家立功的人，他们对内可以统一人民，对外可以抵御患难，人民都很亲近他们，士大夫都信任他们，他们上能尊敬君主，下可以爱护人民。圣臣就是圣明的臣子，他们上可尊重君主，下可爱护人民，国家颁布的政策和教化，他们会立即执行，对付突发事件也最快的做出反应。君主用了花言巧语的态臣，国家就会灭亡；用了贪图私利的篡臣，国家就会危险；用了民众亲附的功臣，国家必定会繁荣；用了平治爱民的圣臣，那么国家一定会四海为尊。

其次，对君事以忠。荀子按照人臣的忠诚程度将其分为四个等级，即大忠、次忠、下忠、国贼，他说上等的忠臣会用道德去熏陶君主从而感化他，中等的忠臣会用道德去调节君主而辅佐他，下等的忠臣会用正确的言行劝阻君主而惹怒他，国贼就是不顾君主的荣辱和国家的得失，只是苟且的阿谀奉承，没有原则的求取容身从而保住自己的利益。除了上述两个方面，荀子将人臣又分为四等，即顺、谄、忠、篡四个类型。君主颁布政令后服从而有利于君主就叫作顺从，服从却不利于君主就叫作谄媚，违抗却有利于君主就叫作忠诚，违抗而不利于君主就叫作篡夺。听从君主命令做事且对国家有益,这是身为臣子天经地义的事情,唯有违抗君命去做有利于君主和国家的事,这样的忠诚才是难能可贵的,这样的人臣不计较个人的得失、安危,敢于冒着触怒君主的风险去做事,有这样的胆识才能被称作是忠臣或者是功臣、圣臣。而那些谄媚的臣子,无外乎都是态臣。

然则如何执行忠臣之道,荀子以为忠臣之道应该是从道不从君。在道、君、臣三者关系中,荀子说:"入孝出悌,人之小行也。上顺下笃,人之中行也。从道不从君,从义不从父,人之大行也"。当君主做出了错误的谋划和事情而导致国家陷入危机和毁灭时,人臣可以联合起来,率领群臣强迫君主、纠正君主的过失。倘若君主还是不采纳其建议,那就辞官离去或者殉职,这样维护国家政权的人臣,就是忠臣。这种观念是对先秦儒家重德不重位的继承和发扬,也是确认君主是否具有合法性地位的判断条件之一。荀子也将君主分为圣君、中君、暴君等。在人臣事君时,方法也有所不同。他说:"事圣君者,有听从,无谏争!事中君者,有谏争,无请巧;事暴君者,有补削,无拚拂。"面对不同的君主,人臣如何能做到一直受到君主的器重而不会引起君主反感,从积极方面来讲,就是:如果人臣得到君主尊敬,就保持恭敬和谦退;可以获得君主信赖,就保持严谨和谦逊;得到专任,就守职且祥明;得到亲近,就顺从而不邪恶。从消极方面来讲,倘若被君主疏远,要做到专一不变节;被君主斥退,要恐惧但不怨恨。所处越是高贵,越要保持低调;获得君主的信赖后仍然要记得谦卑,身负重任,不能独断专行;有财利的时候,当自己的功劳与之尚不相配,要辞让之后再接受;美好的事情来临时,要适当地去对待;灾祸来临时,要冷静地去处理。

荀子论臣除了详明阐述为臣之道之外,还强调了为相的重要性,他说:"为人主者,莫不欲强而恶弱,欲安而恶危,欲荣而恶辱,是禹桀之所同也。要此五欲,辟此五恶,果何道而便?曰:在慎取相,道英径是矣。故知而不仁,不可;仁而不知,不可;既知丑仁,是人主之宝也,王霸之佐也"。没有君王不希望自己的国家强盛、安定,也没有君王不讨厌自己的国家衰弱、危险,即使是夏禹和夏桀都是这样的,而要达到强盛、安定,最简便的办法就是慎重地选择相。要成为居高权重的相不仅要有极高的智慧,还需要有最高的仁德,这样才能担任君主成就王业的助手。接下来，还辨别了相的具体职责。

②曹操"任天下之智力，以道御之"

东汉的人才选举制度主要实行察举征辟制，由于东汉末期君主昏庸无能、外戚宦官专权等原因，选举制度被地方权贵把持，察举制失去其公正性，往往以门第高低决定是否举荐，出现了"官无善吏，位无良臣"的恶劣局面。针对察举制的弊端以及当时军国大政对人才的需求，曹操提出"任天下之智力，以道御之，无所不可"的观点，加大力度，改革选官制度。

第一，提出"治乱尚才""唯才是举"，确立选官制度的价值取向。曹操主张集中天下的贤才，在建安十五年（210）发布《求贤令》，"今天下尚未定，此特求贤之急时也……唯才是举，吾得而用之"，提出乱世唯才是举的主张；建安十九年（214）又发布《取士勿废偏短令》，指出"夫有行之士未必能进取，进取之士未必能有行也。士有偏短，庸可废乎！有司明思此义，则士无遗滞，官无废业矣"，即是说有才能的人或许德行有亏，存在各种各样的问题，要求各级官吏举士不要拘泥于其德行的不足，只要有安邦定国之才皆可举荐。建安二十二年（217）再次发布《举贤勿拘品行令》，曹操借鉴历史，看到乱世用人才则兴，明确指出至德之人、临敌力战果勇之人、高才异质的文吏、甚至不仁不孝的人，只要有治国用兵之术，都是其治乱迫切需要的人才。从这几个教令中来看，曹操选用官吏好像只是重视官员的才能，不重视官员的德行，连不仁不孝的人都可以任用，其实这是对曹操选官制度的曲解。实际上"唯才是举"只是聚集人心的权宜之计，在实际选拔人才时，仍是注重德才兼备。曹操的"治乱尚才"的选官制度适应了当时社会的需要。当时军阀割据社会动荡不安，百姓在死亡线上挣扎，"治乱尚才"强调的治乱安民，是忠君爱民的大义。与治乱事业相比，个人德行的偏短问题只是细枝末节，这种注重大义不拘细节主张在当时无疑还是合理可取的。

第二，在官员任用制度上"尚能崇德"。曹操不仅要求官员要有安邦定国之才，同时要有清正廉直之德，力图纠正过去官员大多浮华不实的弊端。其一，慎选掌管选举的官员。曹操设置东曹掾主管选举，任命有"伯夷之风、史鱼之直"的崔琰和"以清公称"的毛玠负责，其所举用皆清正的人，特别强调"以俭率人"，对于虽有盛名而德行不足的人，始终不予选用。自此以后，天下之士莫不以廉洁自律，虽然是贵宠之臣，车驾服饰不敢超过标准。其二，确定官员选拔的标准是"唯才是举"和"任人唯贤"。曹操在《求贤令》中提出"唯才是举"，又在《善哉行》中说："晏子平仲，积德兼仁。与世沈德，未必思命。"可见曹操的用人标准是德才并举，偏重于能。毛玠典选举"拔贞实，斥华伪，进逊行，抑阿党。诸宰官治民功绩不著而私财丰足者，皆免黜停废，久不选用"。曹操对此极为赏识，叹曰："用人如此，使天下人自治，吾复何为哉！"

第三，"治平尚德，事赏功能"。何夔为丞相东曹掾时指出，"自军兴以来，制度草创，用人未详其本，是以各引其类，时忘道德。夔闻以贤制爵，则民慎德；以庸制禄，则民兴功。以为自今所用，必先核之乡闾，使长幼顺叙，无相逾越。显忠直之赏，明公实之报，则贤不肖之分，居然别矣。"何夔主张"慎德"与"兴功"并重。官员的任命应该由官府宣示，经乡里核实推荐，使长幼有序，不得逾越，从制度上防止浮华而无才无德的不肖之徒遴选入官员队伍，这种观念也得到了曹操的赞同与支持。曹操选拔的人才既有"德行堂堂"的邢子昂、"伯夷之风"的崔琰，也有"不治行检"的郭嘉、贪财的许攸，这种复杂的现象正是其"治平尚德行，有事赏功能"思想的体现。

③颜之推的"仕宦中品"

对于仕宦家族来讲，做官当然是"立名"之途，作为士大夫的颜之推也希望后辈能在仕途任职以光耀门楣，但是，他并不赞成子女过于追求高官厚禄，他认为做官做到中等品级就够了，既可以保家又可以免祸。"仕宦称泰，不过处在中品，前望五十人，后顾五十人，足以免耻辱，无倾危也。高此者，便当罢谢，堰仰私庭。"（《颜氏家训》止足）他还认为一个人的官职俸禄是有天命的，"爵禄不登，信由天命"（《颜氏家训》止足），所以对那些奔走钻营、趋炎附势、不择手段求官的行为表示鄙夷，认为最好是顺其自然，不要过于强求。在为官任仕期间，也要安守本分，明哲保身。所以他不赞成上书陈事论政得失，认为"论政得失耳，非士君子守法度者所为也。"（《颜氏家训》省事）只有这样才能避免"旦执机权，夜填坑谷"（《颜氏家训》止足）的悲剧。他还以自己的教训来告诫子孙"吾初入邺，遂尝以此忤人，至今如悔，汝曹必无轻议也。"（《颜氏家训》文章）从中我们看到一个为在乱世中保命保家而诚惶诚恐、如履薄冰、小心翼翼的家长——士大夫。

4. 变革图强精神

综观整个人类发展史，每一个前进的脚印都蕴涵着一定的变革精神，而赵武灵王胡服骑射的社会变革更是这一精神的集中体现。在赵国发展史上，简、襄父子的社会变革使赵国走上了封建化道路，并在三晋中最为强盛，但这种强盛局面并未持续多久就被魏国的改革所打破。至赵烈侯继位时，魏国占有河西地，又越赵攻占中山，形成了对赵的包围，阻碍赵国向外拓展。赵成侯时，都城邯郸曾被魏攻陷，加上齐、秦的不断进攻，赵多次败师丧地。赵武灵王时，赵地处列强环伺之中，西有秦、东有齐、北有燕、南有魏，中山国深入腹地，东胡、娄烦等少数民族在西北边境不断骚扰，战争屡有发生。为免使赵国在频繁的战争中被强国吞灭，公元前307年，赵武灵王下达胡服令，学习和吸收北方游牧民族军事文化的长处，仿照他们的装束、装备和战术，组建新式的骑兵部队。这场以"易胡服"和"习骑射"为主要内容的军事革新，进一步推动了赵国风俗的革易与传统观念的更新，终于使赵国转弱为强，一跃成为北方军事强国。可以这样说，邯郸城的繁盛史，就是一部除旧维新的变革图强史，而"胡服骑射"这一历史典故，也由此成为中华民族变革图强精神的典型象征。

5. 开放包容精神

赵武灵王胡服骑射的军事改革实际上是公然向夷狄学习，这无疑体现了赵文化特别是邯郸成语典故文化所具有的开放包容精神。赵文化是开放包容的文化，这已成了学术界的共识。因为地处中原文化圈和北方文化圈的交错地区，又是一个深陷诸侯势力和少数民族包围之中的"四战之国"，赵氏的兴起和发展过程，就是一个不断吸收外来文化的过程，这就使得赵文化必然具有中原（华夏）农耕文化与草原（戎狄）游牧文化构成的二重性。正因为这种文化构成的二重性，才使赵襄子在夺取代国之后仍保持了原来的封国制度，这也成为引发赵武灵王时期"沙丘宫变"的历史潜因。也正因为农耕文明与畜牧文明并存，赵武灵王胡服骑射的军事改革才有了深厚的物质和人才保障，得以顺利进行。所以，如果从根源上去探讨，"胡服骑射""沙丘宫变"这些成语典故的生成有其历史原因，而其本身又同时体现了一种开放包容的文化精神。除了这种文化构成本身的二重性之外，赵文化的开放包容精神还体现在战国时期各家学派的学者都聚集邯郸著书立说、辩彰学术，使其成了当时重要的学术研究和文化教育中心,进一步推动了"百家争鸣"局面的发展。在这些游居邯郸的学者中,既有儒家孔穿、新儒家荀子、阴阳家邹衍,又有兵家庞煖与田单、名家公孙龙与毛公以及法家处子与慎到。同时,平原君赵胜好客养士,其门下聚集的学者不但著书立说,还时常就思想理论问题进行辩论;公孙龙与孔穿、邹衍等人在平原君家里辩论"白马非马"问题时,平原君还担当着判断二者是非的角色。这种学术争鸣本身就是邯郸成语典故大量产生的历史文化根源,同时也体现了赵文化特别是邯郸成语典故文化所具有的开放包容精神。

(二)哲学思想

1. 荀子哲学思想

作为战国末期最具代表性的唯物主义思想家,荀子可以说是博采众家之长,他坚持和发展了唯物主义,反对宗教神秘主义和唯心主义,提出了"明于天人之分"和"制天命"的战斗唯物主义观点。在认识论上,荀子反对"生而知之"的先验论,主张后天的学习和感觉经验对于认识的重要性。同时,辩证法的深刻影响亦贯穿其哲学思想体系的始末。荀子的哲学思想是先秦唯物主义发展的顶峰。

(1) 天行有常

"天行有常,不为尧存,不为桀亡。"荀子认为,天道即自然界的运行发展是有规律可遵循的,并不是变幻莫测、捉摸不定的。而这规律就是事物发生发展运行的必然性,它不以人的意志为转移,也不会根据人的好恶而发生变化,人类能做的只有严格遵守它。所谓人间的治乱凶吉,同自然本身的运行是没有关系的,而是取决于人是否能够适应自然的规律。天道不会因为情感或意志或愿望而改变,它对于人的善恶分辨是完全漠然置之的。在这里,荀子强调了天不再具有道德价值的源头的意义,不再是超然的价值实体。荀子没就此走向老庄,回归自然主义,而是确认天道的客观自然性,为人们认识和支配它开辟了道路,并由此提出了"制天命而用之"。《荀子·天论》中说道:"大天而蓄之,孰与无蓄而治之;从天而颂之,孰与治天命而用之;望时而待之,孰与应时而使之;因物而多之,孰与骋能而化之;思物而物之,孰与理物而勿失之;愿于物之所生,孰与佑物之所以成,故错人而思天,则失万物之情。"在荀子看来,与其迷信天道的权威力量,等待它的恩赐,不如通过利用自然规律来达到为人服务的目的。荀子强调"敬其在己者"而不是"慕其在天者",甚至以对天道的态度来区分君子和小人。荀子尤其强调人的主观能动性,提出"治天命""裁万物""骋能而化之"的思想。成语"秋收冬藏"出自《荀子·王制》:"春耕夏耘,秋收冬藏。"四季的变化是人所无法改变的,但是人们可以在充分认识季节时令的变化规律上进行农事活动,从而获得稳定的生活,更有助于君王的统治。

成语"强本节用"出自《荀子·天论》:"天行有常,不为尧存,不为桀亡。应之以治则吉,应之以乱则凶。强本而节用,则天不能贫;养备而动时,则天不能病;修道而不贰,则天不能祸。故水旱不能使之饥,寒暑不能使之疾,祆怪不能使之凶。"荀子认为大自然的发生发展规律是永恒不变的,它既不为尧而存在,也不为桀而灭亡。用安定的措施适应它就会吉利,用产生混乱的措施适应它就要凶险。加强根本(指农业)并节约花销费用,那么就不会贫穷;给养齐备并在适当的时间活动,就不会生病;按照规律行动不出差错,就不会有祸患。所以旱涝这样的自然灾害无法使他挨饿,寒暑恶劣的天气无法使他生病,自然界的一些反常变异也无法使他遭殃。这个成语所表达出的含义非常典型地体现出荀子"制天命而用之"的思想。

(2)虚一而静

荀子按照其朴素的唯物主义哲学思想,建立了自己所特有的认识论,其观点主要集中在《荀子·解蔽》:"欲为蔽,恶为蔽;始为蔽,终为蔽;远为蔽,近为蔽;博为蔽,浅为蔽;古为蔽,今为蔽。凡万物异则莫不相为蔽,此心术之公患也。"即说什么东西会造成蒙蔽?爱好,憎恶;只看到开始,只看到终了;只看到远处,只看到近处;知识广博,知识浅陋;只了解古代,只知道现在。荀子一连举出了这么多例子说明可能造成蒙蔽的原因。那么如何做才能避免呢?荀子提出:"人何以知道?曰心;心何以知?曰:虚一而静。"能够做到这点,也就达到了最为清楚明白的大清明之境界。能够见微知著,以一知万,在荀子看来所谓"知"就是主观与客观的统一。"凡以知,人之性也;可以知,物之理也。"认识就在于以"人之治"和"物之理"。他将人的认识过程分为两个阶段:第一阶段人首先需要依靠感官来把握事物,即所谓"缘天官"或"天官意物"。第二阶段就是对感觉印象进行分析和验证,并以此形成概念和判断,即"心有征知"。荀子认为人在认识上可能产生的最大隐患就是"蔽于一曲而暗于大理",因此形成正确的认识就要"解蔽"。而"虚一而静"就是能够达到"解蔽"的最佳办法。不让旧的知识妨碍新知识的接受就是"虚";心能同时兼知二物并能做到使它们互不妨碍从而影响认识,就是"一";不以胡思乱想混淆正常的认识就是"静"。这种心理状态叫做"大清明",是荀子认为的认识的最高状态。以疑决疑出自《荀子·解蔽》:"彼愚者之定物,以疑决疑,决必不当。夫苟不当,安能无过乎!"意思是说用疑惑的认识来判断捉摸不定的事物,结果是不会恰当的。想要正确地认识事物,就一定要排除干扰,看清事物的本质。(本部分引文出自高长山《荀子译注》黑龙江人民出版社)

2. 公孙龙哲学思想

《公孙龙子》留给我们的成语典故,可以说个个都具有深刻的哲理性,逻辑性非常强。比如:"白马非马""离坚白三""一尺之棰""物莫非指""鸡三足"等。

(1)"白马非马"

"白马非马"在战国时期曾经是一个严肃的哲学命题,风靡一时,当时的许多哲学家都参加了辩论,《战国策·赵策二》中有句话叫做"夫刑名之家,皆曰白马非马也",说的就是这件事。这个命题,从表面看来是荒诞的、错误的、不堪一击的,但当时辩论的结果,往往是挑战方败下阵来,挑战方不服气,就换一个角度对公孙龙进行攻击,比如,在《庄子·天下》篇中说公孙龙"饰人之心,易人之意,能胜人之口,不能服人之心,辨者之囿也"。除《庄子》外,《荀子》《韩非子》《墨经》这些著作中也对公孙龙进行了深刻的批评。秦汉以后,学术界干脆就把公孙龙这一派称为诡辩派,几乎推出了历史舞台。一直到了近代随着西方逻辑学的传入,公孙龙的学术成就才开始引起了人们注意,但否定成分还是比较多。《公孙龙子》受到了学术界的关注,出版的《公孙龙子译注》《白话解读公孙龙子》《公孙龙:邯郸人民的骄傲———谈公孙龙论辩的时代根据及价值》等都对《公孙龙子》做出了肯定性评价。王永祥研究员在他的《关于公孙龙白马非马所谓诡辩论的质疑》一文中指出:公孙龙"白马非马"论被判为诡辩论是历史的一大冤案。

"白马非马"命题的问题可以从三方面谈:其一,从内涵来谈,"马者,所以名形也；白者，所以名色也。名色者非名形也。故曰：白马非马"这就是说，"马"的内涵是一种动物，"白"的内涵是一种颜色，"白马"的内涵是一种动物加一种颜色。三者内涵各不相同，所以白马非马。其二，从概念的外延说，"求马，黄黑马皆可致。求白马，黄黑马不可致……故黄黑马一也，而可以应有马，而不可以应有白马，是白马之非马审矣。""马者，无去取于色，故黄黑马皆所以应。白马者，有去取于色，黄黑马皆所以色去，故惟白马独可应耳。无去取非有去取也，故曰：白马非马。"这就是说，"马"的外延包括一切马，不管其颜色如何；"白马"的外延只包括马，有相应颜色要求。由于"马"和"白马"的外延不同，所以白马非马。其三，从共相的角度说，"马固有色，固有白马，使马无色，有马如己耳。安取白马？故白者，非马也。白马者，马与白。故曰：白马非马也。"这似乎是在强调，"马"这个共相与"白马"这个共相不同。马的共相，是一切马的本质属性，不包括颜色，仅仅是"马作为马"。而"白马"的共相包括颜色。于是，马作为马不同于白马作为白马，所以白马非马。对于"白马非马"这个命题的意义，人们有不同的理解。为什么公孙龙说"白马非马"，白马为什么不是马，不是马是什么？公孙龙绝不是随便说说。你说白马是马，这是现象；公孙龙说白马非马，就算说到实质了。但这个实质落实到什么地方？怎么理解？怎么解释？要把它说清楚，这要花很多功夫，需要我们学术界下大力气去研究。

（2）"鸡三足"

《公孙龙·通变论》："谓鸡足一，数足二，二而一故三。""鸡三足"是公孙龙的另一个命题，他把思想凝练在一个极端的问题里头，跟正统的观念相对抗。"鸡三足"，并不是说鸡真有三条腿。他是说，鸡有左腿，又有右腿，两个对立的腿到一起以后，它们之间一定还有一个东西，中间的这个东西就是看不见的第三条腿。如果没有第三条腿的话，左腿要往左边走，右腿要往右边走，两条腿各管自己，走不到一起，这就乱套了。公孙龙的思想就是说，两条腿之间一定还有一条腿，这条腿是看不见的腿，这个看不见的腿指挥着这两条看得见的腿。这就是我们现在的经济学家所说的市场经济有一只"看不见的手"，这个看不见的手指挥着买方和卖方，市场价格不用政府去管，自由市场自然会把价格调整到一个合适的位置上去，大体上不会偏离价值太远，在价值的上下浮动。同样，一定是有一只看不见的足，在指挥着左右两个看得见的足，所以是"鸡三足"。"鸡三足"就是说对立的东西一定是统一的，两个对立的东西一定统一在一个东西上，或者有一个东西来统一它。过去给"鸡三足"做注释的人说第三只足是"神足"，神足是一个看不见的足。鸡两足是看得见的，可以数的；第三只是看不见的，没法用数来数。

3. 《战国策》纵横家谋略与论辩技巧

纵横家机智善辩，制止战争，胜过百万大军。如"鹬蚌相争，渔人得利"出自《燕策二》，战国时，赵国欲攻打燕国，苏代就给赵惠文王讲了"鹬蚌相争，渔人得利"的寓言故事，认为"今赵且伐燕，燕、赵久相支以弊大众，臣恐强秦之为渔父也"。赵王听从了苏代的劝告，便打消了攻打燕国的念头。再如，"南辕北辙"出自《魏策四》，魏王欲攻邯郸，季梁劝他说："我在大路上遇到一个向北走却要去楚国的人，我告之：'你的方向错了'，他却告诉我说他马好、费用多、车夫驾车好，但是他这样走，只会距楚国越来越远而已"。说魏王"恃王国之大，兵之精锐，而攻邯郸，以广地尊名，王之动愈数，而离王愈远耳。犹至楚而北行也"。魏王听了，放弃了攻打赵国的计划。这里讲做事成功必须大方向正确，不要犯"南辕北辙"的错误。"交浅言深"出自《赵策四》，冯忌面对赵孝成王时，彼此缺乏了解，冯忌用孔子弟子亦子贱的故事，说明交情浅而谈话深入，乃是忠诚的表现，为他与赵孝成王的谈话做了铺垫，赵王从而乐意与冯忌共商国是。"惊弓之鸟"出自《楚策四》。公元前年，楚、燕、韩、赵、魏合纵攻秦，赵使魏加用"惊弓之鸟"做比喻，说临武君是秦的手下败将，不能担当此任，春申君不听，结果大败，楚国也被迫迁都。"义不帝秦"和"排难解纷"两个成语出自《赵策三》，长平之战后，秦围赵国邯郸，魏国派辛垣衍劝赵尊秦为帝，认为秦必喜而罢兵。鲁仲连分析尊秦为帝的严重后果，加上魏公子无忌援兵赶到，秦退兵。鲁仲连"义不帝秦"，有为赵国"排难解纷"而无所取的高尚情操。"攻难守易"出自《赵策三》。公元前260年，平原君在赵、魏、楚共同击退秦军后，想出兵攻燕，冯忌认为长平之战后，秦围邯郸城没有攻下，这是"攻难而守易"的缘故。平原君放弃了攻燕的计划。"三人成虎""十夫揉椎""不翼而飞"出自《秦策三》。秦兵攻打邯郸，历时个月还没攻下，秦国人庄建议秦将王稽赏

51

赐部下，王稽认为自己得到秦王的信任。庄说："三人成虎，十夫揉椎。众口所移，毋翼而飞"，意思是：三个人说市中有虎，十个人木棒已被拉弯。如果众口一词地编造谎言，谎言就会满天飞。王稽未接受庄"三人成虎"的劝告，结果因军士诬告被秦昭王杀掉。

邯郸成语典故还反映了纵横家的功利主义价值取向和当时唯利是图的社会风气。苏秦游说秦王上了十次奏章，秦惠王以"毛羽不丰满者，不可以高飞"不予采纳。他狼狈地"归至家，妻不下纴，嫂不为炊，父母不与言"。然后，发奋图强，"读书欲睡，引锥自刺其股，血流至足"。通过努力，终于有机会，"见说赵王于华屋之下，抵掌而谈。赵王大悦，封为武安君。受相印……白璧百双，黄金万溢，以随其后，约从散横，以抑强秦"。"将说楚王，路过洛阳。父母闻之，清宫除道，张乐设饮，郊迎三十里。妻侧目而视，倾耳而听，嫂蛇行匍伏，四拜自跪而谢。苏秦曰'嫂何前据而后卑也'嫂曰以季子之位尊而多金。"《秦策一》中这段关于纵横家苏秦的活动记载，出现了众多邯郸成语，如"羽毛未丰""引锥刺股""清宫除道""侧目而视""前倨后恭"等。另外，"不可同日而语"，见《赵策二》。苏秦对赵王谈到合纵说"夫破人之与破于人也，臣人之与臣于人也，岂可同日而言之哉"句。《史记》中著名的成语"奇货可居"，在《秦策五》中更形象：濮阳人吕不韦贾于邯郸，见秦质子异人，归而谓其父曰："耕田之利几倍?"曰："十倍。""珠玉之赢几倍?"曰："百倍。""立国家之主赢几倍?"曰："无数。"曰："今力田疾作，不得暖衣余食；今建国立君，泽可以遗世。愿往事之。"这就是《史记》中"奇货可居"的资料来源。"立国家之主"比经商谋利更多，吕不韦既是商人，但也从事着纵横家的活动，最终当上秦国相国。

4.《颜氏家训》哲学思想

《颜氏家训》的哲学价值在于，处在民族融合与文化融合的特殊时期，以儒家思想为统领，杂糅了儒释道三家。儒家思想仍是颜之推思想的主体，不过此儒家思想已不完全等同于秦汉时的儒家思想，而是带有深厚的时代烙印、更加注重人的生存和命运、含有佛学哲理的儒家思想。

（1）儒学与佛学的较量

从《致序》"夫圣贤之书，教人诚孝，慎言检迹，立身扬名"，到《省事》

"夫生不可不惜，不可苟惜。涉险畏之途，干祸难之事，贪欲以伤生，谗慝而致死，此君子之所惜哉；行诚孝而见贼，履仁义而得罪，丧身以全家，泯躯而济国，君子不咎也"，《颜氏家训》是围绕着儒家思想展开的。《归心》中论及"形体虽死，精神犹存"，告诫子女"但当兼修戒行，留心诵读，以为来世津梁。人生难得，无虚过也"，当然也有佛学思想的成分，但此前他还说过："内外两教，本为一体，渐积为异，深浅不同"。可见，颜之推是把儒释结合为一体来看待的。其所经历的"三为亡国之人"的磨难，使其崇尚明哲保身的消极处世哲学与利己主义思想。应该说，经过东汉以来的战乱和玄佛的冲击，儒家的政治理想、伦理观念几乎失去了控制人们思想意识的能力。于是，有识之士不再偏执于儒学，从而对佛家伦理的思想给予了特别的注意，这其实是一种"援佛入儒"的尝试。只是鉴于佛家的报应说"有益世教"，不少儒者才对其采取了容忍、默认的态度，甚至也加以宣扬，而其内心深处仍以儒学为本，颜之推便是如此。

（2）道学思想

《勉学》中列举："何晏、王弼，祖述玄宗，递相夸尚……彼诸人者，并其领袖，玄宗所归。"可见他对道家学术传承有着清晰了解，列举南北朝统治阶级的喜好，玄学者则表明玄学左右了当时的风尚，也直接导致了士族阶层的文化倾向。然众所周知，南北朝时期是文学的自觉时期，玄学清谈盛行，《颜氏家训》中反映的道家文化并不是"左右了当时风尚"的玄学全面渗透的体现，而是文学、民族、文化等不断融合的产物。颜之推一生主张人要立身扬名于世，但险恶的时代环境和个人的沉浮漂泊使他时时心存顾忌，事事谨小慎微；贵学务实的心愿成为颜之推平衡心理的一剂良药。

（三）教育思想

1. 荀子教育思想

作为战国末期最为著名的思想家、教育家，荀子一生都投入到了教育和学术活动中。其教育思想主要体现在《劝学》《性恶》《修身》《儒效》《解蔽》《礼论》诸篇中。荀子曾先后到过齐、秦、赵、楚等国讲学，其中在齐国稷下学宫时间最长，并三为"祭酒"。荀子在其长期的教育实践中不仅积累了丰富的教学经验，而且融合诸家思想从而形成了自己独特的教育观念。

(1) 重视积累

荀子认为教育是改变人的劣根性的有效手段，能够使人成为君子乃至圣人，但事实上并不是所有的人通过教育就能成为君子，教育只是一个外部的督促手段，而人的本性随着环境和教育会出现向多种途径变化发展的状况，那么想要成为君子，其关键还是在于个人的平时不断努力，也就是所谓的积累。在荀子看来，无论是知识还是道德，都是由于积累而成的。不管是成为像尧、禹那样圣明的人，还是像夏桀盗跖那样残暴的人，或者是工匠，或者去从事农业生产和手工业，都是平时的行为不断累积最后得出的结果。"积土成山，风雨兴焉；积水成渊，蛟龙生焉；积善成德，而神明自得，圣心备焉。"成语"跬步千里""锲而不舍"出自《劝学》："故不积跬步，无以至千里；不积小流，无以成江海。骐骥一跃，不能十步，驽马十驾，功在不舍。锲而舍之，朽木不折；锲而不舍，金石可镂。蚓无爪牙之利，筋骨之强，上食埃土，下饮黄泉，用心一也。蟹六跪而二螯，非蛇蟺之穴无可寄托者，用心躁也。"说明只有重视积累、坚持不懈，才能有收获。

(2) 强调外部环境

所谓橘生淮南则为橘，生于淮北则为枳，外部环境对人虽然不能起到根本性的影响，但意义也十分重大。成语蓬生麻中，荀子以蓬草和兰槐的根为例："蓬生麻中，不扶自直。白沙在涅，与之俱黑"。又说："兰槐之根是为芷，其渐之滫，君子不近，庶人不服。其质非不美也，所渐者然也。故君子居必择乡，游必就士，所以防邪辟而近中正也。"这是说蓬草如果长在大麻中，即使不去扶他也会长得十分挺直。白沙要是混在黑土中，就会被其沾染从而变得和它一样黑。芷是兰槐的根茎，但是要是把它泡在了脏水中，君子就不会再接近它，百姓也不会再佩带它。它的本质是好的，但它所浸泡的脏水不为人所接受。所以君子居住时必须选择乡里，外出交游时必须接近有真才实学的贤士，这样做才能够防止自己误入邪途从而接近正道。

(3) 善于借助外力

荀子认为，聪明的学习办法光靠自己的努力还是不够的，也需要善于借助外力。成语"顺风而呼"出自于《荀子·劝学》："吾尝终日而思矣，不如须臾之所学也；吾尝跂而望矣，不如登高之博见也。登高而招，臂非加长也，而见者远；顺风而呼，声非加疾也，而闻者彰。假舆马者，非利足也，而致千里；假舟楫者，非能水也，而绝江河。君子生非异也，善假于物也。"君子的本性与常人并没有什么区别，只不过君子更善于借助于外力来达到自己的目的。仅仅依靠自己去思考，肯定不会有认真学习前人所得有收获，踮起脚远望，赶不上登高所见。在高处招手，手臂虽然没有加长，但更远处的人也能够看得见；顺风呼喊，声音虽然没有加强，但听的人会觉得更清楚。驾着车马的人，并非善于走路，却可以到达千里之外；使用船桨的人，并非善于游泳，却能横渡江河。所谓智者当借力而行就是这个意思。

（4）教师的作用

荀子极力倡导尊师，认为教师与国家的兴亡是息息相关的，"国将兴，必贵师而重傅……国将衰，必贱师而轻傅"。教师的地位如此崇高，不是每个人都有资格做老师的。作为一名老师要有四个必要条件：第一，是要有作为教师的威严，能够使人敬畏；第二，年纪较长，有威信，可以服众；第三，是在授课时对于所述内容的讲解准确恰当，与师道不相违背。第四，是能够做到理解那些精微的道理并加以描述阐发。即"师术有四，而博习不与焉。尊严而惮，可以为师；耆艾而信，可以为师；诵说而不陵不犯，可以为师；知微而论，可以为师"。荀子认为，在教学过程中处于主导地位的必须是教师，学生对于教师的话必须是无条件服从，不能够说任何违背老师的主张及观念的言论。即使是在毕业后，自己也成为一名教师，对于自己老师的教导也要铭记于心，不得有任何违背，即"言不称师谓之畔，教不称师谓之倍"。成语"师严道尊"出自《荀子·致仕》，本义是指老师受到尊敬，他所传授的知识才能得到尊重，后人多用其比喻为师道的尊贵、庄严。但同时，荀子又认为，学生通过自己的努力是可以超过自己的老师的。成语"青出于蓝"出自《荀子·劝学》："青，取之于蓝，而青于蓝。"意思是说，靛青这种颜料是从蓼蓝中提取出来的，但比蓼蓝更青。那么学生也可以在跟老师学习的过程中，通过自己的努力而超越老师。

2.《礼记》教育思想

《礼记·学记》（以下简称《学记》）是中外教育史上的一份极为可贵的经典文化遗产，是我国最早的教育专著，全文全面地总结了中华民族自上古至先秦教育、教学方面的实践经验，见解独到、阐述精辟，后世教育的影响极为深远。

(1) 晓喻启发、循循善诱

现代教育大力提倡启发式教学，讲求授人以鱼不如授人以渔。早在两千多年前，《学记》就阐述了巧妙引导学生的"喻"的教学法："故君子之教，喻也。道而弗牵，强而弗抑，开而弗达。道而弗牵则和，强而弗抑则易，开而弗达则思，和易以思，可谓善喻矣"，优秀的教师不强迫学生学习，不使用注入式教学，而是循循善诱地引导学生，使学生自觉自愿、自然轻松地学到知识，因势利导培养学生良好的素质。"喻"是晓谕、启发之意，"善喻"有三个要点：一是"道而弗牵"。教师对学生只加以引导，不要强迫其完全听从；二是"强而弗抑"。对待学生严格，但并不抑制其个性发展；三是"开而弗达"。加以启发，而不将结论和盘托出。《学记》说"能博喻然后能为师"，意即能够做到广博地启发引导的人，才能有资格做教师。

(2) 因材施教，长善救失

《学记》指出："学者有四失，教者必知之，人之学也，或失则多，或失则寡，或失则易，或失则止"，学习者容易犯的四类过失：有人贪多求快，食古不化；有人学得很少但得少为足；有人认为学习很容易，就掉以轻心；有人自我设限，没有进取精神。为此，教师要根据不同情况给予学生相应的教育，方可做到长善救失，取得理想的育人效果。如若"教人不尽其材，其施之也悖，其求之也弗"，最终结果是即便学生完成了学业，所学知识也会迅速忘记。教师在教学过程中要"知其心，然后能救其失也"，要深谙教育对象的心理，才能有效地弥补其缺失。"教者也，长善而救其失者也"，意即教师要善于发现与发展学生的优点长处，补救学生的不足与缺失，"长善救失"是教育工作者应明确的教育目的。教师不只要使学生学到知识、明白道理，更为重要的是要让学生自觉自愿地自我完善，扬长补短，才能真正成长。

(3) 豫时孙摩，防患未然

《学记》中说："大学之法，禁于未发之谓豫，当其可之谓时，不陵节而施之谓孙，相观而善之谓摩，此四者，教之所由兴也"，"豫"即"预"，是预见、预防的意思。"禁于未发之谓豫"，指问题发生之前，就要做好防范工作，教师对教育工作要有远见，要做到心中有数，未雨绸缪，以保证教育教学的顺利进行。问题出现后再去处理、禁止，结果必然是"扞格而不胜"，教育就会遇到坚固的抵触而没有作用，因为错误的问题已经形成，教育亦难以奏效。"时"是及时之意。《学记》说："当其可之谓时"，这一原则要求把握好学生学习的时机，及时施教和适时施教，否则"时过然后学，则勤苦而难成"，错过了最佳施教时机，即使付出很多努力，也难以取得理想成效。"孙"，"不凌节而施之谓孙"。"孙"即"顺"，"凌节"即超越次序，是强调教学要遵循规律循序渐进，尤其要夯实基础。教师要根据学生的知识能力、认知序列来依次安排教学内容。如好高骛远不考虑学生的认知与接受能力，盲目安排教学，将"杂施而不孙，则坏乱而不修"，会使学生头脑混乱毫无条理，心态浮躁，难能成为有用的人才。"摩"即"观摩""切磋"，"相观而善之谓摩"，倡导师生之间、学生之间、教师之间互相观摩、切磋，共同成长，否则，"独学而无友，则孤陋而寡闻"。

（4）重视实践，学当务本

《学记》说："虽有嘉肴，弗食不知其旨也；虽有至道，弗学不知其善也。"这段话强调了实践的重要性，再好的知识，如果不学习、不实践就不会有真正的收益。"良冶之子，必学为裘；良弓之子，必学为箕；始驾马者反之，车在马前。君子察于此三者，可以有志于学矣。"进一步阐述实践教学在学生成长中的必要性：古时教学道法自然，优秀铁匠的儿子开始必先学习用零碎的兽皮拼补成裘衣的手艺；优秀弓匠的儿子，必定要让他先学编制柳箕的活；对于刚学拉车的小马，一定先将它拴系在马车后跟随而行，让它跟着老马逐步熏习锻炼。君子观察了这三种自然而有效的教育方式，就知道该怎样教学了，这些说明学生能力的培养更重要的是在实践环节。"三王之祭川也，皆先河而后海；或源也，或委也，此之谓务本。"意思是夏、商、周三代先王祭祀河川，都是先祭祀河而后祭祀海，这是因为河是水的本源，海是水的归宿，先本而后末，这就是"务本"。教学过程也要明白主次，要从最基本的知识学起，点滴积累，不能好高骛远，脱离实际，要依照学习本有的自然顺序，遵循"务本"的原则而不能胡乱安排。

3. 曹操教育思想

曹操虽不是教育家，但作为政治家，他要教化民众，培养人才，实现政治理想，因此，在学校教育以人才的选拔管理、家庭教育等方面都有一些值得借

57

鉴的思想和主张。

(1) 重视兴学，意在教化

汉代学校教育曾经相当发达，建立了一个从中央到地方相当完备的学校系统。然而，到了汉献帝继位后，却因"兵戎未戢，人并在公"，读书的人太少，即使是太学博士竟然"无所教授"在事实上关门，各地的学校教育自然也难以开展。作为一位极富远见的政治家，曹操在官渡之战后就开始着手对学校教育进行恢复。汉献帝建安七年（202），曹操驻军谯县（今安徽亳州），对于战乱以来故乡人民的死伤殆尽深感伤怀，因而要求对谯地"举义兵已来，将士绝无后者，求其亲戚以后之"，并要求对这些将士亲戚在由官方授给"土田""耕牛"之外，还要"置学士以教之"。在这项政令里，曹操将学校教育视为使民有恒产之后的头等大事，体现出对学校教育是非常重视的。不过，"军谯令"还只是针对特定人群的兴学政策。实际上，曹操更希望通过发展学校教育来移风易俗，实现对社会的教化。建安八年（203）发布的《兴学令》，就集中表达了这种思想："丧乱已来，十有五年，后生者不见仁义礼让之风，吾甚伤之。其令郡国各修文学，县满五百户置校官，选其乡之俊造而学之，庶几先王之道不废，而有以益于天下。"曹操把恢复地方学校教育看作是关系到国家治理的一件大事，希望通过此举使天下重现"仁义礼让"之风，从而使国家按照儒家所主张的"先王之道"得到治理。从史料记载看，曹操的"兴学令"确实得到一些地方官吏的积极响应，并取得了较为理想的教化效果。至于曹操自己，应该说在兴学方面也有一些实践。如，建安十二年（207）曹操发布《告涿郡太守令》，说汉末大儒卢植"名著海内，学为儒宗，士之楷模，乃国之桢干也"，派遣属员为卢植修坟墓，"并致薄，以彰厥德"。此举是要为读书人（士人）树立了一个可供效仿而又较为熟悉的榜样。又如，建安二十二年（217），曹操创立魏国学宫——"泮宫"，实际上就是曹操控制区域内的最高学府。由于史料的缺乏，其教学情况及效果如何，我们不得而知。不过，我们知道，按班固《白虎通德论》的说法，"泮宫"是周代诸侯王"行礼乐，宣德化"的场所，因此，单纯从曹操将学校命名的行为本身来看，其用意应该说是非常明确的，即要通过"泮宫"之立而实行礼乐教化，进而达到《诗经·鲁颂·泮水》所谓"即作泮宫，淮夷攸服"的政治效果。

(2) 注重家教，有所成就

曹操注重家庭教育，有不少较成功的思想和方法。

第一，重视生存训练。曹丕五岁时，曹操认为"世方扰乱"，就让他学习射箭，6岁"知射"，又教他骑马，所以"八岁而知骑射矣"。此后，曹操又让他经常随军出征。这种自小的培养和实践中的历练取得了很好的效果：建安二年（197），曹操南征张绣，绣降而复返，曹操受伤，长子曹昂战死，年方十岁的曹丕却"乘马得脱"。

第二，主张学乘年少。曹操常对曹丕说"人少好学则思专，长则善忘"，这个认识无疑是符合人的心理发展特点的，具有重要的理论意义。而曹丕也确实不负其所望：武的方面，为学剑，"阅师多矣"；文的方面，"少颂诗、论，及长而备历五经、四部，《史》、《汉》、诸子百家之言，靡不毕览"（文帝纪注引曹丕《典论·自叙》）。成长为一位"下笔成章，博闻强识，才艺兼该"（文帝纪）的帝王。曹植"年十岁馀"，就已经能"诵读诗、论及辞赋数十万言，善属文"，"援笔立成"《铜雀台赋》（曹植传）。曹冲年仅五六岁时，就"有若成人之智"，虽然有天资聪颖的缘故，但显然也与早学有不可分之关系（曹冲传）。曹衮"少好学，年十馀岁能属文"，性以读书为乐（曹衮传）。

第三，倡导文武兼习，允许学有偏好。曹操要求诸子兼习文武，曾令工匠打造五口宝刀，取"百炼利器，以辟不祥"之意，命名为"百辟刀"并作文《百辟刀令》："往岁作百辟刀五枚，适成，先以一与五官将，其余四，吾诸子中有不好武而好文学，将与次与之。"反映出曹操倡导文武兼习，全面发展的教育思想。这一教育思想在曹丕身上得到充分体现。建安二十二年（217），刚过而立之年的曹丕被立为太子时文才武艺俱佳。在当太子期间，他撰写的《典论·论文》是中国古代文学批评和文学理论的滥觞之作，在中国文学史上占有重要地位。他擅长击剑，曾用甘蔗当剑，跟通晓五种兵器的奋威将军邓展比武，结果击败对手。曹操虽然倡导文武兼习，但允许学有偏好。《三国志·魏书·任城威王彰传》记载："任城威王彰，字子文。少善射御，膂力过人，手格猛兽，不避险阻。数从征伐，志意慷慨。太祖尝抑之曰：'汝不念读书慕圣道，而好乘汗马击剑，此一夫之用，何足贵也！'课彰读诗、书，彰谓左右曰：'丈夫一为卫、霍，将十万骑驰沙漠，驱戎狄，立功建号耳，何能作博士邪？'太祖尝问诸子所好，使各言其志。彰曰：'好为将。'太祖曰：'为将奈何？'对曰：'被坚执锐，临难不顾，为士卒先；赏必行，罚必信。'太祖大笑。"曹操得知三子曹彰立志为将以后，并没有再责备他弃文好武，而"大笑"，实际上是允许曹彰学有偏好。曹操对待四子曹植也是这样。曹植喜文而厌武。他在《与杨德祖书》中说："仆少小好为文章，迄至于今二十有五年矣。"曹操赐他百辟刀一把，勉励其习武。曹植作《宝刀铭》"造兹宝刀，既砻既砺。匪以尚武，予身是卫。"佩戴锋利的宝刀，并不意味着自己崇尚武功，只为防身自卫。对于曹植这种言行，曹操也没有训斥。允许学有偏好，按照现代教育理念说，就是尊重孩子自己的选择，允许良好的个性发展，曹操能够做到这点，难能可贵。曹彰好武，且"少善射御，膂力过人，手格猛兽，不避险阻。"但曹操却告诫他"汝不念读书慕圣道，而好乘汗马击剑，此一夫之用，何足贵也！"仅仅爱好习武而不读书是不足取的，因此亲自教曹彰读诗书，最终成长为一名既能够身先士卒，又懂得"赏必行，罚必信"，并能够不居功自傲的大将（曹彰传）。

第四，不徇私情。曹操对儿子要求十分严格，能够不徇私情，做到公私分明。如，曹操曾对曹植极其宠爱，甚至几次想立为太子。但曹植恃宠而骄，放纵不羁，"尝乘车行驰道中，开司马门出"，犯了国家大禁（司马门是皇帝出行之门）。曹操知后大怒，下令斩守门官吏，曹植亦由此日渐失宠。又如，建安二十三年（218），曹操派曹彰带兵讨伐代郡乌桓的叛乱。临行前，他告诫曹彰："居家为父子，受事为君臣，动以王法从事。尔其戒之！"实际上是告诉曹彰要以王法约束自身行为，不要因为是自己儿子而骄惰放纵。曹彰也确实如曹操所要求的，打仗时"身自搏战"，"战过半日，彰铠中数箭，意气益厉"，最终取得"北方悉平"的功绩。

第五，提倡节俭。曹操不仅本人生活节俭——"衣被皆十岁也，岁岁解浣补纳之耳"（《内诫令》），而且明确提倡节俭。如，为了改变当时"嫁取之奢僭"风气，他的女儿嫁人，"皆以皂帐，从婢不过十人"。（武帝纪注引《傅子》）为了改变当时的厚葬风俗，他明确下令"禁厚葬"，在自己去世前也遗言要求死后"敛以时服，无藏金玉珍宝"。（武帝纪）在他的影响和要求下，卞后"不尚华丽，无文绣珠玉，器皆黑漆"（卞后传注引王沉《魏书》），"后宫衣不锦绣，侍御履不二采，帷帐屏风，坏则补纳，茵蓐取温，无有缘饰"。（武帝纪注引王沉《魏书》）曹丕称帝后作"终制"如曹操一样也禁止厚葬，要求"无藏金银铜铁……饭含无以珠玉，无施珠襦玉匣"（文帝纪），曹植也是"舆马服饰，不尚华丽。"（曹植传）曹袞则"尚约俭，教敕妃妾纺绩织，习为家人之事"。（曹袞传）

4. 《颜氏家训》教育思想

《颜氏家训》论及教育的必要性、教育的目的方法、原则及内容，初步构建了自己的教育体系。

（1）教育的目的

①增益德行

由于从小受到严格的儒家传统思想教育，颜之推传承了儒家重道德培养的主张。他说："夫学者，犹种树也，春玩其华，秋登其实；讲论文章，春华也；修身利行，秋实也。"（《颜氏家训》勉学）读书学习不光是为了生存，更是为了"增益德行"，为了修炼品行完善人格。所以他强调要重子女道德品质的培养，注重个人名节。他认为，"君子当守道崇德""当以仁义为节文尔"（《颜氏家训》省事），就是说君子应该谨守正道德行，要以仁义来规范自己的行为。他非常反对为名利不择手段，"须求趋竞，不顾羞惭，比较材能，斟量功伐，厉色扬声，东怨西怒……以此得官谓为才力，何异盗食致饱，窃衣取温哉"。（《颜氏家训》省事）颜之推说，以这种手段得到官职，这与偷食吃饱、窃衣防寒有什么区别？对于那些丧失民族气节，卖身投靠以求荣逐利的行为，颜之推也给予了严厉的谴责。

②以求自资

颜之推把学习一技之长，谋一门职业作为学习的最起码的要求。他说："人生在世，会当有业""明《六经》之指，涉百家之书，纵不能增益德行，敦厉风俗，犹为一艺，得以自资。"颜之推生活在战争频繁、颠沛流离的年代，他教诫子弟说："父兄不可常依，乡国不可常保，一旦流离，无人庇荫，当自求诸身耳"。在乱世中求生存，一技之长显得尤为重要，士农工商，皆可谋生，"农民则计量耕稼，商贾则讨论货贿，工巧则致精器用，伎艺则沈思法术，武夫则惯习弓马，文士则讲议经书"。但如果耻涉农商，羞务工技，就将一无所长，"射则不能穿札，笔则才记姓名，饱食醉酒，忽忽无事，以此销日，以此终年"。在太平年代，或许还能生存，一旦战乱纷纷，一无所长者"求诸身而无所得，施之世而无所用"，最终只能"鹿独戎马之间，转死沟壑之际"。而有一技之长者，则可免于兵荒马乱时的落魄、饥寒，"有学艺者，触地而安"。所以他告诫子女，"积财千万，不如薄伎在身"。这种思想在动荡年代对增强人们的谋生本领，学会靠自己生存是非常现实，极富教育意义的。（本段引文出自《颜氏家训》勉学）

③经世致用

颜之推认为读书做学问，本意在于使心胸开阔，使眼睛明亮，以有利于做实事。他说："夫所以读书学问，本欲开心明目，利于行耳。"（《颜氏家训》勉学）他反对为学问而学问。以这种手段得到官职，这与偷食吃饱、窃衣防寒有什么区别？对于那些丧失民族气节，卖身投靠以求荣逐利的行为，颜之推也给予了严厉的谴责，他对子女说，如果用这种办法当梯子，即使做到卿相，我也不愿让你们去干的。

(2) 教育的内容

①博涉为贵

"博"为博学，包括两层含义，一是所学知识要广泛，二是要善于向不同的人学习。针对汉末以来，儒生多专一经，博涉不足的现象，颜之推首先要求子弟们要"明六经之旨，涉百家之书"。（《颜氏家训》勉学）他说文章都来源于《五经》，但是光学《五经》是不够的，还要涉猎百家著述，广博见闻。"虽好经术，亦以才博擅名。如此诸贤，故为上品。"（《颜氏家训》勉学）在精通儒家经典并涉猎百家著述的基础上，还要兼通杂艺，"博览机要"，以杂艺济功业。"人生在世，会当有业"，每一行都有每一行的学问，但"俗间儒士，不涉群书，经纬之外，义疏而已"（《颜氏家训》勉学），整天只是拘泥于经纬义疏之中，不去关注其他知识，就会成为一个孤陋寡闻的人。颜之推也重视对"杂艺"知识的学习，这些技艺在生活中有实用价值，既可以作为一技之长，又可以娱乐。像书法和绘画，他说："真草书迹，微须留意，然而此艺不须过精""画绘之工，亦为妙矣……每被公私使令，亦为狠役""孤矢之利……不愿汝辈为之""算术亦是六艺要事……可以兼明，不可以专业"。医方之事只需"微解药性，小小和合，居家得以救急"。而自古以来的名人君子都爱好的琴瑟，也"不可令有称誉",否则就会"见役勋贵,处之下坐,以取残杯冷炙之辱",博弈、投壶都是高雅的游戏,但"废丧实多,不可长也"。(《颜氏家训》杂艺)颜之推认为,对这些杂艺兼通几门未尝不可,但切不可费尽心血去专精,从而妨碍对儒学的钻研。他不赞同子女以此为业被达官贵人役使,更希望他们成为"国之用才"。虽然是出于对子女的殷殷关爱,但也表露出颜之推"万般皆下品,唯有读书高"的思想。

②学贵精专

颜之推认为做到既专又博是不容易的,如果做不到,就要专精一门。他说:"多为少善,不如执一","惜乎以彼神明,若省其异端,当精妙也"。(《颜氏家训》省事)。这个思想,其实就是今天大为提倡的全才观念。既要有全面的基础知识,又要有较高的专业素养,这是社会进步对人才的必然要求。

(3) 学习的态度方法

①早教晚学

颜之推主张终身学习。"人生小幼,精神专利,长成已后,思虑散逸,故须早教,勿失机也",人在幼年时期心无杂念,记忆力较强,是学习的重要时机。他以自己七岁诵读《灵光殿赋》至今日而不忘来说明及早学习的深刻意义。然而,"人有坎壈,失于盛年,犹当晚学,不可自弃"。人生不如意者十之八九,盛年时若无学习的机会,年老的时候仍然可以学习,"幼而学者,如日出之光;老而学者,如秉烛夜行,犹贤乎瞑目而无见者也"。"老而学"虽然不如"幼而学"的效果明显,但他强调晚学对个人也有重要意义,是值得提倡的。这一主张也契合了当今社会终身学习、终身教育思想。

②犹须勤学

颜之推认为勤学是成家立业的重要途径。他讲了梁元帝小时候勤学的故事,说他才十二岁就很好学,患了疥疮,"手不得拳,膝不得曲",每天读二十卷史书,"不知厌倦",他告诫子女"自古明王圣帝,犹须勤学,况凡庶乎",所以"士大夫之弟,数岁已上,莫不被教"。但是都受到教育,学习结果却大不相同,有的"遂能磨砺,以就素业",还有的"自兹堕慢,便为凡人"。就是因为有的刻苦磨砺而有的却懒散怠慢不勤奋学习的缘故。他还举了很多苦读成名,终成大器的典型,有用锥子自刺大腿的苏秦,有借雪光夜里苦读的孙康,用袋子装萤火虫以照明读书的车胤，耕种时不忘带上经书的兄宽，饿得吞废纸也不荒废学业的朱詹……希望子弟们能像他们一样刻苦学习。学习首先可以提高谋生的本领。"以求自资"的同时可以"不为小人"，即使是战乱中的俘虏，读过《论语》《诗经》的，"尚为人师"，那些官宦子弟"不晓书记者，莫不耕田养马"，所以，"若能常保数百卷书，千载终不为小人也"。其次，读书还可以免受愧辱。颜之推看到当时的一些士大夫子弟饱食终日、不学无术、自作风雅，"射则不能穿札，笔则才记姓名，全忘修学"，没有真才实学，遇到大事就昏昏然，张口结舌，像坐在云雾之中；在宴会上，别人谈古赋诗，他只能沉默低头，或打呵欠伸懒腰。旁人都替他羞愧得无处容身。颜之推叹道："何借数年勤学长受一生愧辱哉。"（本段引文出自《颜氏家训》勉学）

③虚心交流

虚心交流也是颜之推强调的学习的重要态度，在学习过程中不可骄傲自满。"夫学者所以求益耳，见人读数十卷书，便自高大，凌忽长者，轻慢同列"，这往往会造成"人疾之如仇敌，恶之如鸱枭"的后果，"如此以学自损，不如无学也"。学习还应与他人切磋交流，《礼》云："'独学而无友，则孤陋而寡闻。'盖须切磋相起，明也"。个人思维必然存在一定的局限，不与他人交流会造成认识上的片面，"三人行必有我师焉"，通过与他人的切磋交流，可以取长补短，博采众长，开阔思维，进而可以"多知明达"。

④转益多师

除了尽可能多的学习书本知识外，他还认为要转益多师。不但向古今的贤明学习，而且要向各行各业的贤能者学习，"爱及农商工贾，厮役奴隶，钓鱼屠肉，饭牛牧羊，皆有贤达，可为师表，博学求之，无不利于事也"。（《颜氏家训》勉学）这种不耻下问广学博取的思想表现出颜之推开明的治学理念。

五、邯郸成语典故文化的当代价值

我们研究古今相承的历史文化，其根本目的就在于把握住内在精神，挖掘出当代意义，从而实现其当代价值的转换。总的来说，邯郸成语典故文化的当代价值主要体现在以下四个方面：

（一）传承、衡量民族精神的文化载体

民族精神是一个民族在长期的共同社会实践中形成的、为民族大多数成员所认同和接受的思维方式、价值取向、思想品格和道德规范的总和。李宗桂对于中华民族精神曾作过较全面概括："爱国主义的民族情怀、团结统一的价值取向、贵和尚中的思维模式、勤劳勇敢的内在品质、自强不息的进取意识、厚德载物的宽厚胸怀、崇德重义的传统情操、科学民主的现代精神。"这些民族精神不但是维系中华儿女的精神纽带，也是推动中华民族生存、发展的精神支柱和走向繁荣昌盛、文明、民主、富强的精神动力。邯郸成语典故植根于赵文化的精华之中，体现了赵人的生活智慧和社会哲理，是体现、传承、衡量中华民族精神的文化载体。比如，流传广泛的"将相和"故事及其相关的"负荆请罪""刎颈之交""完璧归赵"等成语不仅反映了赵文化中以国事为重、不计私仇、顾全大局、维护团结的爱国情怀，同时也彰显了中华民族与人为善、谦和大度、团结豁达、携手共荣的优秀品质。"毛遂自荐"在诠释爱国主义精神的同时，也是对自强不息的进取意识的完美体现。另外，"河伯娶妇"故事所蕴含的破除迷信、讲求科学的民族精神，"过犹不及"成语所体现的贵和尚中的思维模式，"鉏麑触槐""存孤嗣赵""漆身吞炭"等故事所展示的崇德重义的传统情操，以及"鲁仲连义不帝秦""破釜沉舟"等故事所彰显的不向敌人屈服、勇于牺牲的大无畏精神，均是中华民族精神的核心内容。成语典故本身也蕴含了某种民族精神，并成为这种民族精神的集中表达。它们在日常生活中被使用时，易于人们认知和接受，经过历史的不断汰择，逐渐被后人视为传承、衡量民族精神的文化符号。正因为中华民族精神的传承不是枯燥乏味的文字说教，而是植根于一个个耳熟能详的历史故事或传说之中，这才使得中华文明能延续五千余年而不衰。

（二）培育、衡量时代精神的文化表达

时代精神是人们在文明创建活动中体现出来的精神风貌和优良品格，它集中表现于那些代表时代发展潮流、对社会进步产生积极影响的社会意识形态之中，是激励一个民族奋发图强的强大精神动力，是构成同时代精神文明建设的重要内容。对那些体现进步风貌和品格的成语典故进行挖掘研究，无疑会为培育和衡量时代精神提供一种富于文化表达的全新模式。改革创新是我们时代精神的核心，也是邯郸成语典故所蕴含的主要文化精神之一。赵武灵王"胡服骑射"的军事改革，是这种时代精神的典型代表，它在根本上是一次思想大变革。因为在时人观念中，中国是实施圣贤礼乐教化致令远人亲赴、蛮夷效法的国家，而胡服骑射却是公然向夷狄学习，这难免会有"负遗俗之累""任骜民之怨"的顾虑，所以必然需要敢为天下先的进取精神。从其改革的实际效果来看，不但增强了赵国军事实力，而且还减弱了华夏民族鄙视胡人的心理，增强了胡人对华夏民族的归依感，进而推进了民族融合。从历史看，胡服骑射的意义更为深远。"胡服骑射"更是成了当代中国改革开放的同义词，其孕育的改革开放、开拓进取、敢为人先、勇于创新精神，无疑是邯郸城文化精神的真实写照。成语典故包含着许多在日常生活中发生作用的经验教训，许多都具有超越时代的普适性特征。如"邯郸学步"，典出《庄子·秋水》篇，比喻一味地模仿别人不成，反失去自己固有的技能。对寿陵余子所学具体内容，目前学术界比较认同的是邯郸特有的习惯性舞步，但对其学步邯郸这一行为，则自古多是持否定、嘲笑的态度。其实，寿陵余子能去邯郸学习舞步，这就说明了邯郸舞步具有相当的水平与影响力，是一种值得学习的先进文化。但是，任何先进文化的引进都要经历一个非牛非马的演变过程，要通过与自身实际的密切结合，不断消化、吸收别人的长处，发展、提升自己的不足，最终实现超越，完成创新。从这个角度来说，寿陵余子的行为不应该被嘲笑，而是要加以鼓励，它对我们加强国际交流与合作具有鲜明的借鉴指导意义。

（三）促进和谐社会建设的精神支撑

《礼记·礼运》描绘了一个和谐安宁的大同社会："大道之行也，天下为公，选贤与能，讲信修睦。故人不独亲其亲，不独子其子，使老有所终，壮有所用，幼有所长，矜、寡、孤、独、废、疾者皆有所养，男有分，女有归。货恶其弃于地也，不必藏于己；力恶其不出于身也，不必为己。是故谋闭而不兴，盗窃乱贼而不作，故外户而不闭。是谓大同。"这是一种早期农业生产力条件下的"公平"社会理想世界图景，实际上并不可能真正实现。而在现代化生产力发展到一定水平的现阶段，构建社会主义和谐社会成为中国共产党和全国人民的共同奋斗目标。和谐文化是以和谐的内涵为理论基础的文化体系，是当今世界最先进的思想文化，构建和谐社会需要优秀传统文化的支撑。因此，全面深入地挖掘、研究和推广邯郸成语典故中的和谐因子，对当今和谐社会的构建不无启发。

从以人为本的科学发展理念出发，社会主义和谐文化关注人与自我、人与人、人与社会、人与自然之间的和谐相处。其实，中国传统文化特别是儒家文化中的民本思想，与我们今天倡导的以人为本理念有许多共通之处。《尚书·夏书·五子之歌》中说："民惟邦本，本固邦宁。"《孟子·尽心下》也说："民为贵，社稷次之，君为轻。"这可以说是我们今天所倡导的以人为本理念的精神之源。许多邯郸成语典故也充分体现了以人为本的精神理念，如典出《战国策·齐策四》的"舍本问末"：齐王使使者问赵威后。书未发，威后问使者曰："岁亦无恙耶？民亦无恙耶？王亦无恙耶？"使者不说，曰："臣奉使使威后，今不问王，而先问岁与民，岂先贱而后尊贵者乎？"威后曰："不然。苟无岁，何以有民？苟无民，何以有君？故有问舍本而问末者耶？"民以食为天，国以民为本，故而赵威后向齐使先问年成，继问百姓，最后才问齐王，看似先卑后尊，实是崇本抑末，是以人为本理念的典型例证。人首先是社会的人，只有人与人之间的团结共处才能有社会的和谐。《荀子·王制》篇中"和则一，一则多力"的思想，体现了和谐对社会发展的重要作用："水火有气而无生，草木有生而无知，禽兽有知而无义，人有气、有生、有知，亦且有义，故最为天下贵也。力不若牛，走不若马，而牛马为用，何也？曰：人能群，彼不能群也。人何以能群？曰：分。分何以能行？曰：义。故义以分则和，和则一，一则多力，多力则强，强则胜物，故宫室可得而居也。故序四时，裁万物，兼利天下，无它故焉，得之分义也。"人与天地万物的区别就在于人能群，即人能够联合起来，而人之所以能联合起来，就是因为人与人之间能有社会分工。这就深刻地阐明了分工合作对人类社会的重要性。在荀子看来，一个组织内部的人们和谐相处，就能取得一致，取得一致力量就会增多，力量增多组织必然强大，组织强大才能战胜万物。所以，只有人与人、人与社会的和谐，社会才能存在和发展，人民才能安定幸福地生活。在"将相和"故事中，廉颇与蔺相如始终团结一致，各尽其责。也正是有惧于赵国内部的和谐力量，强秦遂不敢妄然加兵于赵。人同时还是自然的人。如果说"和则一，一则多力"言论与"将相和"故事体现的是人与人友好相处的社会秩序，

"邯郸鸠"体现的则是人与自然和谐发展的生态秩序。《列子·说符》记载：邯郸之民以正月之旦献鸠于简子，简子大悦，厚赏之。客问其故。简子曰："正旦放生，示有恩也。"客曰："民知君之欲放之，故竞而捕之，死者众矣。君如欲生之，不若禁民勿捕。捕而放之，恩过不相补矣。"简子曰："然。"赵简子的行为，大概是人类文明史上最古老的环保创举吧。这里体现的是道家无为思想，却有很强的现实意义。如果把赵简子的放生之举比作今天对环境的治理的话，我们不由得想到，治理其实只是事之末端，不允许污染才是治理之本源。当然，这里并不是说已经恶化的环境不需要治理，而是说相对于那种先污染后治理的惯性思维，禁止污染的意义显然更大。在全球气候变化日益受到关注的今天，古人这种人与自然和谐相处的思想无疑具有很强的时代意义和普世价值。

（四）推动中外思想交流的文化桥梁

国际文化交流，是促进交流双方或多方文化发展的重要动力，也是解放生产力和推动社会前进的有力手段，意义极其重大。中国文化具有强大的生命力和极强的包容性，中华文明史同时也是一部中外文化交流史。当今，加强中外文化交流，一方面，可以增进国人了解外部世界，吸收一切优秀的人类文明，不断丰富和充实中华民族文化；另一方面，也可以传播中华优秀民族艺术、文化传统和价值观念，树立中国的良好形象，帮助世界正确地认识中国。作为中华文明主要载体之一的成语典故，在文化交流过程中起到了沟通中外的桥梁作用。邯郸成语典故中的"胡服骑射"，奠定了中国民族文化交流与融合的思想理论基础；而脱胎于《史记·赵世家》所载赵武故事的元杂剧《赵氏孤儿》，则最先驾起了中外文化交流的桥梁，是第一个传入欧洲的中国戏剧。1731年，法国传教士马若瑟将其译成法文，这是中国戏曲在西方的首部译本。1753—1755年，伏尔泰将此译本改编成《中国孤儿》，并于1755年8月在巴黎法兰西剧院公演，引起轰动。在此前后，《赵氏孤儿》在欧洲还出现了多个改编本，如：W. Hatchett的英文改编本《历史悲剧〈中国孤儿〉》（1741），意大利戏剧家Metastasio的歌剧《中国英雄》（1755），以及英国戏剧家A. Murphy的《中国孤儿》（1759）等等。德国大文豪歌德也曾改编《赵氏孤儿》，题为《埃尔佩诺》（或译《哀兰伯诺》），可惜仅写了两幕，未能最终完成。这些欧洲剧作家的改编本，其故事情节与元杂剧《赵氏孤儿》有所不同，都或多或少地融入了西方的道德理念与历史文化元素，但整体基调大致相同。文化交流往往是相互的，伏尔泰改编本《中国孤儿》两百多年后又漂洋过海从法国回归故土。1990年7月，林兆华导演的《中国孤儿》，作为中国比较文学学会承办的"中法文化交流国际讨论会"上的一项重要观摩研讨内容在天津上演。一部经典戏剧，就这样一次次地担当了两国文化交流的桥梁，在传播己方文明的同时，也引入了对方的道德理念。作为中国历史文化最简短精辟的表达，成语典故是国外了解中华文明最熟悉的切入口，其传播形式极其多样，如被印在誉为"国家名片"的邮票上。据资料记载，2002年10月12日，国家邮政局与斯洛伐克邮政部门联合发行《亭台与城堡》特种邮票一套两枚，第一枚为中国"邯郸丛台"，第二枚为斯洛伐克"博伊尼彩城堡"；2004年4月2日，国家邮政局发行《成语典故（一）》特种邮票一套四枚，其中"邯郸学步""鹬蚌相争"两枚均与邯郸有关；2010年4月18日，中国邮政发行《成语典故（二）》特种邮票，"毛遂自荐"位列其中，毛遂也由此成为继廉颇（两次入选）、荀子、蔺相如之后第四位荣登"国家名片"的邯郸文化名人，这也是新中国邮票发行以来邯郸风物人士第十三次登上"国家名片"。可以想象，这些以邯郸风物人士为内容的"国家名片"，在中外邮票收藏爱好者间传播中华文明的同时，对邯郸也起到了宣传作用。同时，大陆同胞、港澳同胞、台湾同胞以及海外侨胞都是中华民族的有机构成，共属华人文化圈，这是一个没有政治意义的文化概念。毫无疑问，作为中国传统文化的含蓄表达，成语典故对增强中华民族的凝聚力和创造力有着非常重要的作用，对增强港澳同胞、台湾同胞以及海外侨胞的文化认同感与民族归属感，也具有无可限量的作用。作为中国传统文化形象载体的成语典故，是全球性汉语热潮中最简单有效的一种文化传播方式。据报道，英国中文教育促进会举办的"'邯郸杯'中国成语典故世界巡回大赛"已连续举办了四届，这对提高国外学生们学习中文的兴趣，推广使用成语典故起到很好的促进作用。中共邯郸市委宣传部还专门为英国赛区挑战赛制作了"邯郸杯"。该杯是邯郸市馆陶县用当地特产黑陶精工烧制，杯身高35厘米，胸部直径15厘米，杯体采用透雕技术刻制有"胡服骑射""完璧归赵""将相之和"三个成语典故故事。黑色杯身上赫然镌刻着"邯郸杯"

"中国成语典故世界巡回大赛英国赛区挑战赛""主办单位：英国中文教育促进会"等文字。如今，"毛遂自荐""邯郸学步""黄粱一梦"等众多中国成语典故已经成了英国学生学习中文的必修课，成为向外传播中国文化的重要载体。

第二部分

邯郸学院在传统文化进校园建设中的做法

习近平总书记强调，中华优秀传统文化是中华民族的突出优势，中华民族伟大复兴需要以中华文化发展繁荣为条件，必须大力弘扬中华优秀传统文化。①邯郸学院作为地方高校，已经把传统文化作为重点内容融进校园文化建设，形成突出的校园文化个性，扩大了办学影响力。几年来，邯郸学院把传统文化教育放在打造办学特色、更好培养人才的高度去认识，坚持课内课外相互延伸，各个方面协同育人，不断提高学生的传统文化素养，努力在出特色、出亮点、出品牌上下功夫，传统文化教育形式新、活动多、效果好、影响大。在央视2015中国成语大会上，来自邯郸学院文史学院的两组选手白娟/张钰桦、韩焕/牛芮，表现十分抢眼，她们扎实的文学素养；丰富的成语知识；灵活的应变能力；活跃的现场表现；绝佳的默契配合，不仅征服了来自全国各大名校的选手和众多网红作家，而且征服了无数的电视观众，为人们带来了一场场视听盛宴，给人们留下了美好的心灵享受，我校的两组选手被誉为"成语女神""邯郸四霸""行走的成语词典"。回顾她们的成长历程，在为她们自豪的同时，我们也深感传统文化教育在大学生成长成才过程中的重要作用。

一、重视顶层设计，让大学生在潜心养德中受到传统文化的熏陶

习近平总书记指出："优秀传统文化是一个国家、一个民族传承和发展的根本，如果丢掉了，就割断了精神命脉。只有坚持从历史走向未来，从延续民族文化血脉中开拓前进，我们才能做好今天的事业。"②

---

① 潘鲁生：《工艺匠心》，载《人民日报》，2016年6月12日。
② 尹传政：《将优秀传统文化融入意识形态建设》，载《光明日报》，2018年1月12日。

邯郸学院作为我市唯一一所市属本科院校，近年来高度重视传统文化教育，以助力大学生更好成长成才为目标，以提升大学生文化素养为使命，课内、课外相结合，教育、活动相结合，多种形式、多种途径相结合，把传统文化教育上升到立校强校、形成特色、更好培养人才的高度，融入大学精神中，融入顶层设计里，努力培养具有中华民族优秀传统文化的自觉自信、能够自觉传承历史文化血脉的优秀大学生。

学校在认真总结办学历史和办学经验的基础上，结合学校办学定位，明确提出了"用心做人、用心做事、用心教学、用心读书、用心回报社会"的"心"文化，确定了"同心培养仰望星空、脚踏实地的人"的办学使命，把培养适应社会需要的高素质应用型人才作为根本目标。学校凝集了"赤心奉业"的核心理念，高度重视塑造学生厚实的人文底蕴和广博的人文精神；凝集了"潜心养德、倾心修能、用心践行"的校训；"爱心、专心、精心"的校风；"爱心育人——爱心育化守正出新之人"的教风，"专心学业——专心修成德能兼备之才"的学风。邯郸学院以"心"为特征的校园文化，源自于对中华民族传统文化的真心热爱、深刻了解、全面认知和积极借鉴，来自于对办学定位的深入思考和准确把握，得到了全校师生的高度认同。

为将"心"文化落到实处，学校组织开展了不同层次、不同形式的主题征文、知识竞赛、辩论赛、演讲赛等活动，把这些理念在潜移默化中嵌入学生的头脑里，融入学生的血液中，成为大学生做人做事的自觉。在一系列春风化雨、润物无声的活动中潜心养德，在学好专业的同时自觉接受民族优秀传统文化的熏陶和感染，为将来的发展打牢根基。

二、畅通课堂渠道，让大学生在专心学业中学习传统文化知识

邯郸学院坚持把课堂教学作为传统文化教育的主渠道，在推进教学改革、强化自主学习、大幅度压缩课堂教学的大背景下，始终在课内教育体系中对传统文化给予了高度重视。

为适应社会需求，提高人才培养质量，邯郸学院先后几次修订人才培养方案，转变教学观念、改革教学模式，实施专业转型、培养模式转型和课程体系转型，构建并不断完善应用型课程体系。为此本着"理论够用、强化实践"的原则，在加强学生自主学习的同时大幅度压缩课内学时，增加课外实践学时。

以 2014 版培养方案为例，改革前后相比，各专业课内总学时数平均压缩了 30%—40%。

在上述情况下，我们不但没有减少、反而增加了传统文化教育课程的数量、学时和比重。目前，仅文史学院面向全校开设的公共必修课就有三门，再加上太极学院、艺术学院等二级学院的相关课程，必修课总数、课堂教学总学时数、传统文化课程占通识教育课程的比重，全面超过上一版人才培养方案，这在全国各高校也是不多见的。

除公共必修课外，学校还开设了大量传统文化方面的公共选修课。包括我校骨干教师开设的《中国文化概论》《中国古代诗文鉴赏》《荀子研究》《赵文化研究》《邯郸历史文化》《邯郸名胜古迹》《黄粱梦诗歌》等课程，吸引众多学生选修，受到大家欢迎，营造了学习传统文化、了解传统文化、热爱传统文化的浓厚氛围，有效提高了大学生的传统文化知识水平。

三、搭建课外平台，让大学生在积极参与中提高传统文化素养

开展传统文化教育的目的，不仅仅是引导学生学习传统文化知识，更重要的是让学生感悟中华民族优秀传统文化的精神，丰厚自己的文化底蕴，提升个人的文化品位。因此，传统文化教育不能单纯靠课程化和知识化，还要充分利用课外活动、社团活动等多种形式，让大学生在活动中潜移默化地受到感染。在这样的理念指导下，我们始终把是否有利于大学生文化素养的提高作为衡量课外活动的一个重要标准，坚持课外活动紧紧围绕文化素养教育展开，精心谋划，积极创新，搭建平台，打造特色，构建课外文化活动的品牌。

由邯郸学院主办的中国邯郸大学生诗歌节虽然刚刚举办了三届，但已走出邯郸、走出河北，扩展为一项全国性的赛事。该项活动创办于 2013 年，活动之初的设想是为大学生提供一个爱好文学、展示作品、促进交流、提高水平的舞台。活动开始后，影响不断扩大，2013 年第一届活动的参赛选手，不仅覆盖了邯郸各高校，而且扩展到了十多个省份的 20 余所院校。2014 年的比赛，规模进一步扩大，范围更加广泛，参与大学生更多，共有来自 20 个省份 46 所高校的近千名大学生投稿 2000 首。2015 年的第三届活动，更是得到了全国大学生乃至海外留学生的积极响应，投稿作品水平更高，影响也随之更大，征稿期间共收到海内外 282 所高校 1159 名大学生的诗歌作品近 5000 首，最后评出一等奖 6

人、二等奖 12 人、三等奖 24 人、优秀奖 50 人，所有获奖者均颁发荣誉证书和奖品，一、二、三等奖还分别给予了 1000 元、500 元、200 元现金奖励，这样的奖金额度在全国大学生文化类赛事中是最高的。活动也引起了广大作家、诗人和社会各界的关注。我国著名诗人、剧作家、中宣部原副部长、文化部原代部长贺敬之，诗刊社常务副主编商震，以及一大批知名诗人、学者发来了贺信或以各种方式表示祝贺。

为了给大学生文学爱好者提供一个发表作品的平台，我们创办了校园大型文学刊物《九月》，短短 2 年多时间，已经成为一张宣传文学新人、进行文学教育的亮丽名片。该杂志以面向大学生群体为主，以名家名作引领，重点推介大学生创作人才，每期都择优精选一部分大学生稿件，至今已先后推出了徐文杰、徐梦飞、张国栋、张驰、李先鹏、李馨璐等一大批文学新人。刊物坚持在老师带领下，组织大学生参与编辑、审稿、校对工作，锻炼了同学们的文字能力和水平。《九月》面向邯郸学院师生免费发放，同时赠送给海内外 200 余位著名诗人、作家、学者和 300 多所高校、机构。创刊以来，刊物受到了海内外著名诗人、作家贺敬之、徐怀中、梁上泉、杨匡汉、吴思敬、桑逢康、安娟英、施晗、涂静怡等的高度评价。

除了上述品牌文化活动和平台，我们还先后组织、举行了海峡两岸青年古典诗词联吟大会、汉字技能大赛、古风古韵交流、大学生艺术展演等活动。各传统文化社团开展的活动丰富多彩，以邯郸地方文化为主的赵文化社团，以话剧为主的致远剧社，以陶瓷艺术为主的艺语陶艺社，以中华传统武术为主的天极武术社，以书法为主的书法社等社团，吸引了众多的大学生积极参与。可以说，搭建课外活动平台，让大学生在参与中提高传统文化素养，已经成为邯郸学院校园文化建设的一个新常态。

四、突出邯郸特色，让大学生在切身体会中感悟地方文化的魅力

邯郸学院建校 110 年来，始终根植于邯郸这片沃土，生根、发芽、成长、壮大。作为生于斯、长于斯的一所高等学府，邯郸学院有着浓郁的"邯郸情结"，弘扬和传播地方文化是每一个邯郸学院人义不容辞的义务与责任。近年来，我们积极推进邯郸文化进校园，围绕博大精深的邯郸文化体系，突出主题，明确重点，持之以恒，有序推进，让大学生在亲身实践中感受到了地方文化的魅力。

邯郸是成语典故之都，邯郸成语典故作为邯郸文化中一颗璀璨的明珠，是体现和传承邯郸三千年文化底蕴与独特人文精神的重要载体。邯郸学院高度重视成语典故文化的传承和弘扬。学校早在 2008 年就制定了《邯郸学院校园文化"三大特色工程"建设实施方案》，把邯郸成语典故文化作为一项重要内容纳入其中，制定了具体的推进措施。学校近几年，积极探索了邯郸成语文化在校园文化建设中的实践途径。

（一）加强邯郸成语文化教育资源物质载体的开发与推广

将部分涉及邯郸与出自邯郸的成语汇编成《邯郸成语典故读本》，从雅俗共赏的角度展示邯郸成语典故风貌，嘉惠学林。

发挥传媒学院播音主持专业特色，完成特色邯郸成语故事诵读，以刻录光盘、微信、微博推送等方式在学生中推广，凸显邯郸成语文化元素和个性。

有效利用好广播、网络、报纸、杂志、橱窗等校园文化传播工具。使其成为校园公共文化服务的新平台、成为广大师生健康精神文化生活的新空间。

（二）拓展第二课堂的活动及开展邯郸成语文化系列活动

在传统文化的丰厚土壤中，邯郸学院学子们也取得了丰硕的成果。在央视2015 年初"中国成语大会"全国总决赛中，我校被称为"邯郸四霸"的四位选手取得了优异成绩，"白话灵犀"组合更是凭借自己深厚的成语功底在决赛中勇夺亚军。选手 2016 年度受邀在中央电视台 1 套《艺术人生》《中国诗词大会》《加油，向未来》，中央电视台 7 套《美丽乡村快乐行》，江苏卫视《一站到底》、湖南卫视《天天向上》，河北卫视《365 百姓故事》等栏目做客并有较好表现，各种卫视、网络转播全年持续不断，成为学校文化、声誉的传播大使。

制作一批高水平、高品位的歌曲、舞蹈、文学作品、书法绘画、摄影动漫等精神文化产品。让学生借助这些内涵丰富、形式新颖、视角独特、主题鲜明的精神文化产品，愉悦地领悟邯郸成语文化的精神真谛和真正内涵，潜移默化的在思想观念、价值判断、理想信念、道德情操等方面受到影响。

学校重视并积极帮助大学生创建传统文化社团。如："致远剧社"创办"邯郸成语"戏剧节，以弘扬邯郸优秀地方传统文化为宗旨，以戏剧写作与表演为活动主题，创作演绎了"完璧归赵""赵氏孤儿""邯郸学步""奉公守法"

"河伯娶妇"等30余部邯郸成语、邯郸文化剧目。2015年，致远剧社被全国校园文学委员会授予"全国优秀校园文学社团"荣誉称号；以"邯郸冬至夜思家""邯郸成语"为特色曲目的"学步诗社"连续参加了四届海峡两岸青年古典诗词联吟活动，与来自台湾辅仁大学的东篱诗社、北京师范大学的南山诗社等海峡两岸多所高校的诗社同吟中华古典诗词。"古韵新妍"表现的是传统文化源远流长、生生不息的厚重与活力；两岸联吟唱出的是当代青年心心相系、熔古铸今的文脉与情怀。

坚持开展课前十分钟讲成语故事活动，校园成语大会活动等，让大学生追寻传统文化的历史脉络，感受传统文化的魅力，促进大学生人文素养的提升。

开展邯郸成语典故的社会实践活动。高校学生的社会实践活动的目的是走出课堂、接触社会，让学生以参观、调研等方式亲身实践，寻访学步桥、回车巷、邺城三台、赵王城遗址、武灵丛台等古迹。学生现场体验和感受后，普遍表现出极大的兴趣和学习意愿。

（三）构建和完善传承邯郸成语文化的校园环境体系。

校园，就是思想品德教育的大课堂，环境不仅是学生生活的空间，也是培养学生文明素质的载体。发掘、利用校园的环境，形成了浓厚的立体环境文化，使"一草一木皆说话，一砖一瓦都育人，一事一物均传情"。打造邯郸学院具有辨识度、标识性、纪念意义的文化景观，于醒目区域将邯郸成语中知名的人物、典故，用雕塑、雕刻等艺术形式进行展现，注重校园成语元素景观建设工程艺术品位；用邯郸成语对教学楼进行命名对命名的楼宇悬挂相应名称的牌匾。

邯郸是中国太极拳之乡，中国太极五大流派，邯郸独占其四。邯郸学院在2010年建立了全国首家太极文化学院，率先招收太极拳本科生，牵头成立了河北省太极拳协会，获批了国家、省、市级13个太极文化研究基地，把太极拳列入全校必修课，要求学生毕业前至少能够掌握一套太极拳。每学期举办太极拳展演与交流活动，并组织邯郸市高校太极拳交流比赛。目前，太极拳已经成为邯郸学院一项保留项目，得到用人单位和社会各界的普遍认可。

五、注重交流普及，让大学生在浓厚氛围中拓宽传统文化视野

近年来，邯郸学院开放办学日趋活跃，高层次学术交流活动日益频繁。2012年以来，先后举办了荀子思想国际学术研讨会、"汉代赵国与邯郸文化"

国际论坛、世界中华文化研究会年会、太行山文书国际学术研讨会、西游记全国论坛等高端学术会议十多场，组织大学生与专家学者进行交流。

开设名家讲坛，邀请国内外专家学者来校为学生做传统文化方面的学术讲座与大学生座谈交流。其中，清华大学廖名春教授、中国人民大学梁涛教授、韩国龙仁大学张铉根教授、台湾云林科技大学李哲贤教授的荀子思想讲座，中国台湾著名散文家林清玄、马来西亚著名华人女作家柏一的中华文化讲座，辅仁大学中文系孙永忠教授、李添富博士、北京师范大学李若彬的传统诗词吟诵技法讲座，浓厚了学校的学术气氛，引起了大学生的广泛兴趣，效果显著。

校内教师在传统文化教育中发挥着主体作用。充分利用"教授、博士论坛"，以地方文化为切入点，发动专业教师围绕荀子思想、赵文化、梦文化、磁州窑文化、成语典故文化、边区红色文化等主题，为大学生讲解邯郸文化，增进了大学生对邯郸文化的了解和热爱。

学校从政策、制度等方面鼓励支持教师撰写传统文化著作。几年来，教师在开展教学的基础上，认真总结，深入研究，相继出版了《赵国史话》《荀子史话》《荀子新校》《秦汉帝王与邯郸》《邯郸文化脉系》《邯郸名胜古迹》《邯郸民俗风情》《邺城与邺下文人集团》等20余部传统文化著作。这些著作的一个最大特点就是尽量做到普及与提高、学术性与大众化的有机结合，适合大学生阅读，受到了大学生的欢迎。

六、建设成果丰硕，让大学生在传统文化的丰厚土壤中成长成才

经过不懈探索和实践，传统文化教育成为助推大学生潜心养德、倾心修能、用心践行的强大精神力量，提高了同学们的专业能力、人文素养和综合素质。在传统文化的丰厚土壤中，邯郸学院一届届优秀学子成长起来，大学生中涌现出一批又一批的先进典型。他们中，既有专业能力突出的全国经典诵读大赛一等奖、艺术展演一等奖、太极拳大赛金奖、文化创意创业大赛一等奖等众多国家级奖项的获得者，也有自强不息、关爱他人、品学兼优的河北省青少年自强之星、邯郸高校造血干细胞捐献者第一人、捡拾万余元而拾金不昧物归原主的优秀学子，还有勇担文化使者、积极传播中华文化受到所在国总理接见的对外汉语志愿者等等。

传统文化教育产生的强大正能量，也极大地推动了邯郸学院的快速发展，学校各项工作呈现出新的面貌，得到了上级的充分肯定，赢得了同行和社会的广泛赞誉。2013年以来，学校被批准为河北省唯一一家整体开展综合改革的试点高校，被中国报告文学学会授予全国报告文学创研中心，被全国校园文学委员会吸收为河北省高校中唯一一家理事单位，《邯郸学院学报》连续三届荣获全国优秀社会科学期刊，"赵文化研究"专栏荣获教育部名栏，学校连续多年荣获河北省文明单位，成功获批河北省特殊教育协同创新中心，获批10多个省市重点实验室、研发中心，各级质量工程建设项目达到30个。

邯郸学院校歌《无愧人生》中唱道："我们仰望星空，我们无愧人生，向着辉煌的明天，向前，向前，向前。"面向未来，邯郸学院将以参加中国成语大会为新的起点，戒骄戒躁，再接再厉，乘势而上，加快发展，搭建更高的平台，打造更多的特色，培树更亮的品牌，为邯郸加快打造京津冀联动中原的区域中心城市，建设富强邯郸、美丽邯郸做出更大的贡献。

第三部分

邯郸成语典故集萃

一、先秦时期

1. 青，出于蓝，而胜于蓝；冰，水为之，而寒于水。

【释义】靛青是从蓼蓝中提取的，但它比蓼蓝的颜色更青；冰是由水凝冻成的，但它比水更冷。

【出处】战国·荀况《荀子·劝学》："青，取之于蓝，而青于蓝；冰，水为之，而寒于水。"

【考据】荀子（约前313—前238），名况，战国后期赵国人，时人尊称为荀卿，汉时避汉宣帝刘询讳称为孙卿。年五十，始游学于齐国，曾在齐国首都临淄（今山东淄博市）的稷下学宫任祭酒。因遭谗而适楚国，任兰陵（今山东省兰陵县）令。以后失官家居，著书立说，死后葬于兰陵（兰陵县有荀子墓）。著名学者韩非、李斯均是他的学生。《荀子》共32篇，是他和弟子们整理或记录他人言行的文字，其观点与荀子的一贯主张是一致的。在前27篇中，也有几篇，如《议兵》《大略》等可能是他的学生整理而成的。荀子是一位儒学大师，在吸收法家学说的同时发展了儒家思想。他尊王道，也称霸力；崇礼义，又讲法治；在"法先王"的同时，又主张"法后王"。孟子创"性善"论，强调养性；荀子主"性恶"论，强调后天的学习。他还提出了人定胜天，反对宿命论，万物都循着自然规律运行变化等朴素唯物主义观点。

《劝学》是《荀子》的首篇，又名《劝学篇》。劝学，就是鼓励学习。本篇较系统地论述了学习的理论和方法。前一部分论述学习的重要性；后一部分论述学习的步骤、内容、途径等有关问题。中心思想是：一、学不可以已；

二、用心一也;三、学也者,固学一之也。所以荀子认为,学习首先需要修养品德气质,保持专一的品质,专门学习一门技术才能速成,然后保持持之以恒、坚持不懈是正确的学习方向;要善始善终,切忌半途而废,以期达到完全而纯粹的精神境界。

"青,取之于蓝,而青于蓝;冰,水为之,而寒于水"比喻任何人通过发愤学习,都能进步,今日之我可以胜过昨日之我,学生也可以超过老师。这两个比喻,使学习的人受到很大的启发和鼓舞。不过,要能"青于蓝""寒于水",绝不是"今日学,明日辍"所能办到的,必须不断地学,也就是说:"学不可以已。"所以,这两个比喻深刻有力地说明了《劝学》的中心论点,催人奋进。

北魏文人李谧学习很用功,在文学博士孔璠门下做学生,勤奋刻苦,虚心好学,提高很快。几年后,李谧的学问超过了他的老师孔璠,孔璠反过来向李谧求教。同学们作歌:"青成蓝,蓝谢青;师何常,在明经。"

2. 积水成渊

【释义】点点滴滴的水聚积起来,就能形成一个深潭。比喻积少成多。

【出处】《荀子·劝学》:"积土成山,风雨兴焉;积水成渊,蛟龙生焉;积善成德,而神明自得,圣心备焉。"

【考据】积土成为山,风雨就会从那里兴起;积水成为深潭,蛟龙就会在那里生长;积累善行养成高尚的道德,精神得到提升,圣人的心境由此具备。

文章设两喻引出论点:"积土成山,风雨兴焉;积水成渊,蛟龙生焉;积善成德,而神明自得,圣心备焉。"这说明学习要注意积累。荀子根本不承认"天生圣人"的说法,他指出人只要努力学习,"积善积德",就可以具备圣人的思想。圣人也是不断学习而成的,正如他在《性恶》篇中所说的:"积善不息","涂之人可以为禹"。他充分强调"积善"的作用,这与开头提出的"学不可以已"也是一脉相承、遥相呼应的。积累善行养成高尚的品德,自然就会达到最高的智慧。

3. 积善成德

【释义】长期行善,就会形成一种高尚的品德。

【出处】【考据】同"积水成渊"。

4. 跬步千里

【释义】走一千里路，是半步半步积累起来的。比喻学习应该持之有恒，不要半途而废。

【出处】《荀子·劝学》："不积跬步，无以至千里；不积小流，无以成江海。"

【考据】所以不积累一步、半步的行程，就没有办法达到千里之远；不积累细小的流水，就没有办法汇成江河大海。这是从反面设喻来说明积累的重要。经过一正一反的设喻，学习要注意积累的道理已初步阐明。但是为了深入说明，文章又反复设喻对比：先以"骐骥一跃，不能十步"与"驽马十驾，功在不舍"相比，再以"锲而舍之，朽木不折"与"锲而不舍，金石可镂"相比，从而充分显示出"不舍"的重大意义，而学习要注意积累的道理，也得到了进一步的证明。当然，学习要做到"不舍"，要不断积累，那就必须专一，不能浮躁。

5. 锲而不舍

【释义】锲：镂刻；舍：停止。不断地镂刻。比喻有恒心，有毅力。

【出处】《荀子·劝学》："锲而舍之，朽木不折；锲而不舍，金石可镂。"

【考据】荀子在《劝学》中教育人们做事情要有恒心和毅力，坚持不懈、持之以恒。如果镂刻而不能坚持下去，就连朽木也不会被折断；但若坚持一直不停地镂刻，就是金属、石头也会被镂穿。学习知识是一个由少到多、日积月累的过程，高深渊博的学识是一点一滴积累而成的。

6. 冥冥之志

【释义】冥冥：专默精诚。专默精诚的意志。形容有远大理想和坚定信念。

【出处】《荀子·劝学》：是故无冥冥之志者，无昭昭之明；无惛惛之事者，无赫赫之功。行衢道者不至，事两君者不容。目不能两视而明，耳不能两听而聪。螣蛇无足而飞，梧鼠五技而穷。《诗》曰："尸鸠在桑，其子七兮。淑人君子，其仪一兮。其仪一兮，心如结兮！"故君子结于一也。

【翻译】所以没有潜心钻研的精神，就不会有洞察一切的聪明；没有默默无闻的工作，就不会有显赫卓著的功绩。徘徊于歧路的人到不了目的地，同时侍奉两个君主的人不能被双方所接受。眼睛不能同时看两个东西而全都看清楚，耳朵不能同时听两种声音而全都听明白。螣蛇没有脚却能飞行，梧鼠有五种技能却陷于困境。《诗》云："布谷鸟住在桑树上，它平均如一地喂养七只小鸟。贤良的人，他的仪态，行为是始终如一的，他的心犹如绾了结似的专一与牢固。"所以君子学习时总是把精神集中在一点上。

7. 梧鼠技穷

【释义】梧鼠即"鼫鼠"，为鼫鼠之误。比喻才能有限。

【出处】《荀子·劝学》："螣蛇无足而飞，梧鼠五技而穷。"

【考据】《荀子·劝学》在谈到要求专一精深、切忌自满于一知半解的一段中，道："螣蛇无足而飞，梧鼠五技而穷。"五技谓：能飞不能上屋，能缘不能穷木，能游不能渡谷，能穴不能掩身，能走不能先人。

螣蛇是一种龙，没有脚，但能腾云驾雾，飞游空际；而梧鼠虽有五样技能，实际却一样也不行。后用以比喻技能虽多，如果不精而无专长则仍无济于事。也作"梧鼠五技"，比喻仅有的一点本领已经使尽，再也没有别的办法了，和"黔驴技穷"意思相仿。

8. 六马仰秣

【释义】形容乐声美妙，连马都抬起头倾听，不吃饲料。

【出处】《荀子·劝学》："昔者瓠巴鼓瑟而流鱼出听，伯牙鼓琴而六马仰秣。"

【翻译】古有瓠巴弹瑟，水中鱼儿也浮出水面倾听，伯牙弹琴，拉车的马会停食仰头而听。所以声音不会因为微弱而不被听见，行为不会因为隐秘而不被发现。宝玉埋在深山，草木就会很润泽，珍珠掉进深渊，崖岸就不会干枯。行善可以积累，哪有积善成德而不被广为传诵的呢？

9. 提纲挈领

【释义】纲：渔网的总绳；挈：提起。抓住网的总绳，提住衣的领子。比喻抓住要领，简明扼要。

【出处】《荀子·劝学》："若挈裘领，诎五指而顿之，顺者不可胜数也。"

【翻译】崇敬良师是最便捷的学习途径，其次就是崇尚礼仪了。若上不崇师，下不尚礼，仅读些杂书，解释一下《诗经》《尚书》之类书籍，那么尽其一生也不过是一介浅陋的书生而已。要穷究圣人的智慧，寻求仁义的根本，从礼法入手才是能够融会贯通的捷径。就像弯曲五指提起皮袍的领子，向下一顿，毛就完全顺了。如果不究礼法，仅凭《诗经》《尚书》去立身行事，就如同用手指测量河水，用戈舂黍米，用锥子到饭壶里取东西吃一样，是办不到的。所以，尊崇礼仪，即使对学问不能透彻明了，不失为有道德有修养之士；不尚礼仪，即使明察善辩，也不过是身心散漫无真实修养的浅陋儒生而已。

10. 口耳之学

【释义】指只知道耳朵进口里出的一些皮毛之见，而没有真正的学识。后也指从道听途说中获取的片断知识。

【出处】《荀子·劝学》："小人之学也，入乎耳，出乎口，口耳之间，则四寸耳，曷足以美七尺之躯哉？"

【翻译】荀子认为学习必须及时消化，然后才能得其精华，他举例说：小人求学，人云亦云，生搬硬套，不加思考，通常是从耳朵里听进去，直接就从嘴里说出来了。然而嘴和耳朵的距离，不过四寸远。如果刚听到别人的一些谈话，不加思考与分析，就立即夸夸其谈说出去，就不能用学问来修养这七尺之躯。

11. 七尺之躯

【释义】成年男子的身躯。

【出处】同"口耳之学"。

12. 横行天下

【释义】横行：纵横驰骋，毫无阻挡。形容遍行天下，没有受到阻碍。亦形容东征西战，到处称强，没有敌手。

【出处】《荀子·修身》："体恭敬而心忠信，术礼义而情爱人，横行天下，虽困四夷，人莫不贵。劳苦之事则争先，饶乐之事则能让，端悫诚信，拘守而详，横行天下，虽困四夷，人莫不任。体倨固而心势诈，术顺墨而精杂污，横行天下，虽达四方，人莫不贱。劳苦之事则偷儒转脱，饶乐之事则佞兑而不曲，辟违而不悫，程役而不录，横行天下，虽达四方，人莫不弃。"

【考据】修身，是指修养身心，努力提高自身的思想道德修养水平。《荀子·修身》中认为，君子是淡泊名利、深谋远虑、珍惜名誉、勇于为理想献身的人。篇中叙述了人们对善与不善应采取的态度，指出君子隆师亲友、好善不厌，因而能够取得成功。而善以及致善的具体方法是通过修身使品德高尚，良好的品德修养可以使人轻视富贵权力，这样的人可以横行天下，转危为安。修身又必须在礼、法的制约下不休不辍地去完成，即使具体的修养方法也离不开礼和老师。荀子指出良好的品德修养可以使人轻视富贵权力。心存恭敬和忠信，依照礼义真心地去爱别人的人，可以走遍天下，即便他身处蛮荒之地，人们也同样会尊重他。

外貌恭敬，内心忠诚，遵循礼义并且性情仁爱，这样的人走遍天下，即使困顿在边远地区，也没有人不敬重他的；劳累辛苦的事抢先去做，有利可图、享乐的事却能让给别人，诚实守信，谨守法度而又明察事理，这样的人走遍天下，即使困顿在边远地区，也没有人不信任他。外表傲慢固执，内心阴险狡诈，滥用慎到和墨翟的学说，并且性情肮脏，这样的人走遍天下，即使显贵四方，也没有人不轻视他；遇到劳累辛苦的事就逃避，遇到有利可图、得以享乐的事就用花言巧语的谄媚，毫不谦让地迅速抢夺，邪僻恶劣又不忠厚，轻贱而不善良，这样的人走遍天下，即使显贵四方，没有人是不摒弃他的。

13. 兼权熟计

【释义】兼：指同时顾虑到各方面；权：比较，衡量；熟：精细、深入；多方面地衡量、比较，深入细致地考虑。

【出处】《荀子·不苟》："欲恶取舍之权：见其可欲也，则必前后虑其可恶也者；见其可利也，则必前后虑其可害也者；而兼权之，孰计之，然后定其欲恶取舍。如是则常不失陷矣。凡人之患，偏伤之也：见其可欲也，则不虑其可恶也者；见其可利也，则不顾其可害也者。是以动则必陷，为则必辱，是偏伤之患也。"

【考据】是追求还是厌恶、是摄取还是舍弃的权衡标准是：看见那可以追求的东西，就必须前前后后考虑一下它可厌的一面；看到那可以得利的东西，就必须前前后后考虑一下它可能造成的危害；两方面权衡一下，仔细考虑一下，然后决定是追求还是厌恶、是摄取还是舍弃。像这样就往往不会失误了。大凡人们的祸患，往往是片面性害了他们：看见那可以追求的东西，就不考虑考虑它可厌的一面；看到那可以得利的东西，就不去反顾一下它可能造成的危害。因此行动起来就必然失足，干了就必然受辱，这是片面性害了他们而造成的祸患啊。

"不苟"，出自篇中首句。苟，不合理；不苟，恰当合理。本篇通过对君子的描述，表达了作者理想的道德标准。文章以对比的手法，极力表彰君子的种种可贵品格，揭露和批判了小人的不良行径：君子以礼义治国，以诚信养心，以自律而求同志。作者在文中提出"法后王"的思想："百王之道，后王是也。君子审后王之道，而论于百王之前。"后王，指商汤、周文王和周武王（一说指当代君主），荀子重视后王，希望能有人像他们那样治理国家；一一分辨了通士、公士、直士、悫士和小人的不同，指出言行无常、重利害人的是小人。而那些一味安抚贫贱、傲视富贵的，则是欺世盗名的奸人，他们是最险恶的。

14. 欺世盗名

【释义】欺骗世人，窃取名誉。

【出处】《荀子·不苟》："夫富贵者，则类傲之；夫贫贱者，则求柔之。是非仁人之情也，是奸人将以盗名于暗世者。"

【考据】《荀子》中曾尖锐地对欺世盗名的行径作过批判。荀况举例说，春秋时卫国大夫史鱼因劝谏卫灵公不成，就嘱咐儿子自己死后不要入殓，以此劝谏卫灵公重用蘧伯玉，罢免弥子瑕。荀况又举例说，战国时齐国的田仲既不肯接受高官厚禄的哥哥的帮助，也不愿去做官，宁肯去种菜。荀况在著作中认为，史鱼和田仲都是用欺骗手段"盗名于暗世者也"（在动乱之世道窃取虚名的人），他们是最大的危险。

15. 穷年累月

【释义】穷年：年初到年底；累月：持续几个月。形容接连不断，历时久远。

【出处】《荀子·荣辱》："然而穷年累世，不知不足，是人之情也。"

16. 自以为是

【释义】总以为自己是对的。认为自己的观点和做法都正确，不接受他人意见，形容主观，不虚心。

【出处】《荀子·荣辱》："凡斗者，必自以为是，而以人为非也。己诚是也，人诚非也，则是己君子而人小人也。以君子与小人相贼害也，忧以忘其身，内以忘其亲，上以忘其君，岂不过甚矣哉！是人也，所谓以狐父之戈钃牛矢也。"

【翻译】大凡爱争斗的人，一定认为自己是正确的，而对方是不正确的。如果自己的确是正确的，对方的确是错误的，那么自己就是君子，对方就是小人了。凭着君子的德行去跟小人互相伤害，而不考虑自己的名誉，也不考虑亲友们所受的伤害，更不考虑国君，这不是太过分了吗？这种人就像人们说的是在用狐父的戈去刺牛粪一样不值得呀！

17. 狗彘不若

【释义】彘：猪。连猪狗都不如。形容品行卑劣到连猪狗都不如的程度。

【出处】《荀子·荣辱》："斗者，忘其身者也，忘其亲者也，忘其君者也。行其少顷之怒，而丧终身之躯，然且为之，是忘其身也；家室立残，亲戚不免乎刑戮，然且为之，是忘其亲也；君上之所恶也，刑法之所大禁也，然且为之，是忘其君也。忧忘其身，内忘其亲，上忘其君，是刑法之所不舍也，圣王之所不畜也。乳彘触虎，乳狗不远游，不忘其亲也。人也，忧忘其身，内忘其亲，上忘其君，则是人也，而曾狗彘之不若也。"

【翻译】斗殴的人，是忘记了自己身体的人，是忘记了自己亲人的人，是忘记了自己君主的人。发泄他一时的愤怒，将丧失终身的躯体，然而还是去斗殴，这便是忘记了自己的身体；家庭立刻会遭到摧残，亲戚也不免受刑被杀，然而还是去斗殴，这便是忘记了自己的亲人；斗殴是君主所厌恶的，是刑法所严格禁止的，然而还是去斗殴，这便是忘记了自己的君主。就可忧虑的事来说，是忘记了自身；从家庭内部来说，是忘记了亲人；对上来说，是忘记了君主；这种人是刑法所不能放过的，也是圣明的帝王所不容的。哺乳的母猪不去触犯老虎，喂奶的母狗不到远处游逛，这是因为它们没忘记自己的亲骨肉啊。作为一个人，就可忧虑的事来说，忘记了自身；从家庭内部来说，忘记了亲人；对上来说，忘记了君主；这种人啊，就连猪狗也不如了。

18. 暖衣饱食

【释义】形容生活宽裕，衣食丰足。

【出处】《荀子·荣辱》："是庶人之所以取暖衣饱食，长生久视，以免于刑戮也。"

19. 反手可得

【释义】形容极易得到。

【出处】《荀子·非相》:"诛白公,定楚国,如反手尔。"

【考据】《荀子·非相》批判、否定了相面术,认为"相形不如论心,论心不如择术";此外,还论述了道德修养、"法后王"的问题,并重点分析了观察人们言论的重要性,并详细分析了圣人、士君子、小人以及枭雄的各种言谈表现,从而得出结论。认为光看人的外形相貌不可能得知其吉凶祸福,只有观察人的言谈举止才能知道一个人是个什么样的人。人们的能言善辩有很多种,关键是要看自己的辨别能力,辨别能力强则分得清什么样的人说什么样的话,辨别能力弱,往往就会受骗上当。

20. 比肩并起

【释义】比:并。肩并肩地一齐起来。比喻同时相随而起。

【出处】《荀子·非相》:"今世俗之乱君,乡曲之儇(音喧)子,莫不美丽姚冶,奇衣妇饰,血气态度拟于女子;妇人莫不愿得以为夫,处女莫不愿得以为士,弃其亲家而欲奔之者,比肩并起。"

【翻译】现在世上犯上作乱的人,乡里的轻薄少年,没有不美丽妖艳的,他们穿着奇装异服,像妇女那样装饰打扮自己,神情态度都和女人相似;妇女没有谁不想得到这样的人做丈夫,姑娘没有谁不想得到这样的人做未婚夫,抛弃了自己的亲人、家庭而想和他们私奔的女人,比肩接踵。但是一般的国君羞于把这种人作为臣子,一般的父亲羞于把这种人当作儿子,一般的哥哥羞于把这种人当作弟弟,一般的人羞于把这种人当作朋友。

21. 井井有理,井井有条

【释义】形容整齐,有条有理。

【出处】《荀子·儒效》:"井井兮其有理也。"

【考据】《荀子·儒效》除了论述大儒的作用外,还论述了圣人、君子、劲士、儒雅、小儒、俗儒、俗人、众人、鄙夫几类人的德行,并强调了学习与法度的重要性。

22. 存亡安危

【释义】使将要灭亡的保存下来,使极其危险的安定下来。形容在关键时刻起了决定作用。

【出处】《荀子·王制》:"功名之所就,存亡安危之所堕,必将于愉殷赤心之所。"

【考据】"王制"是指古代君主治理天下的规章制度，内容涉及封国、职官、爵禄、祭祀、葬丧、刑罚、建立成邑、选拔官吏以及学校教育等方面的制度。

23. 载舟覆舟

【释义】指民众犹如水，可以承载船，也可以倾覆船。比喻人民是决定国家兴亡的主要力量。

【出处】《荀子·王制》："传曰：'君者舟也，庶人者水也，水则载舟，水则覆舟。'此之谓也。"

【成语故事】统治者是一条船，而广大的民众犹如河水，水既可以把船载负起来，也可以将船淹没掉。

魏徵是我国初唐时期伟大的政治家、思想家和杰出的历史学家。辅佐唐太宗17年，以"犯颜直谏"而闻名。魏徵一生节俭，家无正寝。魏徵病后，太宗亲临吊唁，痛哭失声："夫以铜为镜，可以正衣冠；以古为镜，可以知兴替；以人为镜，可以明得失。朕常保此三镜，以防己过。今魏徵殂逝，遂亡一镜矣。"魏徵"上不负时主，下不阿权贵，中不侫亲戚，外不为朋党，不以逢时改节，不以图位卖忠"的精神，辅佐太宗开创了中国封建史上辉煌的一页——"贞观之治"。

一次，太宗问魏徵："历史上的人君，为什么有的明智，有的昏庸？"魏徵说："一个人的智慧到底有限，君王若多听各方面意见，就明智；若只听单方面的话，就昏庸。"他还列举了历史上尧、舜等名君和秦二世、梁武帝、隋炀帝等昏君的例子说："治理天下的人如果能够采纳下面的意见，那么下情就能上达，他的亲信们想蒙蔽他也就做不到了。"太宗听了连连点头称是，并提醒自己时刻牢记。隋朝皇室与唐皇室有亲戚关系，唐太宗对隋在很短的时间里亡国的历史记忆犹新。又有一次，太宗读完隋炀帝的文集，对左右大臣们说："隋炀帝这个人，学识渊博，也懂得尧、舜好，夏桀和殷纣王不好，为什么干出事来那么荒唐。"魏徵接口道："一个皇帝光靠聪明和学识渊博还不行，还应该虚心听取臣子的意见。隋炀帝自以为才高，骄傲自信，说的是尧、舜的话，干的是桀、纣的事，到后来越来越糊涂，就自行灭亡了。"魏徵乘机劝太宗以隋亡为鉴，并引用《荀子》"水能载舟,亦能覆舟",以君喻舟,以民比水,劝太宗体恤民众。唐太宗对荀子的这一思想十分欣赏,在与郡臣讨论国家的治理问题时,多次引用和发挥了这一观点,他在《论政体》一文中说:"君,舟也;人,水也;水能载舟亦能覆舟。"荀子和唐太宗,都看到了人民的伟大力量,强调了依靠人民力量的重要性。这一思想,为后来历代统治阶级所接受。

24. 节用裕民

【释义】裕:富足。节约用度,使人民过富裕的生活。

【出处】《荀子·富国》:"足国之道,节用裕民,而善臧其余。"

【考据】《富国》篇是荀子论述其经济思想的文章。提出"足国之道,节用裕民,而善臧其余"的重要观点。节用要靠礼,裕民要靠政令,明白了节用裕民的启发,不仅可以有"富厚丘山之积",而且能产生良好的社会影响,百姓相安,天下无事。让天下富足的途径在于明确责任,把万物之利开发出来,所以墨子担忧自然之利不足以供给世人是没有根据的。造成天下不足的原因是政局混乱,因此墨子主张节衣缩食是解决不了问题的。先王圣人以及古人并不这样,他们靠仁政聚拢人心,上得天时、下得地利、中得人和,国用自然富足。考察一个国家的政治、经济、军事状况各有其标准,以经济而言,田野荒而仓廪实,百姓虚而府库满,其国必亡。因此不论国家大小,只要是仁人治国,就足以独立,即使再强大的国家也会归附于我。

25. 不教而诛

【释义】教:教育;诛:处罚,杀死。不警告就处死。指事先不教育人,一犯错误就加以惩罚。

【出处】《荀子·富国》:"故不教而诛,则刑繁而邪不胜;教而不诛,则奸民不惩;诛而不赏,则勤励之民不劝;诛赏而不类,则下疑、俗俭而百姓不一。"

【翻译】不加教育就进行惩罚,那么刑罚用得很多,而邪恶仍然不能克服;教育而不进行惩罚,那么邪恶的人就不会吸取教训而警戒不干;只进行惩罚而不实行奖赏,那么勤奋的人就不能受到鼓励;惩罚奖赏如果不符合法律,那么民众就会疑虑,社会风气就会险恶,而百姓就不会行动一致。

26. 开源节流

【释义】开发水源，节制水流。比喻增加收入，节省开支。

【出处】《荀子·富国》："故明主必谨养其和，节其流，开其源，而时斟酌焉，潢然使天下必有余，而上不忧不足。"

【考据】所以英明的君主必定谨慎地保养那和谐安定的政治局面，节流，开源，而对钱财的收支时常加以调节，使天下的财富一定像大水涌来一样绰绰有余，而君主也就不再担忧财物不够了。

荀况在《富国篇》中阐述富国的策略，若要国家富强，就要爱护百姓，在收支上开源节流。百姓才能安居乐业去发展生产，国家才能富强。如果不顾生产，只顾浪费物资，百姓就会十分贫困。所以"下贫则上贫，下富则上富"。

27. 国计民生

【释义】国家经济和人民生活。

【出处】《荀子·富国》："如是则上下俱富，交无所藏之，是国计之极也。"

【翻译】如果这样做，那么君主和民众都富足，双方都没有地方来储藏财物，这是最懂得国计民生的方法。

28. 锱铢必较

【释义】很少的钱也一定要计较。形容非常小气，也比喻气量狭小，很小的事也要计较。锱、铢都是古代很小的重量单位。

【出处】《荀子·富国》："割国之锱铢以赂之，则割定而欲无厌。"

29. 安如磐石

【释义】磐石：巨石。如同磐石一般安然不动。比喻国家、社会非常稳固，不可动摇。

【出处】《荀子·富国》：为名者否，为利者否，为忿者否，则国安于盘石，寿于旗、翼。人皆乱，我独治；人皆危，我独安；人皆失丧之，我按起而制之。故仁人之用国，非特将持其有而已矣，又将兼人。《诗》曰："淑人君子，其仪不忒。其仪不忒，正是四国。"此之谓也。

【翻译】磐石：巨石。旗、翼：星宿。追求美名的不来攻打，谋取利益的不来攻打，要发泄怨愤的也不来攻打，那么国家就会像磐石一样稳固，像恒星一样永存。别人都混乱，只有我治理得好；别人都危险，只有我安稳；别人都丧权失国，我便起来制服他们。所以讲究仁德的人在国内当权，不单单将保住他所有的，还要兼并别人的国家。《诗》云："善人君子忠于仁，坚持道义不变更。他的道义不变更，四方国家他坐镇。"说的就是这种情况。

30. 名垂后世

【释义】好名声流传于后代。

【出处】《荀子·王霸》："仲尼无置锥之地，诚义乎志意，加义乎身行，箸之言语，济之日，不隐乎天下，名垂乎后世。"

【考据】《荀子·王霸》论述了要称王天下所必须实行的一系列政治措施，如守要领，立礼法，讲道义，明名分，择贤相，用能人，取民心等等；同时，篇中兼述了霸道与亡国之道以与王道相观照。

虽然孔子没有立锥之地，但他确实把道义贯彻到自己的思想中，指导约束自己的言行，获得成功后，他的名声就会流传于世，不被天下的人埋没。

31. 量能授官

【释义】根据人的能力大小而授予适当官职。

【出处】《荀子·君道》："论德而定次，量能而授官。"

【考据】《荀子·君道》主张君主要"修身"，要以身作则，"隆礼至法""尚贤使能""慎取相"，善于用人，这样，就能把国家治理好。篇中所说的"君人者，爱民而安，好士而荣，两者无一焉而亡"，无疑可成为君主的座右铭。除君道外，篇中也涉及臣道、父道、子道、兄道、弟道、夫道、妻道等，而归结到一点，就是要以礼为治。

32. 源清流洁

【释义】源头的水清，下游的水也清。原比喻身居高位的人好，在下面的人也好。也比喻事物的因果关系。

【出处】《荀子·君道》："君者，民之原也，源清则流清，源浊则流浊。"

【翻译】君主，就像人民的源头；源头清澈，那么下边的流水也清澈；源头混浊，那么下边的流水也混浊。

33. 朋党比周

【释义】结党营私，排斥异己。

【出处】《荀子·臣道》："上不忠乎君，下善取誉乎民，不恤公道通义，朋党比周，以环主图私为务，是篡臣者也。"

【考据】《荀子·臣道》论述做大臣应遵循的原则。在这一段中，作者分析了大臣的类型，指出，大臣有态臣、篡臣、功臣、圣臣四种。态臣、篡臣是不利于国家的臣子，用之则亡；而功臣、圣臣则与之相反。大臣面对国君，能够谏、争、辅、拂者，是社稷之臣，是国君之宝。作者对"从道不从君"的为臣之道表示赞同。大臣事君所采取的原则，应首先看君主是明君还是暴君。对于明君，大臣只要顺从其意即可；不得已而事奉暴君，大臣则应言君主之所长，不言其所短，做到柔而不屈，有机会则晓以为君之道。作为大臣，应该做到顺、敬、忠。荀子对此三者作了详细的阐述。

34. 美意延年

【释义】美意：乐意；延年：处长寿命。一切乐观的人，能够健康长寿。

【出处】《荀子·致士》："得众动天，美意延年。"

【考据】《荀子·致士》主要论述了招引贤士的方法，如"刑政平""礼义备""明其德"等等。篇中同时也强调了贤士对于国家治乱的重要作用。荀子指出，君子能够兼听、显幽、重明、退奸、进良，任用君子对于一个国家的治理十分重要。招徕君子要修礼义，"礼义备而君子归之"。此外还要有良好的法规，"无道法则人不至"。对于国君来说，用贤不要停留在口头上，而要付诸行动，言行一致，贤者必至。

35. 兵不血刃

【释义】兵刃尚未沾上敌人的鲜血，尚未实际交战，即已征服了敌人。也比喻轻易得胜。

【出处】《荀子·议兵》陈嚣问孙卿子曰："先生议兵，常以仁义为本。仁者爱人，义者循理，然则又何以兵为？凡所为有兵者，为争夺也。"孙卿子曰："非女所知也。彼仁者爱人，爱人，故恶人之害之也；义者循理，循理，故恶人之乱之也。彼兵者，所以禁暴除害也，非争夺也。故仁者之兵，所存者神，所过者化，若时雨之降，莫不说喜。是以尧伐欢兜，舜伐有苗，禹伐共工，汤伐有夏，文王伐崇，武王伐纣，此四帝两王，皆以仁义之兵行于天下也。故近者亲其善，远方慕其德，兵不血刃，远迩来服，德盛于此，施及四极。"

【考据】《荀子·议兵》反映了荀子的军事思想。荀子认为"用兵攻战之本在乎一民"、"在乎善附民"；要"附民"，就必须"隆礼""贵义""好士""爱民""政令信""赏重""刑威""权出一"。只有这样，才能"壹民"，才能使"三军同力"，从而取得战争的胜利。当然，本篇内容极其丰富，它还涉及各种做将军的原则，如"六术""五权""三至""五无圹"，等等。至于其军事思想的核心则是"仁义"，他主张"禁暴除害""以德兼人"，反对"争夺"，不依仗"权谋""势诈"。

有一天，荀子的弟子陈嚣问荀子说："先生论兵，常以仁义为本。具有仁心的人是爱人的，行义的人是遵循道理的，那还用兵干什么呢？世界上之所以有战争的原因，就是为了争夺啊！"荀子回答说："具有仁心的人自必爱人，因为他爱人，所以厌恨所爱的人被别人伤害。行义的人，自必遵循正道行事，因为他遵循正道，所以厌恨别人把正道搅乱。战争，是用来禁暴除害的，不是用来争夺的。所以仁人之兵，所到之处，就有如时雨下降，没有人不欢喜的。故尧伐欢兜、舜伐有苗、禹伐共工、汤伐有夏、文王伐崇、武王伐纣，都是以仁义之兵行于天下。所以近处的人爱他们的善行，远处的人仰慕他们的德义，兵不血刃，即已降服敌人了。"

36. 后发制人

【释义】发：发动；制：控制，制服。等对方先动手，再抓住有利时机反击，制服对方。

【出处】《荀子·议兵》：临武君与孙卿子议兵于赵孝成王前，王曰："请问兵要？"

临武君对曰："上得天时，下得地利，观敌之变动，后之发，先之至，此用兵之要术也。"孙卿子曰："不然！臣所闻古之道，凡用兵攻战之本，在乎壹民。弓矢不调，则羿不能以中微；六马不和，则造父不能以致远；士民不亲附，则汤武不能以必胜也。故善附民者，是乃善用兵者也。故兵要在乎善附民而已。"

【翻译】临武君和荀卿在赵孝成王面前议论用兵之道。赵孝成王说："请问用兵的要领。"临武君回答说："上取得有利于攻战的自然气候条件，下取得地理上的有利形势，观察好敌人的变动情况，比敌人后行动但比敌人先到达，这就是用兵的要领。"荀卿说："不对！我所听说的古代的方法，大凡用兵打仗的根本在于使民众和自己团结一致。如果弓箭不协调，那么后羿也不能用它来射中微小的目标；如果六匹马不协调，那么造父也不能靠它们到达远方；如果民众不亲近归附君主，那么商汤、周武王也不一定能打胜仗。所以善于使民众归附的人，这才是善于用兵的人。所以用兵的要领就在善于使民众归附自己罢了。"

37. 鸣金收兵

【释义】用敲钲等发出信号撤兵回营。比喻战斗暂时结束。鸣金，敲钲，古代作战收兵信号。

【出处】《荀子·议兵》："闻鼓声而进，闻金声而退。"

【考据】击鼓和鸣金是古代军事指挥的号令。击鼓就是敲战鼓；"鸣金"就是"鸣钲"，并非"鸣锣"。《说文解字》："钲，似铃，柄中上下通。"钲是古代的一种乐器，用铜制成，颜色似金。

《荀子·议兵》："闻鼓声而进，闻金声而退。"意击鼓号令进攻，鸣金号令收兵。关于"击鼓鸣金"的来历，有一种传说：黄帝在与蚩尤作战时制造的是革鼓。他从东海流波山上猎获了一种叫作"夔"的动物，它的形状像牛，全身青黑色，发出幽幽的光亮，头上不长角，而且只有一只脚。这种动物目光如电，叫声如雷，十分威武雄壮。当时黄帝为它的叫声所倾倒，就剥下它的皮，制成八十面鼓，让玄女娘娘亲自击鼓，顿时声似雷霆，直传出五百里。这就是后世"击鼓进军，鸣金收兵"的来历。另有一种说法则是传自阴阳五行家的说法，古时以东西南北中来对应五行，即，东木，西金，南火，北水，中土。而由于古代科技不发达，则一般大战中日落前收兵。日落时，太阳正在西方，因此有了鸣金收兵的说法。即吹响落日的号角，战士回城休息的意思。

38. 高爵丰禄

【释义】爵：爵位；禄：古代官吏的俸给。爵位高，俸禄多。

【出处】《荀子·议兵》："是高爵丰禄之所加也，荣孰大焉？将以为害邪？由高爵丰禄以待养之，生民之属，孰不愿也。"

39. 始终如一

【释义】自始至终一个样子。指人能坚持，做事从不间断。

【出处】《荀子·议兵》："虑必先事而申之以敬，慎终如始，终始如一，夫是之谓大吉。"

【成语故事】战国末期，哲学家荀况在楚国做兰陵令时，与楚国将领临武君在赵孝成王面前议论用兵的要领，说将领要做到"五权"与"三至"，采取军事行动前要考虑慎之又慎，这种周密的态度一定要始终如一才能取得军事上的胜利。

40. 以卵击石

【释义】拿蛋去碰石头。比喻不估计自己的力量，自取灭亡。

【出处】《荀子·议兵》："故以桀诈桀，犹巧拙有幸焉。以桀诈尧，譬之：若以卵投石，以指挠沸；若赴水火，入焉焦没耳。"

【成语故事】所以用桀欺骗桀，还由于巧拙不同而有侥幸获胜的；用桀欺骗尧，拿它打个比方，就好像用鸡蛋掷石头、用手指搅开水，就好像投身水火，一进去就会被烧焦淹没的啊。

故事1：战国时期著名思想家墨子在去齐国的路上碰到一个算命先生，他对墨子说："根据我的推算，今天北方忌见黑色，而你的脸色比较黑，今天出行往北，一定很不利！"墨子根本不听。而算命先生却还要坚持他的谬论，劝阻墨子，双方争论起来。最后，墨子以坚定的口气说："你所说的是谬论，我所说的是真理，你想用谬论来否定真理，那就等于'以卵击石'，是注定不会成功的！"说罢径直向北方的齐国而去。

故事2：荀子同楚将临武君谈论军事，临武君说："善用兵者如能善于'攻夺变诈'，就可以无敌于天下。"荀子不同意临武君的观点，他反对侵夺、欺诈，主张"仁人之兵"。他说："如果暴君桀的不义之师，以'攻夺变诈'为主要战略，去攻击圣王尧的仁人之兵，结果一定失败，好比以卵击石，用手指去搅滚汤，也好比跳进烈火深水，一进去便被烧焦和淹没了。"

41. 约定俗成

【释义】指事物的名称或社会习惯往往是由人民群众经过长期社会实践而确定或形成的。

【出处】《荀子·正名》："名无固宜，约之以命，约定俗成谓之宜，异于约则谓之不宜。名无固实，约之以命实，约定俗成，谓之实名。名有固善，径易而不拂，谓之善名。"

【翻译】事物名称没有本来就合适的，而是由人们共同约定来命名，约定俗成，这个名称就合适了，反之，这个名称就是不合适的了。名称并不是生来就表示某种事物，而是由于约定俗成，人们用这个名称称呼这种事物，习惯了，就成为这种事物的名称了。有本来就好的名称，简单明了而又不互相矛盾，这就叫作好的名称。

42. 弃义倍信

【释义】背离信义。指不讲道义，不守信用。倍，通"背"。

【出处】《荀子·强国》："古者禹汤本义务信而天下治，桀纣弃义倍信而天下乱。"

【考据】《荀子·强国》认为：用强力治国是行不通的，必须任用品德高尚的君子治国，节制强威，推行文教。同时，推行德政必须积点滴而成大功。荀子提出，奸人的出现是君主不重礼义的缘故。义是防止人们为恶为奸的手段，是治理天下的法宝。所以君主应做到慎礼义、务忠信，这样国家才会强大。

43. 强本节用

【释义】本：指农业生产。我国古代以农为本。加强农业生产，节约费用。

【出处】《荀子·天论》："强本而节用，则天不能贫"，"本荒而用侈，则天不能使之富"。

【考据】《荀子·天论》论述了一系列有关自然的问题，认为"天行有常"，不以人的意志为转移；认为决定社会治乱与人间祸福的是"人"而不是"天"，所以必须"明于天人之分"；认为人类可以"制天命而用之"，这种人定胜天的思想是前所未有的。

荀况提出加强农业生产与节约财政支出同时并举的经济思想。"强本"指"肥田""无夺农时"，以发展农业生产。"节用"是提倡"恭俭""善藏其余"，在消费上尽量节约，注意积累和储藏粮食。

44. 德不称位，能不当官，赏不当功，罚不当罪

【释义】品德和地位不相当，能力和职务不相当，奖赏和功劳不相当，处罚和罪过不相当，没有比这更不好的。

【出处】《荀子·正论》："夫德不称位，能不称官，赏不当功，罚不当罪，不祥莫大焉。"

【考据】《荀子·正论》是专门议论政治的。文中提出一个看法：国君要在

百姓面前做出好的榜样。残暴的国君被推翻，如夏桀被商汤打倒，商纣被周武王消灭等，这些都是好事而不是坏事。

荀况主张刑罚要严明，犯罪的应根据罪行的大小，给予相应的处罚。如果杀人的不偿命，伤人的不判刑，那就会纵容犯罪，扰乱社会。有人说：古代没有肉刑，只是象征性地用刑。比如不使用黥刑（古代在犯人脸上刺刻涂墨的刑罚，又称墨刑），而是用墨画脸来替代；不使用劓刑（古代一种割掉鼻子的酷刑），而用戴上草做的帽子来替代，这种混乱的办法在现在是行不通的。如果继续这样做，犯罪的人得不到应有的惩罚，犯罪行为将越来越多。

45. 各得其宜

【释义】指人或事物都得到适当的安置。

【出处】《荀子·正论》："圣王在上，图德而定次，量能而授官，皆使民载其事而各得其宜。"

【考据】《荀子·正论》针对世俗中"商汤周武是篡夺桀纣天下"的说法，指出：商汤、周武不是篡夺天下，而是兴天下之利，除天下之害，是天下归于商汤、周武。天下是圣人才能据有的。

46. 断长续短

【释义】续：接、补。截断长的来补短的。比喻取别人的长处，来补自己的短处。

【出处】《荀子·礼论》："礼者，断长续短，损有余，益不足，达敬爱之文，而滋成行义之美者也。"

【考据】《荀子·礼论》是荀子对礼的论述。荀子之说重礼，所以本篇是书中很重要的一篇。礼是用来谨慎对待生死问题的，人不能厚生而薄死。同时，礼又是用来谨慎处理吉凶的，使吉凶各不相掩。此外礼还是用来取长补短、损有余补不足、表达爱敬、养成良好品行的。人的天性是质野的，而人为的东西（礼）则有漂亮的外在形式。二者合一，则天下大治。

47. 积厚流光

【释义】积累的功业越深厚，则流传给后人的恩德越广。光，通"广"。

【出处】《荀子·礼论》："故有天下者事七世，有一国者事五世，有五乘之地者事三世，有三乘之地者事二世，持手而食者不得立宗庙，所以别积厚者流泽广，积薄者流泽狭也。"

【翻译】所以拥有天下的天子祭祀七代祖先，拥有一个国家的诸侯祭祀五代祖先，拥有五个六里见方土地的大夫祭祀三代祖先，有三个六里见方土地的士可以祭祀两代祖先，依靠双手来糊口的百姓不准建立祖庙，这是用来区别功绩大的人传布的恩德应该广远，功绩小的人传布的恩德应该狭窄。

48. 一唱三叹

【释义】一个人领头唱，三个人和着唱。原指音乐和歌唱简单而质朴。后转用来形容诗婉转而含义深刻。

【出处】《荀子·礼论》："清庙之歌，一唱而三叹也。"

49. 忠臣孝子

【释义】对君主尽忠对父母尽孝的人。

【出处】《荀子·礼论》："使生死终始若一，一足以为人愿，是先王之道，忠臣孝子之极也。"

50. 经纬天地

【释义】经：丝织品的直线；纬：丝织品的横线。形容人的才能极大，能经营天下，治理国政。

【出处】《荀子·解蔽》："经纬天地而材官万物，制割大理，而宇宙理矣。"

【考据】治理天地而能控制利用万物，掌握了全局性的大道理，而整个宇宙就都了如指掌了。

《荀子·解蔽》：蔽，蒙蔽；解蔽，即克服蒙蔽，全面认识事物。本篇是荀子阐述认识论思想的重要文章。作者指出，人认识问题的最大毛病是不全面，"蔽于一曲而暗于大理"。不能全面认识问题就会受殃，反之则有福。治国的关键在于了解和掌握真理（即"道"）。人必须靠心才能认识真理，因为心是人形神的主宰，它能做到空灵、专一、不乱，即"虚一而静"。能做到虚一而静，则能明察秋毫，万物无不毕现于目前，当然也就认识了"道"。文中提出"人生而有知"的观点，即人生来就有认识问题的能力。"虚一而静"的观点在哲学史上影响甚大。荀子认为，能够透彻了解一类事物的事理就很好了，所以智者专一从事一种工作，而君子则致力于道。了解事物要做到自信、静定、清晰，否则就无法判断事物的是非真伪。认识事物的智力人人具有，而万物的事理又是可以认识的，但人若运用智力去认识事物，虽不间断，也永远不能全部认识清楚。所以要向圣王学习，因为圣王代表了一切学问（至足）。在此，荀子还指出，君主治国应实行公开的办法，这样小人就不能得逞，而"直言至矣"。

51. 以疑决疑

【释义】用疑惑的认识来判断捉摸不定的事物。

【出处】《荀子·解蔽》："彼愚者之定物，以疑决疑，决必不当。夫苟不当，安能无过乎！"

52. 坐言起行

【释义】坐能言，起能行。原指言论必须切实可行，后比喻说了就做。

【出处】《荀子·性恶》："今孟子曰：'人之性善。'无辨合符验，坐而言之，起而不可设，张而不可施行，岂不过甚矣哉！故性善则去圣王，息礼义矣。性恶则与圣王，贵礼义矣。故檃栝之生，为枸木也；绳墨之起，为不直也；立君上，明礼义，为性恶也。用此观之，然则人之性恶明矣，其善者伪也。"

【考据】《荀子·性恶》阐述了荀子的伦理思想。旨在批判孟子的性善论，阐明关于人性邪恶的社会观。"性恶论"是荀子思想中最著名的观点，也是其政治思想的基石。文章先从人的物质欲望和心理要求出发，论证了"人之性恶"的道理。为了改变人性之恶，他一方面特别强调后天的教育和环境的影响，主张"求贤师""择良友"；另一方面则特别强调政治的作用，提出了"立君上之势以临之，明礼义以化之，起法正以治之，重刑罚以禁之"的政治主张。总之，荀子认为"人之性恶"，其宗旨则在于以道德的、政治的手段去改恶为善。

现在孟子说："人的本性善良。"没有与它相契合的证据及可以验证的凭据，坐着谈论它，站起来不能安排部署，推广出去不能实行，这难道不是错得很厉害吗？认为人的本性善良，那就会摒除圣明的帝王、取消礼仪了；认为人的本性邪恶，那就会拥护圣明的帝王、推崇礼仪了。整形器的产生，是因为有弯曲的木料；墨线墨斗的出现，是因为有不直的东西；置立君主，彰明礼仪，是因为人的本性邪恶。由此来看，那么人的本性是邪恶的就很明显了，他们那些善良的行为是人为的。

53. 正理平治

【释义】行无倾斜为正，不失其道为理，细大不逾为平，礼无悖乱为治。

【出处】《荀子·性恶》："凡古今天下之所谓善者，正理平治也；所谓恶者，偏险悖乱也。"

【翻译】凡是古今天下所说的善良，是指端正顺理安定有秩序；所谓的邪恶，是指偏邪险恶悖逆作乱。

54. 长幼有序

【释义】年长者和年幼者之间的先后尊卑。

【出处】《荀子·君子》："故尚贤、使能，则主尊下安；贵贱有等，则令行而不流；亲疏有分，则施行而不悖；长幼有序，则事业捷成而有所休。"

【考据】《荀子·君子》所称"君子"指天子。篇中主要论述了为君之道，认为天子要统治天下。必须摒弃"刑罚怒罪，爵赏逾德，以族论罪，以世举贤"的做法，而应该"论法圣王""以义制事""尚贤使能，等贵贱，分亲疏，序长幼""刑当罪""爵当贤"，只有这样，才能造成一种安定的政治局面。

所以崇尚贤能之才并使用之，就能君主受尊敬，百姓安生计；贵贱分等级，就能使命令行使起来不随波逐流；与人之间的感情有亲近有疏远，就能使命令施行起来受遵循；长幼有序，就能使事业胜利成功而有了休息的时间。

55. 前车之鉴

【释义】鉴，铜镜，引申为教训。前面翻车的教训。比喻把前人或以前的失败作为借鉴。亦省作"前鉴""前车"。

【出处】《荀子·成相篇》："患难哉！阪为先，圣知不用愚者谋。前车已覆，后未知更，何觉时？不觉悟，不知苦，迷惑失指易上下。中不上达，蒙掩耳目塞门户。"

【考据】《荀子·成相篇》，把乐曲或曲词从头到尾演奏或演唱一遍叫"成"。"相"则是古代一种打击乐器，又名"拊""拊搏"，由熟皮制成的皮囊中塞满糠而成，形如小鼓，拍打时声音沉闷；因其一般用来打节拍，对乐曲的演奏或曲词的演唱起辅助作用，所以叫"相"。"成相"，即演奏拊搏，引申指一边念诵一边拍打拊搏作节拍的一种文学样式（就像"大鼓""快板"由敲鼓、击板引申指一种曲艺形式一样）。它可能是当时的一种民间曲艺形式，与现在一边敲鼓为节拍一边说唱的大鼓以及一边击竹板为节拍一边念诵唱词的快板类似，只不过它不配乐歌唱、也不说白而只是念诵而已。这里用作篇名，与下篇的

"赋"一样，是以体裁来作篇名。全文五十六章，实可分为三篇，每篇都以"请成相"的套语作为开头。这三篇成相以及《赋篇》中的五篇赋与"佹诗""小歌"，《汉书·艺文志·诗赋略》统称为《孙卿赋十篇》，可见它在古代属于赋的一个流别，是一种不歌而诵的文体。为了便于念诵，其词押韵，其句式也较为整练，与诗相近。所以从其文辞的形式上来看，它实可视为后代说唱文学的滥觞，在中国文学史上具有重要的地位。本篇以通俗的形式，既回顾了历史，又宣扬了"礼法兼治""明德慎罚""贵贱有等""尚贤推德""务本节用"等一系列政治主张，所以一向为后人所重视。

贾谊是西汉杰出的政治家、文学家，从小就有"神童"之誉，18岁起就名满天下，受到了汉文帝的重用，担任梁王太傅一职，在任期内，专心著书立说，将毕生才华倾注于文章中，政论文《治安策》分析了秦王朝奸臣当道、实施暴政、由盛而衰的惨痛教训，总结说："前车之覆，后车之鉴。秦朝的失败应该引起我们足够的警惕呀！否则，我们也会重犯秦朝的错误，那太危险了！"汉文帝看后，十分赞赏，采取了相应的轻徭薄赋、提倡节俭、奖励农桑等休养生息的措施。经过他和儿子汉景帝两代皇帝的治理，社会经济获得了很大的发展，国力也逐步强大起来。历史上称这一时期的统治为"文景之治"。

56. 拒谏饰非

【释义】谏：直言规劝；饰：掩饰；非：错误。拒绝劝告，掩饰错误。

【出处】《荀子·成相》："拒谏饰非，愚而上同，国必祸。"

【成语故事】荀子经常探讨国家政体与管理的问题，《荀子·成相》中：人世间的灾祸，往往就是愚昧无知而陷害忠良；而对于君主来说，没有贤臣辅佐，就像瞎子无人领路，不知走向何方。君主愚昧无知，却又要独断专行，苟且胜过他人，如果群臣又不予以谏净，这就必然要遭到不幸。如果说臣下的过失，那就是"拒谏饰非，愚而上同"。即是说，拒绝谏净，掩饰过失，这就是作为臣下的愚昧和过失，而这样的臣下和主上苟同，国家必然会引起灾祸。什么是无能？那就是国家多弊，君主疏远贤能，接近邪僻，忠臣没有出路，君主的地位也就要转移。什么是贤能？那就是通达于君臣之礼，对上能尊敬君主，对下能顺从民意，君主真正能听贤臣之言，这样天下就可以太平了。君主的罪孽往往是由于谗臣当道，贤臣隐居，愚昧加愚昧，昏庸加昏庸。这样，国家就必然要覆灭，君主必然要成为夏桀一类的贼子。"拒谏饰非，愚而上同"，为后世许多政治家引为借鉴，汉唐时期还将此作为法律规范而列入法典之中。

57. 坚强不屈

【释义】荀子在宣扬自己的儒学思想时，经常对弟子说："坚刚而不屈，义也"。意思是说只有做到坚韧、刚毅，毫不屈服的人，才是义士。后来，人们把荀子的话简化成"坚强不屈"。

【出处】《荀子·法行》："坚刚而不屈，义也"。

【考据】《荀子·法行》内容不很统一，开篇论礼，指出众人遵行礼而不理解礼的含义，圣人遵行礼并且知道礼的含义。文中还记录了曾子、子贡、孔子等人的言论。

58. 公正无私

【释义】做事公正，没有私心。

【出处】《荀子·赋》："公正无私，反见纵横。"

【考据】《荀子·赋》是我国文学史上第一部以赋名篇的文学作品。荀况的赋，《汉书·艺文志》诗赋略记载有十篇，《汉志》以后就不再见于史志目录。《隋书·经籍志》别集类有《楚兰陵令荀况集》一卷，下注："残闻，梁二卷。"《旧唐书·经籍志》和《新唐书·艺文志》丁部别集类也有《赵荀况集》二卷。再往后的目录，连这二卷《荀况集》也看不到了。但是，荀况的集子只是失其名，其作品却还基本上保存着。今本《荀子》中的《成相篇》三章、《赋篇》的《礼》《知》《云》《蚕》《箴》五赋、《佹诗》二章和《遗春申君赋》，就是《汉志》的《孙卿赋》，也就是《隋志》的《荀况集》。

59. 友风子雨

【释义】云以风为友，以雨为子。盖风与云并行，雨因云而生。

【出处】《荀子·赋》："托地而游宇，友风而子雨。"

【翻译】依托土地而遨游宇宙，云以风为友，以雨为子。

60. 积微成著

【释义】微：细微；著：显著。微不足道的事物，经过长期积累，就会变得显著。

【出处】《荀子·大略》："夫尽小者大，积微成著，德至者色泽洽，行尽而声问远。"

【考据】《荀子·大略》收集了荀子的学生平时所记下的荀子言论，因为这些言论涉及的内容十分广泛，难以用某一词语来概括，而这些言论从总体上来看大都比较概括简要，可以反映出荀子思想的大概，所以编者把它总题为"大略"。本篇论述最多的是荀子"隆礼尊贤"的思想及各种礼节仪式，其他如"仁义""重法爱民""义"与"利"的关系以及教育、修养、学习、交友等内容均有涉及，且颇多警策妙语，可与《论语》媲美。

61. 胼手胝足

【释义】胼、胝：老茧。手脚上磨出老茧。形容经常地辛勤劳动。

【出处】《荀子·子道》："耕耘树艺，手足胼胝以养其亲。"

【成语故事】《荀子·子道》篇开始几段论及孝道，所以以"子道"为篇名。但本篇并不限于论述孝道，它也记载了孔子及其学生对其他方面的问题所发表的言论。文中指出孝悌只是人的"小行"，只有追求道义才是"大行"。人能致力于此，则儒者之道，尽在其中，就是大孝。

62. 土崩瓦解

【释义】瓦解：制瓦时先把陶土制成圆筒形，分解为四，即成瓦。比喻事物的分裂，像土崩塌，瓦破碎一样，不可收拾。比喻彻底垮台。

【出处】《鬼谷子·抵巇》："君臣相惑，土崩瓦解而相伐射。"

【考据】鬼谷子（约前400—前320），姓王名诩，又名王禅，道号玄微子。春秋战国时期人，华夏族，额前四颗肉痣，成鬼宿之象。一说春秋战国卫国朝歌人（河南淇县），一说是战国魏国邺地人（河北临漳），一说楚国苦县人（河南郸城）。著名思想家、道家代表人物、兵法集大成者、纵横家的鼻祖，精通百家学问，鬼谷子常入山采药修道。因隐居清溪鬼谷，故自称鬼谷先生。"王禅老祖"是后人对鬼谷子的称呼，为老学五派之一。老学，苏、张（苏秦和张仪）、鬼谷一派，申、韩一派，杨朱一派，庄、列一派，尹文一派。他通天彻地，人不能及。一曰数学，日星象纬，在其掌中，占往察来，言无不验；二曰兵学，六韬三略，变化无穷，布阵行兵，鬼神不测；三曰言学，广记多闻，明理审势，出词吐辩，万口莫当；四曰出世，修真养性，祛病延年，服食导引，平地飞升。二千多年来，兵法家尊他为圣人，纵横家尊他为始祖，算命占卜的尊他为祖师爷，谋略家尊他为谋圣，道教尊其为王禅老祖。鬼谷子的师尊是世界辩证法之父、世界古今十大作家之首老子。

63. 救亡图存

【释义】救：拯救；亡：危亡；图：谋求；存：生存。拯救国家的危亡，谋求国家的生存。

【出处】《鬼谷子·中经》："圣人所贵道微妙者，诚以其可以转危为安，救亡使存也。"

【考据】《鬼谷子·中经》主要说的是如何摆脱困境，救人于危难之中，能做到这些的一定都是具有很强的说服能力，并且道德深厚的人。救助那些被拘捕而身陷囹圄的人，那些被救的人是不会忘记救助者的恩德的。具有很强的说服能力的人，可以多做善事，广施恩惠；施德的人，一定要按照大道来做事；而去救助那些被拘押的人，被拘押的人一旦被救，就会感恩而听命于他们。士人生不逢时，有的在乱世里侥幸免遭兵乱；有的因善辩而受残害；有的揭竿而起成为英雄，有的无辜获罪遭受陷害；有的恪守善道；有的虽遭失败，却自强自立。所以，为人处世，一定要控制他人，而不要被他人控制；因为控制他人就能掌握主动权，而一旦被他人控制，也就只能听天由命了。因此，中经主要就是介绍关于"见形为容，象体为貌，闻声和音，解仇斗郄，缀去，却语，摄心，守义"的方法。《本经阴符》主要讲述的是一般的处世原则，而具体的方法，都在《持枢》《中经》两篇中。

64. 转危为安

【释义】由危险转为平安（多指局势或病情）。

【出处】《鬼谷子·中经》："圣人所贵道微妙者，诚以其可以转危为安，救亡使存也。"

65. 中饱私囊

【释义】指侵吞经手的钱财使自己得利。

【出处】《韩非子·外储说右下》："薄疑谓赵简主曰：'君之国独饱。'简主欣然而喜曰：'何如焉？'对曰：'府库空虚于上，百姓贫饿于下，然而奸吏富矣。'"

【成语故事】春秋后期，晋国的执政大臣赵简子，派税官去收赋税。临行前，税官问赵简子："这次收税的税率是多少？"赵简子回答道："不轻不重最好。税收重了，国家富了，但老百姓穷了；税收轻了，老百姓富了，但国家穷了。你们如果没有私心，这件事就可以做得很好。"这时，有个叫薄疑的人对赵简子说："依我看，您的国家实际上是独饱。"赵简子还以为薄疑说自己的国家很富呢，十分高兴，还故意问薄疑是什么意思。薄疑直截了当地说："您的国家上面国库是空的，下面百姓是穷的，而中间那些贪官污吏都富了。"赵简子听了这话十分吃惊。

66. 邯郸学步

【释义】比喻模仿别人不成，反而把自己原有的技能忘掉了。

【出处】《庄子·秋水》："且子独不闻夫寿陵余子之学行于邯郸与？未得国能，又失其故行矣，直匍匐而归耳！"

【成语故事】战国时，赵国都城邯郸的人以走路姿势优美而著称。有个燕国人来到邯郸，要学习他们如何走路。他发现满街的人走路各异，但都优雅，就见一个学一个。结果，他什么都没学会，连自己原先是如何走路的都忘了，只好爬着回去。唐代大诗人李白曾有"寿陵失本步，笑煞邯郸人"的诗句。成语典故"邯郸学步"即出于这则故事。

有学者研究认为，邯郸学步其实学的不是普通走路的步法，而是学的邯郸舞步。当时在古都邯郸城流行踮屣舞，是一种类似于现代西方芭蕾舞的踮着脚尖跳舞的舞步，非常优美。

67. 一日千里

【释义】指马跑得很快，一天能跑一千里。后比喻发展极快。

【出处】《庄子·秋水》："骐骥骅骝，一日而驰千里，捕鼠不如狸狌。"

《史记·刺客列传》："臣闻骐骥盛壮之时，一日而驰千里；至其衰也，驽马先之。"

《史记·秦本纪》："徐偃王作乱，造父为缪王御，长驱归国，一日千里以救乱。"

【成语故事】故事1：战国时期，燕太子丹在赵国邯郸作人质时，与同在邯郸、尚未做秦王的赵政相处良好。后来，赵政回国做了秦王，太子丹在秦国做人质，秦王政不但没有顾念旧情，反而处处冷待、刁难他。太子丹找机会逃回

105

燕国后一直耿耿于怀，想报复秦王政。但由于国小力弱，难以如愿。不久，秦国出兵攻打齐、楚、韩、魏、赵等国家，渐渐逼近了燕国。燕国国君害怕极了，太子丹也忧愁万分，他向老师鞠武求教，鞠武推荐了好朋友田光，太子丹请来田光，非常恭敬地招待了他，说出了困惑。田光听了一言不发，拉着太子丹走到门外，指着拴在大树旁的马说："这是一匹良种马，在壮年时，一天可以跑千里以上，等到它衰老时，劣马都可以跑在它的前面。您说这是为什么呢？"太子丹说："那是因为它精力不行了。""对呀！现在您听说的关于我的情况，都还是我壮年的事，您不知道我已年老了，精力不行了。"田光停了停又接着说，"当然，虽然有关国家的大事我已无能为力，但我愿向您推荐一个人，我的好朋友荆轲，他能够承担这个重任。"后来，太子丹结交了荆轲，派去行刺秦王，但最后行刺以失败告终。

故事2：造父，嬴姓，伯益的后代，蜚廉四世孙，中国历史上著名善御者。传说他在桃林一带得到8匹骏马，调训好后献给周穆王。周穆王配备了上好的马车，让造父为他驾驶，经常外出打猎、游玩，有一次西行至昆仑山，见到西王母，乐而忘归，而正在这时听到徐国徐偃王造反的消息。周穆王非常着急，在此关键时刻，造父驾车日驰千里，使周穆王迅速返回了镐京，及时发兵打败了徐偃王，平定了叛乱。由于造父立了大功，周穆王便把赵城（今山西洪洞）赐给他，自此以后，造父族就称为赵氏，为赵国始族。几十年后，造父的子孙又因功封于秦（天水），为之后秦国始祖。

68. 独步一时

【释义】形容非常突出，一个时期内没有人能比得上。

【出处】《慎子·外篇》："（蔺相如）谓慎子曰：'人谓秦王如虎，不可触也，仆已摩其顶，拍其肩矣。'慎子曰：'善哉，先生天下之独步也。'"

【成语故事】蔺相如奉赵惠文王之命，带着和氏璧出使秦国，凭借自己超凡的勇气和过人的智慧，保住了和氏璧。既扫了秦王的脸面，保住了赵国的尊严，又得以安全归来，一时间在赵国名声大震。一次他面对自己的朋友慎子，颇为得意地说："人人都说秦王像老虎一样凶残，绝对碰不得，但是这一次，我不但摸过了他的头，还拍过了他的肩。"慎子非常敬佩蔺相如的勇气和智慧，因而称赞说："太好了！先生真是天下独步一时的人啊！"

慎到（约前390—前315），赵国人，《史记》说他专攻"黄老之术"，是从道家中出来的法家创始人物。齐宣王、齐泯王时游学稷下，在稷下学宫讲学多年，享有盛名，对于法家思想在齐国的传播做出了贡献。

69. 集腋成裘

【释义】指狐狸腋下的皮毛虽小，但聚集起来就能制成皮衣。比喻珍贵美好的事物积少成多。

【出处】《慎子·知忠》："故廊庙之材，盖非一木之枝也；粹白之裘，盖非一狐之皮也。"

70. 兼听则明，偏信则暗

【释义】兼：同时涉及或具有几种事物。兼听：多方面听取不同意见。明：明辨是非。暗：糊涂，辨不清事实真相。听取多方面的意见，才能明辨是非；听信单方面的话，就分不清是非。

【出处】《管子·君臣上》："夫民别而听之则愚，合而听之则圣。"

《资治通鉴·唐太宗贞观二年》："上（唐太宗）问魏徵曰：'人主何为而明，何为而暗？'对曰：'兼听则明，偏信则暗。'"

【成语故事】唐太宗问魏徵："君主怎样能够明辨是非，怎样叫昏庸糊涂？"魏徵答："广泛地听取意见就能明辨是非，偏信某个人就会昏庸糊涂。从前帝尧明晰地向下面民众了解情况，所以有苗作恶之事及时掌握。舜帝耳听四面，眼观八方，故共、鲧、欢兜都不能蒙蔽他。秦二世偏信赵高，在望夷宫被赵高所杀；梁武帝偏信朱异，在台城因受贿被下臣侮辱；隋炀帝偏信虞世基，死于扬州之彭城阁兵变。所以人君广泛听取意见，则宦官不敢蒙蔽，下面的情况得以反映上来。"唐太宗说："好啊！"

71. 不翼而飞

【释义】没有翅膀却飞走了，比喻物品忽然丢失，也比喻事情传播得很迅速。

【出处】《管子·戒》："无翼而飞者声也。"

《战国策·秦策三》："众口所移，毋翼而飞。"

【成语故事】战国时，有一年秦王派大将王稽攻打赵国的都城邯郸，一连攻了十七个月，也攻不下城池。王稽非常烦恼，有个名叫庄的人向王稽献计说：

107

"你如果犒赏部下，就可以鼓舞他们的斗志，邯郸攻破是有希望的。"王稽不耐烦地说："我是统帅，只知道服从国王的命令，别的事情管不了那么多。"庄并没有被吓退，继续说道："你这样讲不太对。即使是父亲给儿子下命令，有的可行，有的就不可行……我看你一味媚上欺下，独断专行，轻视士兵已经很久了。我听说，假如有三个人谎称老虎来了，那么听的人就会信以为真；如果有十个人合力弯一个木槌，就能把木槌弄弯；如果大家都口传消息，要求你改变指挥方法，这消息没有翅膀也会飞得很远。这说明众部下的力量是巨大的。因此，你还是赏赐一下你的将士们吧！"王稽还是听不进庄的意见。几天之后秦军果然发生叛乱，严重地影响了战事，秦王处死了王稽。

《管子》基本上是管仲之作的集结。《汉书·艺文志》将其列入子部道家类，《隋书·经籍志》列入法家类，《四库全书》将其列入子部法家类。内容博大精深，大约成书于春秋战国至秦汉时期，汉初有86篇，今本实存76篇，其余10篇仅存目录。包括儒家、法家、阴阳家、名家、兵家和农家的观点，其中以黄老道家著作最多，其次法家著作18篇，其余各家杂之。

72. 以人为镜

【释义】把别人的成败得失作为自己的借鉴。

【出处】《墨子·非攻中》："君子不镜于水而镜于人。镜于水，见面之容；镜于人，则知吉与凶。"

【成语故事】故事1：春秋末期，晋国四分五裂，实权逐渐由智氏、范氏、中行氏、赵氏、韩氏、魏氏六家将军把持。六家间不断互相攻伐。智伯瑶先后灭了范氏和中行氏，又会合三家的兵马，进攻赵襄子。这时，韩康子和魏桓子商议说："赵氏现在的命运，就是我们两家将来的命运。赵氏早晨灭亡了，我们在晚上就会跟着灭亡，赵氏在晚上灭亡了，我们明天早上也就会跟着灭亡。只有我们三家联合起来，共同打败智伯瑶，才能保证我们的安全。"于是韩、魏两家与赵氏里应外合，内外夹击打败了智伯瑶，三家共同瓜分了智氏的土地，壮大了自己，后来都成为战国七雄之一。墨子评论说："有才德的人，不以水为镜子，而是以人为镜子。因为以水为镜子只能照见自己的面容，而以人为镜子才能知道怎样做对自己有利，怎样做对自己不利。"

故事2：《旧唐书·魏徵传》记载：魏徵是隋末唐初著名的政治家，他尽心竭力辅佐唐太宗十七年，始终以谏诤为己任，有时甚至犯颜直谏，阻止或纠正了唐太宗许多错误行为和主张，为"贞观之治"的形成和巩固做出了杰出的贡献。他去世之后，唐太宗伤心地说："以铜作为镜子，可以端正衣冠；以历史作为镜子，可以知道国家的兴亡；以人作为镜子，可以知道自己的得失。现在魏徵去世了，我失去了一面很好的镜子啊！"

73. 邯郸斑鸠

【释义】喻指释放小动物，以积恩德。

【出处】《列子·说符》篇："邯郸之民，以正月之旦，献鸠于简子（赵鞅），简子大悦，厚赏之。客问其故，简子曰：'正旦放生，示有恩也。'客曰：'民知君之欲放之，故竞而捕之，死者众矣。君如欲生之，不若禁民勿捕。捕而放之，恩过不相补矣。'简子曰：'然。'"

【成语故事】战国时，赵简子得邯郸百姓正月初一所献的鸠鸟非常高兴。有人问他为何高兴？他说正月初一放生，正好显示君主恩泽及于万物。

《列子》又名《冲虚经》，是道家重要典籍。列御寇所著，所著年代不详，大体是春秋战国时代。寓言故事丰富，寓道于事。其中有我们较为熟悉的"愚公移山""歧路亡羊"等。

74. 志在四方

【释义】形容有远大的志向和理想。

【出处】秦·孔鲋编撰《孔丛子·儒服》："人生则有四方之志。"

【成语故事】孔子第五代孙孔穿，字子高，出游赵国。在赵国，他和赵胜门下的宾客邹文、季节两人交了朋友。后来孔穿要回鲁国了，邹、季两人上路相送，一直送了三天，陪着走了不少路，总是恋恋不舍。临别的时候，邹文、季节竟难过得流下眼泪，而孔穿只躬身向他俩轻轻一揖，就转身而去。与孔穿同行的人不理解他为什么如此不近人情，孔穿说：起初我以为他们都是大丈夫，想不到这两个人却如此婆婆妈妈，"人生则有四方之志"，怎么能儿女情长，长期聚在一起呢？

75. 大庭广众

【释义】大庭：宽大的场地；广众：为数很多的人群。指聚集很多人的公开场合。

【出处】《孔丛子·公孙龙》:"如此人于广庭大众之中,见侮而不敢斗争。"

【成语故事】战国时期,齐国国君齐暋王自称爱结交士人,他对尹文说为什么齐国没有士人,尹文说士人是指讲忠、孝、信、义的人。齐暋王同意他的看法。尹文问这种士人在大庭广众之下受到欺侮而不敢争斗算好的士人吗?齐暋王表示不愿任用这类人。

公孙龙(前320—前250),字子秉,华夏族。中国战国时期哲学家。名家离坚白派的代表人物。战国末年赵国人。能言善辩,曾为平原君门客。他的观点夸大了事物和概念的差别性,否定了事物和概念的同一性,但他并非通常意义上的诡辩家,其许多观点具有开创性,推动了中国古代逻辑思想的发展。《汉书·艺文志》载公孙龙著《公孙龙子》,是研究公孙龙思想的主要资料。

76. 辅车相依,唇亡齿寒

【释义】辅:颊骨;车:齿床。颊骨和齿床互相依靠。嘴唇没有了,牙齿就会感到寒冷。比喻两者关系密切,相互依存,利害相关。

【出处】《左传·僖公五年》:"谚所谓辅车相依,唇亡齿寒者,共虞、虢之谓也。"

【成语故事】春秋时候,晋献公想扩充实力和地盘,借口说邻近的虢国经常侵犯晋国的边境,要派兵灭了虢国。讨伐虢国必须经过虞地。大夫荀息献计说:"虞国国君是个目光短浅、贪图小利的人,只要我们送他价值连城的美玉和宝马,他不会不答应借道的。"晋献公有点舍不得,荀息又说:"虞、虢两国是唇齿相依的近邻,虢国灭了,虞国也不能独存,您的美玉宝马不过是暂时存放在虞公那里罢了。"晋献公采纳了荀息的计策。虞国国君见到这两个珍贵的礼物,顿时心花怒放,满口答应借道。虞国大夫宫之奇阻止道:"不行,虞国和虢国是唇齿相依的近邻,相互依存,有事可以自彼帮助,虢国灭了,虞国也就难保了。俗话说,'唇亡齿寒',没有嘴唇,牙齿也保不住啊!借道给晋国万万使不得。"虞公说:"人家晋国是大国,现在特意送来美玉宝马和咱们交朋友,难道咱们借条道路让他们走走都不行吗?"宫之奇知道虞国离灭亡的日子不远了,带着一家老小离开了虞国。

果然,晋国军队消灭了虢国后又灭了虞国。

《左传》相传是春秋末年鲁国的左丘明为《春秋》做注解的一部史书,与

《公羊传》《穀梁传》合称"春秋三传"。也是中国第一部叙事详细的编年体史书，共三十五卷，是儒家经典之一，在四库全书中列为经部。记述范围从公元前722年（鲁隐公元年）至公元前468年（鲁哀公二十七年）。主要记载了东周前期254年间各国政治、经济、军事、外交和文化方面的重要事件和重要人物，是研究中国先秦历史很有价值的文献，也是优秀的散文著作。

77. 北门锁钥

【释义】原指北城门上的锁和钥匙。后借指北部的边防要地和重镇。比喻负责守卫某一要地的重任。

【出处】《左传·僖公三十二年》："杞子自郑使告于秦曰：'郑人使我掌其北门之管，若潜师以来，国可得也。'"杜预注："管，钥也。"

宋代王君玉《国老谈苑》二卷："寇准镇大名府，北使路由之，谓公曰：'相公望重，何以不在中书？'准曰：'主上以朝廷无事，北门锁钥，非准不可。'"

【成语故事】故事1：春秋时期，秦国派杞子、逢孙、杨孙三人领军驻守郑国，美其名曰为：帮助郑国守卫其国都。公元628年，杞子秘密报告秦穆公，说他已掌握了郑国国都北门的钥匙，如果秦国进攻郑国，他将协作内应。秦穆公接到密报后，觉得机不可失，便不听大夫蹇叔的劝阻，立即派孟明、西乞术、白乙丙三位将军率兵进攻郑国。蹇叔的儿子也随部队出征，蹇叔哭着说："你们一定会在殽这个地方遭军队抵御，到时我来收你的尸。"秦军经过长途跋涉来到离郑国不远的滑国，碰到郑国商人弦高。弦高一面派人向郑穆公报告，一面到秦军中谎称"我们君王知道你们要来，特派我送来一批牺畜来犒劳你们"。弦高的举动引起了袭郑秦军的怀疑，担心郑国已做好了准备，犹豫不决。郑穆公接到了弦高的报告后，急忙派人查看，果然看见杞子的军队"束载、厉兵、秣马矣"，完全处于一种作为内应的作战状态。郑穆公派皇子向杞子说："很抱歉，恕未能好好款待各位。你们的孟明就要来了，你们跟他走吧！"杞子等人见事情已经败露，便分别逃往齐国和宋国去了。孟明得知此消息后，也怏怏地下令撤军。

故事2：大名府始建于宋仁宗庆历年间，毁于十五世纪初，历359个春秋，是当时黄河北面一座重要的军事重镇，有"控扼河朔，北门锁钥"之势。坚守住大名，就堵塞了敌人南渡黄河的通道。宋仁宗采纳了吕夷简的正确主张，于当年五月就把大名府建为都城，定名"北京"。《水浒传》中称它"城高地险，堑阔濠深"；"鼓楼雄壮""人物繁华"；"千百处舞榭歌台，数万座琳宫梵宇"；"千员猛将统层城，百万黎民居上国"。众多名人贤士曾来这座城里治政安邦。单就唐、宋两朝，就有田承嗣、何进滔、狄仁杰、乐彦祯、罗弘信、寇准、王钦若、吕夷简、韩琦、欧阳修等名臣，在这里相继供职。可谓人才迭出，享誉古今。

78. 畏首畏尾

【释义】畏：怕，惧。前也怕，后也怕。比喻做事胆子小，顾虑多。

【出处】《左传·文公十七年》："古人有言曰：'畏首畏尾，身其余几？'"

【成语故事】晋灵公11年（前610），晋灵公在扈和一些诸侯会盟。郑穆公想参加这一盛会，主盟人晋灵公却拒绝和郑公相见，原因是晋公认为郑国和楚国勾结，对晋国怀有二心。郑国的大臣子家派信使去晋国，给执政大夫赵盾（赵国国君的先人）捎去一封信，信中说，郑穆公即位以来和晋国一直是友好的，即使面对楚国强大的压力，也从来不敢对晋国三心二意。信中还反驳了晋君对郑国的无理指责，接着用强硬的口气说："古人有言说：'畏首畏尾，身其余几（怕头怕尾，剩下来的身子还有多少）？'又说：'鹿死不择音（鹿到临死前顾不上发出好听的鸣声）。'小国事奉大国，如果大国以德相待，那它就会像人一样恭顺……"信中接着说，"如果大国待之非礼，小国就会像鹿一样铤而走险，哪儿还能顾得上有所选择？贵国的命令没有标准，我们也知道面临灭亡了，只好准备派出敝国的士兵严阵以待。今后，到底该怎么办，就听凭您的命令吧。"赵盾看信中言之有理，劝晋灵公收回拒绝郑穆公参加会盟的成命。这段故事产生了"畏首畏尾"和"铤而走险"两个成语。

79. 铤而走险

【释义】铤：急走的样子；走险：奔赴险处。指在无路可走的时候采取冒险行动。

【出处】《左传·文公十七年》："铤而走险，急何能择？"

80. 人非圣贤，孰能无过

【释义】意思是一般人不是圣人和贤人，谁能不犯错？错了能够改正，没有比这更好的了。

【出处】《左传·宣公二年》:"人谁无过,过而能改,善莫大焉。"

【成语故事】晋灵公生性残暴,时常借故杀人。一天,厨师送上来的熊掌炖得不透,他就残忍地当场把厨师处死。正好,尸体被赵盾、士季两位正直的大臣看见。他们了解情况后,非常气愤,决定进宫去劝谏晋灵公。士季先去朝见,晋灵公从他的神色中看出是为自己杀厨师这件事而来的,便假装没有看见他。直到士季往前走了三次,来到屋檐下,晋灵公才瞟了他一眼,轻描淡写地说:"我已经知道自己所犯的错误了,今后一定改正。"士季听他这样说,也就用温和的态度道:"谁没有过错呢?有了过错能改正,那就最好了。如果您能接受大臣正确的劝谏,就是一个好的国君。"但是,晋灵公并非是真正认识自己的过错,行为残暴依然故我。相国赵盾屡次劝谏,他不仅不听,反而十分讨厌,竟派刺客去暗杀赵盾。不料刺客不愿去杀害正直忠贞的赵盾,宁可自杀。晋灵公见此事不成,便改变方法,假意请赵盾进宫赴宴,准备在席间杀他。但结果赵盾被卫士救出,他的阴谋又未能得逞。最后这个作恶多端的国君,终于被赵盾的弟弟赵穿杀死。

81. 董狐直笔

【释义】董狐:春秋时晋国的史官。直笔:根据事实,如实记载。指敢于秉笔直书,尊重史实,不阿权贵的正直史家。

【出处】《左传·宣公二年》:"乙丑,赵穿攻灵公于桃园。宣子未出山而复。太史书曰,'赵盾弑其君',以示于朝。宣子曰:'不然。'对曰:'子为正卿,亡不越竟,反不讨贼,非子而谁?'""孔子曰:'董狐古之良史也,书法不隐。'"

【成语故事】董狐,春秋晋国太史,亦称史狐。周太史辛有的后裔,因董督典籍,故姓董氏。据说今翼城县东50里的良狐村,即其故里。董狐秉笔直书的事迹,实开我国史学直笔传统的先河。

《左传》宣公二年记载,晋灵公夷皋聚敛民财,残害臣民,举国上下为之不安。作为正卿的执政大臣赵盾,多次苦心劝谏,灵公非但不改,反而肆意残害。他先派人刺杀赵盾,未遂,又于宴会上伏甲兵袭杀,未果。赵盾被逼无奈,只好出逃。当逃到晋国边境时,听说灵公已被其族弟赵穿带兵杀死,于是返回晋都，继续执政。董狐以"赵盾弑其君"记载此事，并宣示于朝臣，以示笔伐。赵盾辩解，说是赵穿所杀，不是他的罪。董狐申明理由说："子为正卿，亡不越境，反不讨贼，非子而谁？"意思是他作为执政大臣，在逃亡未过国境时，原有的君臣之义就没有断绝，回到朝中，就应当组织人马讨伐乱臣，不讨伐就未尽到职责，因此"弑君"之名应由他承当。当时的史官与后世大有不同，他们既典史策，又充秘书，即协助君臣执行治国的法令条文。传宣王命，记功司过，兼有治史和治政的双重任务，是具有褒贬臧否大权的文职大臣。当时记事的"书法"依礼制定，礼的核心在于维护君臣大义，赵盾不讨伐弑君乱臣，失了君臣大义，故董狐定之以弑君之罪。对此，孔子大加赞扬，称董狐为"书法不隐"的"古之良史"，后世据以称之为"良狐"。因为在礼崩乐坏的春秋时期，权臣掌握国命，有着生杀予夺的大权。坚持以礼义为违合的书法原则，往往会招来杀身之祸。齐国太史就因写了权臣崔杼的"弑君"之罪，结果弟兄二人接连被杀。董狐直笔的精神已为后世正直史官坚持不懈地继承下来，随着时代的发展，直笔的含义逐渐摆脱了以礼义违合为内容的书法局限，从司马迁开始，赋予了它"不虚美、不隐恶"的实录精神，具备了唯物史观的实质。

82. 不可逾越

【释义】逾：超过。不能超过或不能越过。

【出处】《左传·襄公三十年》："门不容车，而不可逾越。"

【成语故事】鲁襄公死的时候，郑国相国子产跟随郑简公到晋国，晋平公因为是丧期，没有立即接见，而是让他们一直待在宾馆里，车马也不能进门。子产吩咐手下，把晋国宾馆的围墙全部拆掉，让车马进去。晋国大夫文伯知道后，责备子产说："敝国的治安没有搞好，盗贼很多，您把围墙拆掉，以后别国宾客又怎么办呢？如果都把围墙拆掉，叫我们怎么满足大家的需要呢？国君要我来请教拆墙的理由。"子产回答："敝国国土狭小，又处在大国中间，大国勒索贡物没有一定的时间，敝国国君不敢偷安，把搜刮的全部财物，亲自带来朝会，不料贵国国君没有工夫接见，又不知道进见的日期。带着的财物，既不敢冒昧送呈，又不敢让它日晒夜露。不按照仪式，我们是不敢随便奉献的。宾客来到晋国，就好像回到自己家里一样，不怕盗贼，也不必担心风雨侵袭。现在，晋君招待诸侯的宾馆简陋得连车辆也进不去。盗贼横行，传染病又不能防止。接见宾客没有一定的时间，连召见的命令也不知道什么时候发布。要是不把围墙拆掉，让车辆进入宾馆，那么带来的财礼无法收藏保存，反而要加重罪过了。斗胆请教，我们该怎么办呢？虽然你们国君为了鲁国的丧事不接见宾客，可是敝国跟鲁国也是同姓，也同样感到悲伤啊！如果能够早一点献上礼物，我们一定把围墙修好，然后告辞。大夫文伯回去报告执政大臣赵文子。赵文子说："这的确是我们不好。用如同奴仆居住的房屋来接待诸侯，罪过啊！"便差文伯去赔罪，承认自己不明事理。接着，晋平公接见了郑简公，宴会特别隆重，赠送更加丰厚，然后以礼送他们回国。不久，晋国就新建了招待诸侯的宾馆。

83. 天经地义

【释义】经：道，原则；义：正理。绝对正确，不能改变的道理。比喻理所当然，不可置疑。

【出处】《左传·昭公二十五年》："夫理，天之经也，地之义也，民之行也。"

【成语故事】公元前520年周景王姬贵死后，按习俗应由正夫人所生的世子姬敬继位。但是，景王生前曾与大夫宾孟商讨过，打算立非正夫人所生的长子姬朝为世子。于是发生了激烈的王位之争。晋顷公召集各诸侯国的代表在黑壤盟，商讨如何使王室安宁。参加商讨的有晋国的赵鞅、郑国的游吉、宋国的乐大心等。会上，赵鞅向游吉请教什么叫"礼"。游吉回答说："我国的子产大夫在世时曾经说过，礼就是天之经，地之义，也就是老天规定的原则，大地施行的正理！它是百姓行动的依据，不能改变，也不容怀疑。"赵鞅对游吉的回答很满意，表示一定要牢记这个道理。其他诸侯国的代表听了，也大都表示有理。接着，赵鞅提出各诸侯国应全力支持敬王，为他提供兵卒、粮草，并且帮助他把王室迁回王城。后来，晋国的大夫率领各诸侯国的军队，帮助敬王恢复王位，结束了周室的王位之争。

赵简子（？—前476），春秋时期晋国赵氏的领袖，原名赵鞅，又名志父，亦称赵孟。《赵氏孤儿》中的孤儿赵武之孙。晋昭公时，公族弱，大夫势力强，赵简子为大夫，专国事，致力于改革，为后世魏文侯李悝变法、秦孝公商鞅变法和赵武灵王改革首开先河。他是杰出的政治家、军事家、外交家、改革家，战国时代赵国基业的开创者，郡县制社会改革的积极推动者，先秦法家思想的实践者，对春秋战国的历史发展起了推波助澜的作用，与其子赵无恤（即赵襄子）并称"简襄之烈"。

二、秦汉时期

84. 按兵不动

【释义】控制住军队，暂不行动，泛指接受任务后不肯行动。常用以表示持观望态度而不行动。

【出处】《吕氏春秋·恃君览·召类》："赵简子将袭卫，使史默往睹之。期以一月，六月而后反。赵简子曰：'何其久也？'史默曰：'……其佐多贤也！'赵简子按兵而不动。"

【成语故事】春秋末期，诸侯争霸。卫国不满长期以来受着强大晋国的压迫，卫灵公毅然投靠了与晋国同样强大的齐国，缔约结盟。晋国的执政卿赵鞅十分恼怒，集结大军准备讨伐卫国。出发前，赵鞅先派大夫史默出使卫国，暗中调查卫国内部的情况，并约好在一个月后回来报告，可是，两个月过去了，史默仍旧没有消息，晋国内部也开始议论纷纷，认为卫国只不过是一个弱小的国家，不如干脆出兵，一举击破，赵鞅不敢草率采取行动。就这样等了半年之久，史默终于回来了，他汇报说：经过六个月的观察，卫灵公很有才干，国内贤臣很多，人民拥戴，举国上下团结一心。如果依靠武力使卫国屈服，是要付出巨大的代价的。半年来始终寻找不到卫国的弱点，所以只好回来。赵鞅听后暂时打消了攻打卫国的念头，按兵不动，等待时机。

《吕氏春秋》是在秦国丞相吕不韦主持下，集合门客们编撰的一部黄老道家名著，成书于秦始皇统一中国前夕。以儒家学说为主干，以道家理论为基础，以名、法、墨、农、兵、阴阳家思想学说为素材，熔诸子百家学说为一炉。吕不韦想以此作为大一统后的意识形态。但后来执政的秦始皇却选择了法家思想。《吕氏春秋》集先秦道家之大成，因注重博采众家，《汉书·艺文志》等将其列入杂家。

85. 大公无私，公而忘私

【释义】指办事公正，没有私心。现多指从集体利益出发，毫无个人打算。

【出处】《吕氏春秋·去私》："子，人之所私也；忍所私以行大义，巨子可谓公矣。"

《春秋左传·襄公三年》："祁奚于是能举善矣。称其仇,不为谄。立其子,不为比。举其偏,不为党。《商书》曰:'无偏无党,王道荡荡。'其祁奚之谓矣!"

【成语故事】故事1:有个很有名望的墨家巨子叫腹䵍,住在秦国,他的儿子杀了人。秦惠王说:"先生的年岁大了,也没有别的儿子,我已经命令官吏不杀他了。先生在这件事情上要听我的。"腹䵍回答说:"墨家的法规规定:'杀人的人要处死,伤害人的人要受刑。'这是用来禁绝杀人伤人,是天下的大义。君王虽然为这事加以照顾,让官吏不杀他,我不能不行施墨家的法规。"腹䵍没有答应秦惠王,就杀掉了自己的儿子。儿子,是人们所偏爱的;忍心割去自己所偏爱的而推行大义,腹䵍可称得上大公无私了。

故事2:春秋时,晋平公有一次问祁黄羊说:"南阳县缺个县长,你看,应该派谁去当比较合适呢?"祁黄羊毫不迟疑地回答说:"解狐去最合适了,他一定能够胜任的!"平公惊奇地又问他:"解狐不是你的仇人吗?你为什么还要推荐他呢!"祁黄羊说:"你只问我什么人能够胜任,谁最合适,你并没有问我解狐是不是我的仇人呀!"于是,平公就派解狐到南阳县去上任了。解狐到任后办了不少好事,大家都称颂他。过了一些日子,平公又问祁黄羊说:"现在朝廷里缺少一个法官。你看,谁能胜任这个职位呢?"祁黄羊说:"祁午能够胜任的。"平公又奇怪起来了,问道:"祁午不是你的儿子吗?你怎么推荐你的儿子,不怕别人讲闲话吗?"祁黄羊说:"你只问我谁可以胜任,所以我推荐了他,你并没有问我祁午是不是我的儿子呀!"平公就派了祁午去做法官。祁午当上了法官,很受人们的欢迎与爱戴。孔子听到这两件事后说:"祁黄羊推荐人,完全是拿才能做标准,不因为他是自己的仇人,心存偏见,便不推荐他;也不因为他是自己的儿子,怕人议论,便不推荐。像祁黄羊这样的人,才够得上说'大公无私'啦!"

86. 指鹿为马

【释义】指着鹿,说是马。比喻故意颠倒黑白,混淆是非。

【出处】《史记·秦始皇本纪》:"赵高欲为乱,恐群臣不听,乃先设验,持鹿献于二世,曰:'马也。'二世笑曰:'丞相误邪?谓鹿为马。'问左右,左右或默,或言马以阿顺赵高。"

【成语故事】秦二世时,丞相赵高野心勃勃,日夜盘算着要篡夺皇位。可朝中大臣有多少人能听他摆布,有多少人反对他,他心中没底。他想试一试自己的威信,同时也可以摸清敢于反对他的人。一天上朝时,赵高让人牵来一只鹿,满脸堆笑地对秦二世说:"陛下,我献给您一匹好马。"秦二世一看,便笑着对赵高说:"丞相搞错了,这里是一只鹿,你怎么说是马呢?"赵高面不改色心不慌地说:"请陛下看清楚了,这的的确确是一匹千里好马。"秦二世又看了看那只鹿,将信将疑地说:"马的头上怎么会长角呢?"赵高一看时机到了,转过身,用手指着众大臣们,大声说:"陛下如果不信我的话,可以问问众位大臣。"大臣们都被赵高的一派胡言搞得不知所措!当看到赵高脸上露出阴险的笑容,大臣们忽然明白了他的用意。一些胆小又有正义感的人都低下头,不敢说话,因为说假话,对不起自己的良心,说真话又怕日后被赵高所害。有些正直的人,坚持认为是鹿而不是马。还有一些平时就紧跟赵高的奸佞之人立刻表示拥护赵高的说法,对皇上说,"这的确是一匹千里马"!事后,赵高通过各种手段把那些不顺从自己的正直大臣纷纷治罪,甚至满门抄斩。

87. 高世之功

【释义】超常的丰功伟绩。

【出处】《史记·赵世家》:"夫有高世之功者,必负遗俗之累;有独智之虑者,必被庶人之怨。"

【成语故事】赵武灵王决心实行"胡服骑射"改革,他认为凡有"高世之功"者,必因破除旧制而被守旧之人反对;有独特智慧的人,必受到傲慢不讲理的人的怨恨。大臣肥义说:"疑事无功,疑行无名。"王既决心改革,休怕他人议论。武灵王在肥义等支持下,便下令实行"胡服骑射"。

88. 轻虑浅谋

【释义】考虑不全面,计划不周密。

【出处】《史记·赵世家》:"夫小人有欲,轻虑浅谋,徒见其利而不顾其害,同类相推,俱入祸门。"

【成语故事】赵文王三年,赵国消灭了中山国,举国欢庆,并封长子章在安阳郡,由田不礼辅佐。由于二人一向怀有篡逆之心,引起了朝中正直大臣的担忧。一天，李兑跟肥义说："公子章强壮而意志骄横，党羽众多，欲望很大；而田不礼为人狠毒，贪婪无度，两人彼此合谋，一定要生出作乱的事端。古人说'小人有欲，轻虑浅谋'，徒见其利而不顾其害，到头来互相鼓动作乱，我们得时时提防才行。""他们叛乱的中心是要权要势，你正是灾祸集中的目标，必然先遭祸害。为什么你不称病不出，把权力交给公子章，却偏要成为灾祸攀登的阶梯呢？"肥义听了很不以为然："我接受了委托，并记录在典册上，假如我畏惧作乱，怎么对得起前人？变心臣子，罪大恶极，连刑法都不能容忍，况且贞节之臣必待灾祸来临，才能显示操守；尽心之臣必待大难临头，才会彰明本色，我决不违背自己的誓言。"李兑流泪告别了肥义。此后，公子章和田不礼果然作乱，并杀害了肥义。

89. 价值连城

【释义】价：价格。连城：连成一片的城池。形容物品极为珍贵，价值极高。

【出处】《史记·廉颇蔺相如列传》："赵惠文王时，得楚和氏璧。秦昭王闻之，使人遗赵王书，愿以十五城请易璧。"

【成语典故】和氏璧是历史上著名的美玉，在它流传的数百年间，被奉为"价值连城"的"天下所共传之宝"。春秋时，楚人卞和在楚山（一说荆山，今湖北南漳县），看见有凤凰栖落在山中的青石板上，依"凤凰不落无宝之地"之说，他认定山上有宝，经仔细寻找，终于在山中发现一块玉璞。卞和将此璞献给楚厉王。然而经玉工辨认，璞被判定为石头，厉王以为卞和欺君，下令断卞和左脚，逐出国都。武王即位，卞和又将璞玉献上，玉工仍然认为是石头，可怜卞和又被砍去右足。及楚文王即位，卞和怀揣璞玉在楚山下痛哭了三天三夜，以致满眼溢血。文王派人问他："天下被削足的人很多，为什么你如此悲伤？"卞和感叹道："我并不是因为被削足而伤心，而是因为宝石被看作石头，忠贞之士被当作欺君之臣，是非颠倒而痛心啊！"文王直接命人剖璞，得到了一块无瑕的美玉。为奖励卞和的忠诚，美玉被命名为"和氏之璧"，这就是后世传说的和氏璧。楚王得此美玉，奉为宝物珍藏起来。又过了400余年，楚威王为表彰有功忠臣，特将和氏璧赐予相国昭阳。昭阳率宾客游赤山时，出玉璧供人观赏，不料众人散去后，和氏璧不翼而飞。50余年后，赵国人缪贤在集市上用五百金购得一块玉。令人始料未及的是，经玉工鉴别，此玉就是失踪多年的和氏璧。赵惠文王听说和氏璧在赵国出现，遂据为己有。秦昭王获悉此事后，致信赵王说，愿以秦国十五座城池换取玉璧。赵王慑于秦国威力，派蔺相如奉璧出使秦国。机智过人的蔺相如不辱使命，设计取回玉璧，送回赵国。公元前228年，秦灭赵，和氏璧最终还是落入秦国手中，从此从历史记载中消失了。传说中秦始皇统一六国后，将和氏璧制成了传国玉玺。

90. 完璧归赵

【释义】本指蔺相如将和氏璧完好地自秦国送回赵国邯郸，现在比喻把物品完好地归还给原主。

【出处】《史记·廉颇蔺相如列传》

【成语故事】战国时候，赵王得到了一块名贵宝玉"和氏璧"。这件事情让秦昭襄王知道了，他写信派人去见赵王，说愿意用十五座城来换宝玉。赵王很为难，跟大臣们商量。蔺相如说："大王，让我带着'和氏璧'去见秦王吧。我会见机行事，如果秦王不肯用十五座城来交换，我一定把'和氏璧'完整地带回来。"赵王知道蔺相如是个又勇敢又机智的人，就同意了。蔺相如到了秦国，秦王在王宫里接见了他。蔺相如双手把"和氏璧"献给秦王。秦王接过来左看右看，非常喜爱，又传给大臣们、后宫的美女们去看。蔺相如等了很久，也不见秦王提起割让十五座城的事儿，知道秦王根本没有用城换宝玉的诚意。他走上前去说："这块'和氏璧'看着虽然挺好，可是有一点小毛病，让我指给大王看。"秦王赶紧叫人把宝玉从后宫拿来。蔺相如拿着"和氏璧"往后退了几步，身子靠在柱子上，气冲冲地对秦王说："当初大王差人送信给赵王，说情愿拿十五座城来换赵国的'和氏璧'。赵国大臣都说，千万别相信秦国骗人的话，我可不这么想，我说老百姓还讲信义呐，何况秦国的大王哩！赵王听了我的劝告，这才派我把'和氏璧'送来。方才大王把宝玉接了过去，随便交给下面的人传看，却不提起换十五座城的事情。这样看来，大王确实没有用城换璧的真心。现在宝玉在我的手里。如果大王硬要逼迫我，我情愿把自己的脑袋跟这块宝玉一块儿碰碎在这根柱子上！"说着，蔺相如举起"和氏璧"，对着柱子，就要摔过去。秦王想叫武士去抢，又怕蔺相如真的把宝玉摔碎，连忙赔不是说："大夫不要着急，我说的话怎么能不算数哩！"说着叫人把地图拿来，假惺惺地说：

"从这儿到那儿，一共十五座城，都划给赵国。"蔺相如明知秦王没有诚意，就说："这块'和氏璧'是天下有名的宝贝。我送它到秦国来的时候，赵王斋戒了五天，还在朝廷上举行了隆重的送宝玉的仪式。现在大王要接受这块宝玉，也应该斋戒五天，在朝廷上举行接受宝玉的仪式，我才能把宝玉献上。"秦王只能答应并派人送蔺相如到宾馆去休息。蔺相如派手下人乔装成买卖人的样儿，带着宝玉偷偷地从小道跑回到邯郸去了。过了五天，秦昭襄王在朝堂举行接受和氏璧的仪式，叫蔺相如上朝。蔺相如不慌不忙地走上殿去，向秦昭襄王行了礼。秦昭襄王说："我已经斋戒五天，现在你把璧拿出来吧。"蔺相如说："秦国自秦穆公以来，前后二十几位君主，没有一个讲信义的。我怕受欺骗，丢了璧，对不起赵王，所以把璧送回邯郸去了。请大王治我的罪吧。"秦昭襄王大发雷霆。蔺相如却镇静地说："天下诸侯都知道秦是强国，赵是弱国。只有强国欺负弱国，绝没有弱国欺压强国的道理。大王真想要那块璧的话，请先把那十五座城割让给赵国，然后打发使者跟我一起到赵国去取璧。赵国得到了十五座城以后，绝不敢不把璧交出来。"秦昭襄王虽然恼怒，但不好翻脸，只得说："不过是一块璧，不应该为这件事伤了两家的和气。"蔺相如回到赵国，赵惠文王认为他完成了使命，就提拔他为上大夫。

91. 怒发冲冠

【释义】指愤怒得头发直竖，顶着帽子。形容极端愤怒。

【出处】《史记·廉颇蔺相如列传》："相如因持璧却立倚柱，怒发上冲冠。"

92. 渑池之功

【释义】渑池：古城名，在今河南渑池县南。本指战国时赵国蔺相如在渑池会上不畏秦王，为赵国立下功勋。后泛指为国立下巨大功勋。

【出处】出自《史记·廉颇蔺相如列传》。

93. 攻城野战

【释义】攻打城池，野外作战。

【出处】《史记·廉颇蔺相如列传》："廉颇曰：'我为赵将，有攻城野战之大功，而蔺相如徒以口舌为劳，而位居我上，且相如素贱人，吾羞，不忍为之下。'"

【成语故事】渑池会结束以后，由于蔺相如功劳大，被封为上卿，位在廉颇之上。廉颇说:"我是赵国将军,有攻城野战的大功,而蔺相如只不过靠能说会道立了点功,可是他的地位却在我之上,况且相如本来是卑贱之人,我感到羞耻,在他下面我难以忍受。"并且扬言说,"我遇见相如,一定要羞辱他。"蔺相如听到后,不肯和他相会。

94. 负荆请罪

【释义】背着荆条向对方请罪,表示主动向人认错赔罪,请求责罚。负:背着;荆:荆条,古时用来抽打犯人的刑具。

【出处】《史记·廉颇蔺相如列传》:"廉颇闻之,肉袒负荆,因宾客至蔺相如门谢罪曰:'鄙贱之人,不知将军宽之至此也。'"

95. 刎颈之交

【释义】比喻可以同生死、共患难的朋友。

【出处】《史记·廉颇蔺相如列传》:"卒相与欢,为刎颈之交。"

【成语故事】廉颇因"完璧归赵"有功而被封为上卿,位居廉颇之上。廉颇因此很不服气,扬言要当面羞辱蔺相如。蔺相如知道以后,就处处避着他。蔺相如的门客以为他畏惧廉颇,然而蔺相如说:"秦国不敢侵略我们赵国,是因为有我和廉将军。我对廉将军的忍让,是把国家的危难放在前面,把个人的私仇放在后面啊!"这番话传到廉颇的耳中,廉颇十分惭愧,就脱去了上衣,背上绑着一根荆杖,步行到蔺相如的家跪着请罪,蔺相如见了,亲自为他拿掉荆杖,请他穿上衣服,两人谈得十分畅快,从此成了生死相交的好朋友。

96. 纸上谈兵

【释义】在纸面上谈论打仗。比喻空谈理论,不能解决实际问题。也比喻空谈不能成为现实。

【出处】《史记·廉颇蔺相如列传》

【成语故事】战国时期,赵国大将赵奢有一个儿子名叫赵括,赵括从年轻的时候起就学习兵法,谈起用兵打仗的事,认为天下没有人能够抵挡他。因此很骄傲,自以为天下无敌。然而赵奢却很替他担忧,认为他不过是纸上谈兵,并且说:"将来赵国不用他为将就罢了,如果用他为将,一定会使赵军遭受失败。"果然,公元前259年,秦军再犯,赵军在长平坚持抗敌。当时廉颇负责指挥全军,使得秦军无法取胜。秦军自知久拖不利,便散布"秦军最害怕赵括"的话。

赵王上了当，让赵括顶替了廉颇的职位。赵括自认为很会打仗，便照搬兵书，完全改变了廉颇的作战方式，使得四十万赵军被歼灭，自己也中箭身亡。

97. 胶柱鼓瑟

【释义】用胶把瑟上的弦柱粘住以后奏琴，柱不能移动，就无法调弦。比喻固执拘泥，不知灵活变通。

【出处】《史记·廉颇蔺相如列传》："王以名使括，若胶柱而鼓瑟耳。括徒能读其父书传，不知合变也。"

【成语故事】赵孝成王听信了秦国间谍散布的谣言：秦军最怕马服君赵奢的儿子赵括担任将军。用赵括代替廉颇为将。蔺相如劝阻说，大王凭名声用赵括，就像是用胶把瑟上的弦柱粘住来弹瑟，音调不能变通一样，他不懂得随机应变。赵王不听。结果，赵军被秦军打败，40万大军被活埋，赵国几乎灭亡。

98. 市道之交

【释义】指买卖双方之间的关系。比喻人与人之间以利害关系为转移的交情。

【出处】《史记·廉颇蔺相如列传》："廉颇之免长平（今山西高平县西北）归也，失势之时，故客尽去。乃复用为将，客又复至。廉颇曰：'客退矣！'客曰：'吁！君何见之晚也？夫天下以市道交，君有势，我则从君，君无势则去，此固其理也，有何怨乎？'"

【成语故事】秦赵长平之战爆发，赵孝成王拜廉颇为将领兵20万迎战秦军。廉颇从战情的实际出发，采用了"坚壁持久"之策，眼看拖得远离本土的秦军已溃不成军。可就在这时赵孝成王中了秦国的"反间"之计，改用赵括为将。被罢了官的廉颇回到了邯郸。这时候，拜访和奉承的人一个也不见来了。那些朝臣显贵不来，就是文人贤士也不来。廉颇府上的大门不仅夜间关着，白天也不见开了。因赵括只会"纸上谈兵"，长平大败，一夜之间，秦国坑杀赵国大军40多万。这场战役结束之后不久，燕国的相国栗腹认为：赵国年富力强的人全死在长平，他们的孤幼尚未长大，很适合发兵去攻打。燕王采纳了栗腹的计谋，举兵攻赵。赵孝成王又起用廉颇为将，带兵去迎击燕军，在高地一带摆开了战场。廉颇不愧为名将，高地一仗打得很好，不仅把燕兵打得溃不成军，杀死了燕国相国栗腹，又乘胜进兵，围攻其都城。结果，燕国提出以割五座城给赵国

123

作为求和的条件,赵军才答应退兵。这一仗结束后,赵孝成王把尉文邑封给廉颇,号称"信平君",并又使廉颇代行相国的职务。廉颇的声望又高了起来。这样一来,那些因廉颇被免职而不再登门的拜访和奉承的人,又陆陆续续登门拜访和奉承来了……廉颇是个正直的人,很看不惯这些人的市侩作风。于是下了逐客令:"喂!诸位,你们还是请回去吧!"这时候,有一个客人站出来对廉颇说:"廉将军,你得势时,我们来追随你;失势时,我们就离去。天下人以利害相交往,这是很自然的事。你何必怨恨与发火呢?""唉!"廉颇没什么好说,只是叹了一口气。

99. 布衣之交

【释义】平民之间的交往、友谊。也指显贵与无官职的人相交往。

【出处】《史记·廉颇蔺相如列传》:"臣以为布衣之交尚不相欺,况大国乎!"

【成语故事】一次,孟尝君的一个门客和他夫人有私情,有人就把这件事情告诉孟尝君。孟尝君想了想,叹了口气说:"所谓爱美之心人皆有之,这也算是人之常情啊,算了,以后别再提这件事了。"

过了一年,孟尝君召见那个门客说:"您投到我的门下时间也不短了,显贵之位怕是一时难得,普通官位呢,您又不愿做。我为先生打算,给您准备好了车马、皮裘、缯帛等见面礼物,希望您去同卫嗣君交朋友,卫嗣君和我是布衣之交,一定不会亏待先生的。"因为门客的身份是布衣,所以孟尝君就用了"布衣之交"一词,是一种自谦的说法,形容自己和卫嗣君之间的交情很好。言辞之间,孟尝君也顾及对方的自尊心,这确有过人之处。果然,门客到了卫国以后,卫嗣君很器重他。但后来,齐国和卫国关系闹僵了,卫嗣君便想联合诸侯之军进攻齐国。门客听说后,来对卫嗣君说:"当初,我欺骗了孟尝君,至今愧疚不已。我听说齐、卫两国曾经歃血为盟,希望您不要违背誓言。如果您一定要背信弃义,攻打孟尝君,五步之内,我的血也可以溅到您的身上。"

100. 两鼠斗穴

【释义】比喻敌对双方在地势险狭的地方相遇,只有勇往直前的才能获胜。

【出处】《史记·廉颇蔺相如列传》:"其道远险狭,譬之犹两鼠斗于穴中,将勇者胜。"

【成语故事】战国时期，秦国出兵攻伐韩国，屯兵于阏与。赵王召廉颇问可否救韩，廉颇认为道远险狭难救。赵王又召问乐乘，乐乘与廉颇的观点一致。赵王又召问赵奢，赵奢说："其道远险狭，譬之犹两鼠斗于穴中，将勇者胜。"

101. 奉公如法，奉公守法

【释义】奉行公事，遵守法纪，指遵守国家的法律、法令，不违法徇私。

【出处】《史记·廉颇蔺相如列传》："以君之贵，奉公如法则上下平。"

【成语故事】春秋战国时期，赵国大将赵奢是个足智多谋的人，他英勇善战，屡战屡胜，建立了显赫的功勋。赵惠文王封赵奢为马服君，官列上卿。赵奢原来是一个普通的收取田税的官吏。他对赵王一片忠心，收税时大公无私，一视同仁。有一次，他来到惠文王之弟、平原君赵胜家收取田税，但是赵胜的管家仗势欺人，戏弄赵奢，拒付税款。赵奢并不怕赵胜的权势，他毫不客气地，果断地处理了这件事，且依照赵国法令杀了那些无事生非的闹事者。赵胜听说后，怒气冲天，一定要赵奢抵命，以显示他的权势。赵奢得知赵胜的想法后，马上去找了赵胜，真心诚意地说明了他身为朝廷官员，就应该以身作法的事情。赵胜听了这番话，惭愧万分，继而转怒为喜，将赵奢保举给赵惠文王，赵王封了他一个掌管整个赵国税收的官。赵奢上任后，没有仗着权势欺压百姓，仍然公正、无私地处理一切事务。后来，赵奢又被赵王任命为大将，为赵国建立了很多战功。

102. 步履蹒跚

【释义】蹒跚：走路一瘸一拐的样子。形容走路腿脚不方便，歪歪倒倒的样子。

【出处】"磐散行汲"一语雏形早在《史记·平原君虞卿列传》已有。

宋·龚熙正《释常谈·步履蹒跚》："患脚谓之步履蹒跚。"

【成语故事】平原君家临街的楼房很高，在楼上可以俯瞰附近居民的房屋，平原君的妻妾，住在楼上。有一天，众美人在楼上闲望，看到一个人到井台打水，美人看到他行路缓慢、东摇西晃的样子，忍不住哄笑起来，有的还模仿他走路的姿势来取乐。这个人受到侮辱很是恼怒，第二天清早登门拜访平原君，要求说："我听说你喜欢接纳贤士，而贤士之所以会不远千里来投奔你，是因为你能看重贤士，轻贱美女的缘故。我不幸有腰弯曲、背隆高的病，你的房里人在高处看到了,肆意笑弄我,这是不合礼的。我要得到笑我的人的头!"平原君假笑着答应说:"好吧。"等那个人走了后,平原君冷笑了一声,对左右的人说:"瞧那个小子,想以一笑的缘故让我杀美人,这也太过分了!"过了一年多,家里的宾客,一个接着一个地走了有一多半,平原君很奇怪,对留下未走的门客说:"我对待各位,可以说是诚心诚意的,没有敢失过礼,为什么走了那么多的人呢?"有一个门客上前直率地说:"就因为你不杀那笑瘸腿的人,这说明你喜欢女色而看不起士人,所以宾客就走了。"平原君听了大为后悔,立刻叫人杀了那些嘲笑过瘸腿人的美人,拿着头亲自到病腿人的家去谢罪。不久,离开平原君家的宾客,才又一个接着一个地回来了。

宋代无名氏在《释常谈》一书中,转述这个故事时,把《史记》原文"磐散行汲"说成是"步履蹒跚"。据近人杨天戈在《汉语成语溯源》中解释:磐散即蹒跚,行汲是步行提水。

103. 毛遂自荐

【释义】比喻自告奋勇,自己推荐自己担任某项工作。

【出处】《史记·平原君虞卿列传》:"门下有毛遂者,前,自赞于平原君曰:'遂闻君将合从于楚,约与食客门下二十人偕,不外索。合少一人,愿君即以遂备员而行矣。'"

【成语故事】公元前257年,秦军包围了赵国都城邯郸,赵王派平原君到楚国去请求援兵,同时缔结联合抗秦的盟约。平原君决定带20个文武双全的勇士同去,但挑来挑去,还缺一个人,一个名叫毛遂的门客自己推荐自己。平原君觉得平时对他毫无印象,考问了他一番后,勉强同意他一起去。

貌不惊人的毛遂,其实是个能言善辩的人。到楚国后,他和同行的19个人谈论起天下大事,头头是道,大家对他的学问和辩才都佩服不已。平原君与楚平王会谈那天,两人从早晨一直谈到中午,还未谈出结果。19个门客十分焦急,毛遂便自告奋勇上殿去看看情况,他按着剑从容不迫地走上了台阶。楚王瞧不起他,要他退下去,他却只握剑柄,大步走到楚王面前说:"大王敢当着我主人的面对我如此无礼,不过是倚仗楚军人多势众罢了。但现在您跟我距离不到十步,大王的性命掌握在我手里,楚军再多也没有用。"接着,毛遂义正词严地从历史到现实分析了楚、赵两国的关系等,说明赵国派使臣来缔约联合抗秦,乃是为了救助楚国，而不只是为了赵国自己。楚王觉得毛遂说得有理，就与平原君一起举行了缔约仪式。这样，联合抗秦的大事圆满办成。

平原君带一行人回到赵国后，和人谈起毛遂这次的功劳，感慨万分地说："我今后再也不敢谈论识别人才的事了。我识别过的人才，少说也有几百人。自以为天下真有本事的人都逃不过我的眼睛，但却偏偏没有识别出毛遂先生的才干，毛先生一到楚国，就使赵国的地位重于九鼎等国宝。毛先生对楚国的那一席话，胜过了百万雄师！"从此，毛遂受到了平原君的重用，被奉为上宾。

104. 脱颖而出

【释义】颖：尖儿。藏在布袋里的锥子，尖端穿出来。比喻有才能的人，得到机会，显示出自己的本领。

【出处】《史记·平原君虞卿列传》："使遂早得处囊中，乃颖脱而出，非特其末见而已。"

105. 因人成事

【释义】依靠别人的力量办成事情。因：依靠。

【出处】《史记·平原君虞卿列传》："公等碌碌，所谓因人成事者也。"

【成语故事】平原君一行到楚国后，平原君马上求见楚王，要求楚王迅速派出援军，和赵国联合抗秦。可是楚王惧怕秦国，不肯答允。两个人从清早谈判到中午，也没谈出结果。毛遂等20人，在殿前阶下，等得焦急起来。那19人就对毛遂开玩笑说："毛先生，上殿去露露锥尖吧！"毛遂二话不说，持剑入内走到楚王面前，极力说明赵、楚联合抗秦的利害关系。楚王终于被说服，答应赵国愿意出兵援救。于是两国当场歃血为盟。毛遂捧着铜盘跪献给楚王说："请大王先用手指蘸血涂在唇边，这是定盟的仪式，接着是我的主人，最后是我。"涂完血，毛遂左手拿着血盘子，用右手召唤殿外的19个人说："喂！你们接着在堂下涂血吧。你们这些老爷碌碌无能，就像所说的依靠别人成事的！"

106. 一言九鼎

【释义】一句话抵得上九鼎重，形容言语分量很重，作用很大。九鼎：古代国家的宝器，相传为夏禹所铸。

【出处】《史记·平原君虞卿列传》："毛先生一至楚，而使赵重于九鼎大吕。毛先生以三寸之舌，强于百万之师。胜不敢复相士。"

107. 九鼎大吕

【释义】九鼎：古传说，夏禹铸九鼎，象征九州，是夏商周三代的传国之宝；大吕：周庙大钟。比喻说的话力量大，分量重。

【出处】《史记·平原君虞卿列传》

108. 三寸之舌

【释义】三寸之舌，即舌头，比喻能言善辩，极有口才。

【出处】《史记·平原君虞卿列传》

109. 百万之师

【释义】威风：令人敬畏的气势。各个方面都很威风。形容神气足，声势盛。也形容人很有气势，威风十足。

【出处】《史记·平原君虞卿列传》

110. 歃血为盟

【释义】歃血：古代会盟，把牲畜的血涂在嘴唇上，表示诚意；盟：宣誓缔约。泛指发誓订盟。

【出处】《史记·平原君虞卿列传》："毛遂谓楚王之左右曰：'取鸡狗马之血来。'毛遂奉铜盘而跪进之楚王，曰：'王当歃血而定从，次者吾君，次者遂。'"

111. 褐衣不完

【释义】褐：粗布衣服。连粗布衣服也穿不周全。形容生活困苦。

【出处】《史记·平原君虞卿列传》："邯郸之民，炊骨易子而食，可谓急矣。而君之后宫以百数，婢妾被绮縠，余梁肉，而民褐衣不完，糟糠不厌。"

【成语故事】平原君凭借毛遂之力，与楚国确定了合纵盟约便返回赵国，楚国随即派春申君带兵赶赴救援赵国，魏国的信陵君也假托君命夺了晋鄙军权带兵前去救援赵国，可是都还没有赶到。这时秦国急速地围攻邯郸，邯郸告急，将要投降，平原君极为焦虑。邯郸宾馆吏员的儿子李同劝说平原君道："您不担忧赵国灭亡吗？"平原君说："赵国灭亡那我就要做俘虏，为什么不担忧呢？"李同说："邯郸的百姓，拿人骨当柴烧，交换孩子当饭吃，可以说危急至极了，可是您的后宫姬妾侍女数以百计，侍女穿着丝绸绣衣，精美饭菜吃不了，而百姓却粗布短衣难以遮体，酒渣谷皮吃不饱。百姓困乏，兵器用尽，有的人削尖木头当长矛箭矢，而您的珍宝玩器、铜钟玉磬照旧无损。假使秦军攻破赵国，您怎么能有这些东西？假若赵国得以保全，您又何愁没有这些东西？现在您果真能命令夫人以下的全体成员编到士兵队伍中，分别承担守城劳役，把家里所有的东西全都分发下去供士兵享用，士兵正当危急困苦的时候，是很容易感恩戴德的。"于是平原君采纳了李同的意见，得到敢于冒死的士兵三千人。李同就加入了三千人的队伍奔赴秦军决一死战，秦军因此被击退了三十里。这时也凑巧楚、魏两国的救兵到达，秦军便撤走了，邯郸得以保存下来。李同在同秦军作战时阵亡，赐封他的父亲为李侯。

112. 利令智昏

【释义】利：利益、私利；令：使；智：理智；昏：昏乱。神志不清楚。形容因贪图私利，使人头脑发昏，甚至失去理智。

【出处】《史记·平原君虞卿列传》赞："鄙语曰：'利令智昏。'平原君贪冯亭邪说，使赵陷长平兵四十余万众，邯郸几亡。"

【成语故事】秦国派大将白起攻打韩国，占领了韩国的一块土地野王。在野王邻近有另一块叫"上党"的土地，他们的地方官员看到野王轻易地就被秦军攻下，怕上党也守不住，就写信给赵国，表示愿意归顺，希望得到赵国的庇护。赵国的君臣们对于要不要接受上党，意见不一。平原君赵胜说："上党这么大块的地方，我们不用出一兵一卒，就可以得到，为什么不要呢？"平阳君反对说："就是因为不花力气得到好处，轻易要了，恐怕会招来大祸。"赵王因为不想失去这块到嘴的肥肉，支持平原君并且派他去接收上党，把它划为赵国的领地。秦国知道后，认为赵国存心和自己作对，就命令白起率大军去攻打赵国。结果赵国的四十余万大军全部被秦军歼灭，国都邯郸也被围困，后来平原君带毛遂去楚国，说服楚王联赵抗秦，最后楚国出兵，才解除了邯郸之围。

113. 无出其右

【释义】没有能超过他的。出：超出；右：上，古代以右为尊。

【出处】《史记·田叔列传》："上尽召见，与语，汉廷臣毋能出其右者。"《汉书·高帝纪下》："贤赵臣田叔、孟舒等十人，如见与语，汉庭臣无能出其右者。"

【成语故事】汉高祖刘邦北征匈奴回来的路上路过赵地他女婿张敖处，张敖十分谦卑地接待他。刘邦故意傲慢无礼，破口大骂，张敖忍气吞声，手下贯高等大臣不堪受辱，密谋刺杀刘邦。事情败露后，刘邦大怒，下令逮捕赵王及其近臣。赵王张敖和大臣贯高被捉去，并要把他俩解押到都城长安。许多忠于赵王的臣子都想护送赵王去长安。刘邦知道了，立即下令，如有人胆敢跟随就灭他三族。田叔、孟舒等十几个臣子便伪装成赵王家族，一起去了长安。后来事情被调查清楚，赵王张敖得以释放出狱，被降为宣平侯。张敖请刘邦宽恕跟随他来长安的大臣们。刘邦一听有如此忠心的大臣，便召见了他们，通过谈话了解到了他们的才学过人。于是，感慨地说："现在的汉朝臣子没有一个能超过他们的。"刘邦十分高兴，便任命他们担任了高官。

114. 围魏救赵

【释义】原指战国时齐军用围攻魏国的方法，迫使魏国撤回攻赵部队而使赵国得救。后指袭击敌人后方的据点以迫使进攻之敌撤退的战术。

【出处】事见《史记·孙子吴起列传》《战国策·齐策一·邯郸之难》。

语出：《三国演义》三十回："曹军劫粮，曹操必然亲往，操即自出，寨必空虚，可纵兵先去曹操之寨。操闻，必速还。此孙膑'围魏救赵'之计也。"

【成语故事】公元前353年，魏国军队围攻赵国都城邯郸，双方战守年余，赵衰魏疲。这时，齐国应赵国的求救，派田忌为将，孙膑为军师，率兵八万救赵。起初在商议攻击方向时，田忌准备直趋邯郸。孙膑认为派兵解围，要避实就虚，击中要害。他向田忌建议说，现在魏国精锐部队都集中在赵国，内部空虚，我们如带兵向魏国折都城大梁猛插进去，占据它的交通要道，袭击它空虚的地方，向魏国的国都大梁（今河南开封）进军，它必然放下赵国回师自救，齐军乘其疲惫，在预先选好的作战地区桂陵迎敌于归途，魏军大败，赵国之围遂解。孙膑用围攻魏国的办法来解救赵国的危困，被后来的军事家们列为三十六计中的重要一计，至今仍有旺盛的生命力。

115. 取而代之

【释义】夺取别人的地位、权利而代替他。

【出处】《史记·项羽本纪》："秦始皇游会稽，渡浙江，梁与籍俱观，籍曰：'彼可取而代也。'"

【成语故事】秦始皇灭了六国，建立了统一强大的秦朝。为进一步巩固统治，经常出巡全国各地。有一次南巡会稽（在今浙江），当他的车马仪仗，浩浩荡荡地经过南江（今江苏吴县附近）时，大路两旁伫立着无数观看的人群，少年项羽和他的叔父项梁也在其中。这时，项羽忽然说了这么一句："彼可取而代之也！"项梁听了，不禁大吃一惊，急忙伸手去捂住项羽的嘴，小声责备他道："别乱说！你不怕全家合族都要被杀头吗！"但是，项梁却也暗暗赞赏他这个小侄子的胆识。原来，项梁也早在心里盘算着怎样推翻秦朝、恢复楚国的事，不过他没有透露罢了。后来他叔侄俩就在陈胜、吴广领导的农民起义运动中投入了反秦的战斗。项梁阵亡后，项羽统领项梁的军队继续战斗，在救援赵国的巨鹿之战中，破釜沉舟，一举歼灭秦军主力，成为各路诸侯中赫赫有名的西楚霸王。取而代之是指排除别人或别的事物而代替其位置。这则典故告诉我们，在现实生活中有了远大志向，就要不断付出自己的努力，这样才能有最后的成功。

116. 破釜沉舟

【释义】釜：锅。把饭锅打破，把渡船凿沉。比喻不留退路，非打胜仗不可，下决心不顾一切地干到底。也表示下定决心，义无反顾。

【出处】《史记·项羽本纪》："项羽已杀卿子冠军（楚军统帅宋义），威震楚国，名闻诸侯。乃遣当阳春、蒲将军将卒二万渡河（漳河），救钜鹿。战少利，陈余复请兵。项羽乃悉引兵渡河，皆沉船，破釜甑，烧庐舍，持三日粮，以示士卒必死，无一还心。"

孙武《孙子·九地》："帅与之深入诸侯之地，而发其机，焚舟破釜。"其中所说的"焚舟破釜"虽然也表示誓死决战的意义，但尚未形成后世常谈的典故故事。

【成语故事】元前209年，我国历史上爆发了陈胜、吴广领导的农民起义。陈胜、吴广牺牲后，刘邦和项羽率领的两支军队逐渐壮大起来。公元前207年，项羽的起义军与秦将章邯率领的秦军主力部队在巨鹿（今河北邢台市）展开大战；项羽不畏强敌，引兵渡漳水（古漳河，从今河南省黄楚旺镇北渡，到古曲周上岸，即邯郸市邱县古城营）。渡河后，项羽命令全军："皆沉船，破釜甑，烧庐舍，持三日粮，以示士卒必死，无一还心。"这一仗不但解了巨鹿之围，而且把秦军打得再也振作不起来，过两年，秦朝就灭亡了。打这以后，项羽当上了真正的上将军，其他许多支军队都归他统帅和指挥，他的威名传遍了天下。

117. 窃符救赵

【出处】《史记·魏公子列传》

【成语故事】前260年，在历史上规模最大的一场野战中，赵国惨败给秦国，在接下来的两年，秦军乘势推进，包围赵都邯郸。赵孝成王和赵国公子平原君赵胜焦急万分，派使者出使魏国搬救兵，魏国与赵国唇亡齿寒，魏安厘王派大将晋鄙率领十万魏军驰援邯郸。秦国得知这一消息，派使者威胁魏安厘王说："邯郸城很快就要被我们秦国攻下，哪个国家敢去救赵，就让哪个国家有来无回。"魏安厘王害怕了，暗中派人通知晋鄙，令其保存实力。晋鄙于是驻军于邺，观望起来。

平原君赵胜苦等无果，不得不写下一封书信，令人带给信陵君。信陵君和平原君有姻亲关系，信中说："赵胜一向听天下人说公子为人高尚，到关键时刻能给人帮助，所以才和公子结为亲戚。可如今，邯郸城破在即，魏国救兵迟迟不到，不知公子那'急人之困'的大名体现在哪里呢？一旦秦兵攻进邯郸，玉石俱焚！您即使不把我赵胜放在眼里，难道也不可怜你的姐姐吗？"信陵君见信中措辞，知道邯郸已然危在旦夕，心急如焚，决定不惜一切代价也要帮助赵国渡过这个难关。他通过魏安厘王的宠姬将魏国的兵符偷了出来，带着兵符和一个叫朱亥的勇士，来到邺，晋鄙看过兵符，还想推三推四，被朱亥一铁锤击杀，而后率领十万魏军进兵邯郸，解了秦军之围。此举不仅成功击败秦军、救援了赵国，也巩固了魏国在当时的地位。信陵君以国家利益为重、个人生死荣辱为轻的优良品德自古以来饱受称颂。经过此事，平原君自然对信陵君感激不尽，以至于和自己的妻子（即信陵君的姐姐）提到信陵君时，用"天下无双"一词形容信陵君在自己心目中的地位，这也就是"急人之困"和"天下无双"两个成语的由来。

118. 急人之困

【释义】热心主动帮助别人解决困难。

【出处】《史记·魏公子列传》："（赵）胜所以自附为婚姻者，以公子之高义，为能急人之困。"

119. 天下无双

【释义】天下找不出第二个。形容出类拔萃，独一无二。

【出处】《史记·信陵君列传》:"始吾闻夫人弟公子天下无双。"

《史记·李将军列传》:"李广才气,天下无双。"

【成语故事】信陵君魏无忌窃符救赵后,怕哥哥魏王追究,避居赵国。他听说毛公和薛公很有才能,便去邀请。但两人不肯来见。他打听到毛公藏在赌徒中,薛公藏在卖酒人家,便去寻访,终于结识了两人。平原君知道后,说:"以前听说信陵君为人天下无双,今天看来他行为荒唐,徒有虚名!"信陵君说:"既然平原君耻笑我,那我该离开这儿了。"平原君知道说错了话,向信陵君谢罪。信陵君名望更大了。这时秦国出兵攻魏。魏王派人请信陵君回国。信陵君怕魏王追究他的窃符之罪,不肯回国,并告诫下人:"谁为魏王使者通报,处死!"只有毛、薛两人冒死进言:"秦灭了魏,公子国破家亡,怎么见天下人?"信陵君立即省悟。信陵君回到魏国,魏王把上将军的印信授给他。信陵君率齐、魏等六国兵将,大破秦军。他威震天下,被誉"天下无双"。

120. 智者千虑,必有一失,愚者千虑,必有一得

【释义】聪明的人在上千次考虑中,总会有一次失误;愚蠢的人在上千次考虑中,总会有一次收获。包含了一种朴素的辩证法思想,说明任何事物都是一分为二的,聪明之人不可能永远聪明;看似愚笨的人,他也有聪明的时候。

【出处】《史记·淮阴侯列传》:广武君曰:"臣闻智者千虑,必有一失;愚者千虑,必有一得。故曰'狂夫之言,圣人择焉'。顾恐臣计未必足用,原效愚忠。"

【成语故事】韩信背水一战,以一万左右的人马在井陉口大破赵军二十万,拿下赵国之后,他的手下捕获了赵军将领李左车。韩信对李左车待以上宾之礼,奉之为师,恭敬地向李左车请教自己下一步的战略。广武君李左车是当时之世非常有水平的军事家,井陉口大战之前,他是赵军当中唯一认清了形势、提出了正确战术的人,只可惜他的策略并没有被赵军统帅陈余采纳,方使韩信得逞。后世《汉书·艺文志》在整理兵书时,列举最上乘的兵法"兵权谋十三家",李左车的《广武君》兵法一篇列在《韩信》兵法三篇之前,同为著名的权谋派兵家。韩信自称如果李左车的谋略被采纳,自己就要被打败了,并向李左车请教,李左车谦逊说败军之将不敢乱说话。当韩信几次三番虚心请教之后,李左车便说了这句著名的"臣闻知者千虑必有一失,愚者千虑必有一得"。意思是你

韩信虽然是智者，可也总有想不到的地方，而我虽然愚钝，却也有能帮得上你的地方，所以我就大胆说说自己的意见了。

121. 人心难测

【释义】人的内心难以探测，喻指人的心思难以揣测，多用于贬义。亦作"人心莫测"。

【出处】《史记·淮阴侯列传》："始常山王、成安君为布衣时，相与为刎颈之交……此二人相与，天下至欢也。然而卒相禽者，何也？患生于多欲，而人心难测也。"

【成语故事】秦末汉初，常山王张耳（后为赵王）与成安君陈余两人为刎颈之交，后两人翻脸，张耳投奔刘邦。在汉赵于井陉口之战中，陈余被斩首。由此感叹：人心难测！

122. 河伯娶妻

【释义】在于告诫政府应废除不合理的制度，惩处恶吏，以保证老百姓生活富足，民心归一。

【出处】出自《史记·滑稽列传·西门豹治邺》：魏文侯时，西门豹为邺令。豹往到邺，会长老，问之民所疾苦。长老曰："苦为河伯娶妇，以故渐贫。"

【成语故事】战国时期，西门豹任魏国邺县令。上任后，他问当地老人有关老百姓的苦处。这些人说："苦于给河伯娶妻，使本地民穷财尽。"原来，邺县的三老、廷掾每年都向百姓搜刮钱财，极少数用于为河伯娶妻，剩余和巫祝一起分掉了。被看中的小户人家的漂亮女子被迫坐在床铺枕席上面，浮到河中，几十里后便沉没了。很多人家担心女儿被河伯娶去，离家远逃，因此城里越来越空荡、贫困。西门豹说："到时候，希望三老、巫祝、父老都到河边去送新娘，我也要去送送这个女子。"到了为河伯娶媳妇的日子，西门豹与三老、官员、有钱人、地方父老都会集在河边，看热闹的百姓也有二三千人。巫祝是个老婆子，已经七十岁。西门豹说："叫新娘过来，我看看是否漂亮。"看后说："这个女子不漂亮，麻烦大巫婆为我去禀报河伯，需要重找个漂亮的，迟几天送去。"叫差役们一齐抬起大巫婆抛到河中。过了一会儿，西门豹说："巫婆为什么去这么久？叫人去催催她！"西门豹便以派人催问为借口，把巫婆的三名弟子和三老相继抛到河中。这样一来，那些干坏事的家伙都吓得跪地求饶，从此不敢再提起为河伯娶妻之事。西门豹接着就征发老百姓开挖了十二条渠道，引黄河水灌溉农田，还消除了水患。老百姓从此家给户足，生活富裕。

123. 乐极生悲

【释义】形容欢乐过度而招致悲伤的事情。这则成语告诫我们做事情要遵循适度的原则。

【出处】《史记·滑稽列传》："酒极则乱，乐极则悲，万事尽然，言不可极，极之而衰。"

《淮南子·道应训》："夫物盛而衰，乐极则悲。"

【成语故事】战国时期，齐威王是个喜欢彻夜饮酒的君王，弄得百官荒乱，国家危机。楚军趁机进攻齐国，他连忙派自己信得过的使节淳于髡去赵国求救。淳于髡果然不辜负重托，请来了10万大军，吓退了楚军。齐威王立刻摆设酒宴请淳于髡喝酒庆贺，高兴地问："先生你要喝多少酒才会醉？"淳于髡知道齐王必定要一醉方休，想了想回答道："我喝一斗酒也醉，喝一石酒也醉。"齐王不解其意，淳于髡解释自己在不同场合、不同情况下酒量会变化："所以我得出一个结论，喝酒到了极点，就会酒醉而乱了礼节；人如果快乐到了极点，就可能要发生悲伤之事。所以，我看做任何事都是一样，超过了一定限度，则会走向反面了。"这一席话说得齐威王心服口服，当即痛快地表示接受劝告，今后不再彻夜饮酒作乐，改掉可能使自己走向反面的恶习。

124. 奇货可居

【释义】奇货：珍奇的货物；居：囤积。囤积珍奇的货物，以备高价售出。比喻凭借技艺或某种事物以获取功名财利及其他好处。

【出处】《史记·吕不韦列传》："子楚……居处困，不得意，吕不韦贾邯郸，见而怜之，曰：'此奇货可居。'"

【成语故事】战国时候，商人吕不韦到赵国邯郸做生意，偶然发现一个气度不凡的年轻人。原来是秦昭王的孙子，太子安国君的儿子，正在赵国当人质的异人。当时，秦赵两国经常交战，赵国有意降低生活标准，异人非常贫苦，天冷时连御寒的衣服都没有。吕不韦立刻想到，在异人的身上投资会换来难以计算的利润。他不禁自言自语说："此奇货可居也。"吕不韦回到寓所，问父亲："种地能获多少利？"他父亲回答说："十倍。"吕不韦又问："贩运珠宝呢？"他

135

父亲又答说:"百倍。"吕不韦接着问:"那么把一个失意的人扶植成国君,掌管天下钱财,会获利多少呢?"他父亲吃惊地摇摇头,说:"那可没办法计算了。"吕不韦决定做这笔大生意。他首先拿出一大笔钱,买通监视异人的赵国官员,结识了异人。他对异人说:"我想办法,让秦国把你赎回去,然后立为太子,那么,你就是未来的秦国国君。你意下如何?"异人又惊又喜地说:"真有那一天,我一定重重报答你。"吕不韦立即到秦国,用重金贿赂安国君左右的亲信,把异人赎回秦国。安国君有二十多个儿子,但他最宠爱的华阳夫人却没有儿子。吕不韦给华阳夫人送去大量奇珍异宝,让华阳夫人收异人为嗣子,又把他的妾赵姬送给子楚为妻。秦昭王死后,安国君即位,史称孝文王,立异人为太子。孝文王在位不久即死去,太子异人即位为王,即庄襄王。庄襄王非常感激吕不韦拥立之恩,拜为丞相,封文信侯。庄襄王在位仅三年便病死了,由他十三岁的儿子政(赵姬所生)接王位,便是历史上有名的秦始皇。秦始皇称吕不韦为仲父,吕不韦权倾天下。

125. 一字千金

【释义】增损一字,赏以千金。形容文辞精妙,不可更改。

【出处】《史记·吕不韦列传》:"布咸阳市门,悬千金其上,延诸侯游士宾客有能增损一字者予千金。"

【成语故事】秦始皇即位后,行政大权全操在吕不韦的手中,但因在那个年代,商人的地位是很低的,吕不韦出身阳翟富商,通常都被人们瞧不起,他必须想办法来提高自己的声望。当时养士之风甚盛,魏国的信陵君、楚国的春申君、赵国的平原君以及齐国的孟尝君,就是以其礼贤下士、广纳贤才并以此互相夸耀、竞争而闻名于各诸侯国。各诸侯国中秦国实力最为雄厚,吕不韦身为强大秦国的相国,但门下的宾客反而不如四君子多,委实羞愧。于是他派人四处招纳士人,并给予优厚的待遇,后来他门下的宾客多达三千人。

有一天,吕不韦召集门客进行商议如何提高威望。有的门客建议统兵出征,灭掉几个国家,以此来树立威信。有人立即反对说:"这办法有百害无一利,即使把仗打胜了,回来也升不了官,因为没有比丞相还高的职务了。重要的是战争风险太大,谁也没有必胜的把握,万一战争失利,结果会适得其反。"过了一会儿,有一位门客说:"我们大家都清楚,孔子是个大学问家,他著有《春秋》;

孙子很会打仗，他写了《孙子兵法》。如果我们也效仿前人，著书一部，既可以提高自己的地位，又可以为后人做些贡献。"吕不韦立即采纳这条建议并组织门客开始这项工作，编成包罗天地万物、古今之事的"八览""六论""十二纪"，共计20多万字的《吕氏春秋》。书成之后，将《吕氏春秋》公布于咸阳的城门旁，并将千金悬挂于书的上面，广邀各诸侯国的游士宾客前来评阅。吕不韦许诺：如果有人能在书中增加一个字或减去一个字，就奖赏给他一千金。

126. 民不聊生

【释义】指百姓没有赖以生存的东西，生活极端困苦。

【出处】《史记·张耳陈余列传》："百姓罢敝，头会箕敛，以供军费，财匮力尽，民不聊生。"

【成语故事】秦末，广大农民无法忍受沉重的徭役和繁重的赋税，爆发了大规模的起义，陈胜、吴广首先在大泽乡举起义旗。不久起义军打到陈地，大梁人张耳、陈余前来投军。陈胜根据陈余的建议，派大将武臣（后为赵王）率领三千人马北渡黄河，向山西、河北进军。武臣是一个既会领兵打仗又很懂得民心的人。他决定首先扩充兵力，把河北邻近几个县有影响的人召集起来，对他们说："秦国的残酷统治，弄得百姓家家无余财，户户无劳力，生活十分困苦，'财匮力尽，民不聊生'，而且还订立苛刻的法令以维持他们的统治。现在我们要报仇雪恨，想杀敌报仇的，跟我们一起干！"武臣的政治宣传和鼓动得到当地百姓的响应，队伍很快发展到几万人，连攻十几个城市，武臣也得到了加封。

127. 左提右挈

【释义】提，挈，带领，举起。左手提，右手举。形容相互扶持或从各方面帮助。也形容父母对子女的照顾。

【出处】《史记·张耳陈余列传》："夫以一赵尚易燕，况以两贤王左提右挈，而责杀王之罪，灭燕易矣。"

【成语故事】秦朝末年，各地农民纷纷起义，起义军将领武臣率兵攻克邯郸后，自立为赵王，派部将韩广北上夺取燕地。韩广占领燕地后，自立为燕王。武臣闻报大怒，立即带领左、右校尉张耳、陈余前去伐燕。武臣带少数将校深入燕地了解敌情，被燕军发现，经过一场激战，终因寡不敌众，被燕军俘获。张耳、陈余设法营救，未果。为救武臣，张耳、陈余派人前去游说韩广。赵使

137

面见韩广后，欺骗说："张耳、陈余愿意让您把武臣杀掉，这样他俩便可平分赵国，自立为王。如果两个赵王'左提右挈'，要消灭燕国就太容易了。"

128. 人人自危

【释义】每一个人都感到随时有危险出现而恐惧不安。

【出处】《史记·李斯列传》："群臣人人自危，欲畔者众。"

【成语故事】公元前209年，秦始皇在出巡途中得了重病。临终前命令中东府赵高写诏书，要公子扶苏速回咸阳奔丧。赵高却扣下遗诏，与秦始皇小儿子胡亥进行密谋。他们伪造遗诏，说秦始皇立胡亥为太子，逼令扶苏和大将蒙恬自杀。阴谋得逞后，胡亥当了皇帝，称秦二世。胡亥拜赵高为郎中令，朝中政事全由赵高把持。两人生怕别人不服，制定了严酷的刑法，还大肆杀戮，首先杀死了蒙恬的弟弟蒙毅。胡亥又将12个兄弟和10个姐妹一起杀掉，受牵连而被杀的无法计数。由于秦二世昏庸残暴，法令苛严，大臣们人人自危，朝廷一片混乱。公元前207年，秦王朝终于被农民起义军推翻。

129. 前倨后恭

【释义】先前态度傲慢，后来恭敬有礼。形容前后态度截然不同。

【出处】《史记·苏秦列传》：苏秦笑谓其嫂曰："何前倨而后恭也？"

【成语故事】苏秦是东周洛阳人，他曾到齐国求学，在鬼谷子先生门下学习。外出游历多年，弄得穷困潦倒，狼狈地回到家里。兄嫂、弟妹、妻妾都私下讥笑他："周国人的习俗，人们都治理产业，努力从事工商，以追求那十分之二的盈利为事业。如今您丢掉本行而去干耍嘴皮子的事，穷困潦倒，不是自食其果吗！"苏秦暗自惭愧、伤感，就闭门不出，苦读藏书。后来又伏案钻研《阴符》，下了一整年的功夫，悉求真谛，找到与国君相合的门道。苏秦做了合纵联盟的盟长，并且担任了六国的国相。他北上向赵王复命，途经洛阳，随行的车辆马匹满载着行装，各诸侯派来送行的使者很多，气派比得上帝王。周显王听到这个消息感到害怕，赶快找人为他清除道路，并派使臣到郊外迎接慰劳。苏秦的兄弟、妻子、嫂子斜着眼不敢抬头看他，俯伏在地上，非常恭敬地服侍他用饭。苏秦笑着对嫂子说："你以前为什么对我那么傲慢，现在却对我这么恭顺呢？"他的嫂子赶紧俯伏在地上，弯曲着身子，匍匐到他面前，脸贴着地面请罪说："因为我看到小叔您地位显贵，钱财多啊。"苏秦感慨地叹息说："同样是我这个人，富贵了，亲戚就敬畏我，贫贱时，就轻视我。何况一般人呢！假使我当初在洛阳近郊有二顷良田，如今，我难道还佩戴得上六个国家的相印吗？"当时他就散发了千金，赏赐给亲戚朋友。当初，苏秦到燕国去，向人家借过一百钱做路费，现在富贵了，就拿出一百金（一百万钱）偿还那个人。并且报答了以前所有对他有恩德的人。

130. 贪欲无厌

【释义】犹言贪得无厌。贪心永远没有满足的时候。

【出处】《战国策·赵策一》

【成语故事】春秋末年，晋国的大权落到智、赵、魏、韩四卿手中，公元前458年，晋定公病死，宗室姬骄被立为国君，史称晋哀公。智伯独揽朝政大权，率领赵、韩、魏三国军队消灭了范式、中行式并瓜分了他们的土地，又先后向韩康子和魏宣子索取土地，韩、魏各送一个万家城邑。智伯又向赵国索要蔺城（今山西离石县）、皋狼（离石县西北）两个地方，赵襄子不给。智伯便暗中勾结韩、魏两国攻打赵国，赵国退守晋阳（今山西太原市西南）。他们包围并决晋水堤岸灌城，三年后晋阳粮乏财尽，形势十分危机。赵襄子谋臣张孟谈暗中进见韩康子和魏宣子，施离间计，约定了三军进攻智伯的行动计划。到行动日期，他们"杀守堤之吏，而决水灌知（同"智"）伯军。智伯军救水而乱，韩、魏翼而击之，襄子将卒犯其前，大败知伯军而擒智伯。智伯身死，国亡地分，为天下笑，此贪欲无厌也"。从此，晋国成了赵、魏、韩三家鼎立的局面。一天，张孟谈向赵襄子告别，赵襄子急忙挽留，张孟谈说："你想的是报答我的功劳，我想的是治国的道理，正因为我的功劳大，名声甚至会超过你，所以才决心离开。历史从来没有君臣权势相同而永远和好相处的。'前事不忘，后事之师。'请你让我走吧！"

131. 前事不忘，后事之师

【释义】比喻人们应当牢记以前的经验教训，作为今后行事的借鉴。

【出处】《战国策·赵策一》："前事之不忘，后事之师。"

【成语故事】同"贪欲无厌"。

132. 取信于民

【释义】谓取得人民的信任。

【出处】《战国策·赵策一》："腹击为室而钜，荆敢言之主。谓腹子曰：'何故为室之钜也？'腹击曰：'臣羁旅也，爵高而禄轻，宫室小而不众。主虽信臣，百姓皆曰：国有大事，击必不为用。'今击之钜宫，将以取信于百姓也。'"

133. 敢布腹心

【释义】喻指冒昧说出自己的心里话，即自言冒昧之意。

【出处】《战国策·赵策一》："豫让曰：'……今日之事，臣固伏诛，然愿请君之衣而击之，虽死不恨。非所望也，敢布腹心。'"

【成语故事】春秋时，义士豫让投奔智伯后，很受宠爱。后来赵襄子（无恤）杀死了智伯，并将其头作饮器。豫让为给智伯报仇，两次刺杀赵襄子不成，提出"斩空衣"。并说："这次即使死了也没有什么怨恨。这不应该是我所希望办到的，冒昧地向您（赵襄子）陈述我的心事。"

134. 嫁祸于人

【释义】嫁：转移。把祸害转嫁到别人身上。意思是把自己的灾祸转嫁给别人。

【出处】《战国策·赵策一》："且夫韩之所以内赵者；欲嫁其祸也。"

【成语故事】事见于《史记·赵世家》《战国策·赵策一》赵孝成王四年，韩国上党的守将冯亭派使者到赵国见孝成王说："我们韩国已守不住上党了，眼看它就要落入秦国。官吏和百姓都甘愿归属赵国而不愿归属秦国。上党共有十七座城邑，我们愿全部送给赵国，服从大王您的统辖。"赵王一听大喜，马上召见平阳君赵豹，问是否该立即接管城邑。赵豹若有所思地回答说："圣人可是把平白无故而得利看成很大的祸害啊！"赵王不以为然说："他们受我的恩德感召，怎么能说是平白无故而得利呢？"赵豹说："秦国一直在蚕食韩国的土地，并认为上党这块地方早晚是他们的。韩国之所以不把上党十七城交给秦国而送给我们，是想把祸害转嫁到我们身上。想想看，以秦国那么强大的力量，居心已久费力不少却没有得到上党，而我们不费一点力却可以白白得到，这怎能说不是平白无故而得利呢？大王千万不要接受才是啊！"赵王不高兴地说："当今之际，你就是派百万大军去进攻，一年半载也不一定能得到一座城池。现在人家把十七座城邑送上门来，还有比这更好的事情吗？"赵王又召见平原君赵胜等人，平原君同意赵王的看法。于是，赵王派平原君作代表去接收了上党十七城。秦王为此恼羞成怒，仅隔一年就派兵攻打上党并进而攻赵。赵王派大将廉颇在长平迎敌，双方相持数月。后来，秦国使用离间计使赵王用赵括代替了廉颇。秦将白起乘机发起进攻，包围了赵军，射死了只会纸上谈兵的赵括，赵军四十余万人被俘活埋。上党郡也终于为秦所得。

135. 士为知己者死，女为悦己者容

【释义】男人愿意为赏识自己、了解自己的人献身，女人愿意为欣赏自己、喜欢自己的人精心妆扮。

【出处】《战国策·赵策一》："士为知己者死，女为悦己者容，吾其报知氏之雠矣。"

【成语故事】晋国侠客毕阳的孙子豫让原先给范、中行氏做大臣，但并未受到重用，于是投效智伯，得到宠信。后来韩、赵、魏三国瓜分了智伯的土地。其中赵襄子最痛恨智伯，把智伯的头盖骨拿来作饮器。豫让逃到山里说："唉！志士为了解自己的人而牺牲，女子为喜欢自己的人而打扮，所以我一定要替智伯复仇。"

于是豫让就隐姓埋名化装成一个受过刑的人，潜伏到王宫里洗刷厕所，寻机报仇。赵襄子如厕，忽然觉得心慌，下令把刷厕所的人提来审问，才知道是豫让化装行刺。卫士要杀他，赵襄子却制止说："这是一位义士，我只要小心躲开他就行了。智伯死后没留下子孙，他的臣子中有肯来为他报仇的，一定是天下有气节的贤人。"于是赵襄子就把豫让释放了。可是豫让继续图谋为智伯报仇，他全身涂漆，化装成像一个生癞的人，剃光了胡须和眉毛，假扮乞丐乞讨，连他的妻子都疑惑了："这个人长相并不像我的丈夫，可是声音却极像，这是怎么回事？"于是豫让就吞下炭，改变了自己的声音，他的朋友说："你这种办法很难成功，如果说你是一个志士还可以，如果说你是一个明智之士就错了。凭你这种才干，如果竭尽忠诚去侍奉赵襄子，必然得到重视和信赖，这时你再实现你的复仇计划，一定能成功的。"豫让笑了笑说："为了老朋友而去打新朋友，为旧君主而去杀新君主，这是极端败坏君臣大义的做法。今天我之所以要这样做，就是为了阐明君臣大义，并不在于是否顺利报仇。况且已经委身做了人家的臣子，却又在暗中阴谋计划刺杀人家，这就等于是对君主有二心。我今天之所以明知其不可为却要这样做，也就是为了羞愧天下后世怀有二心的人臣。"豫让躲在赵襄子必经的一座桥下。赵襄子来到桥头，坐骑忽然受惊，左右把豫让揪了出来，见到豫让的模样，赵襄子流泪道："您为智伯已经成就了美名，这次不再放您了。"豫让说："贤臣不阻挡人家的忠义之行，一个忠臣为了完成志节不爱惜自己的生命。君王以前已经宽恕过我一次，天下没有不为这件事赞扬君王的。不过我还想得到君王的王袍，准许我在这里刺它几下，即使死了也没有遗憾了。不知君王能否成全我的愿望？"赵襄子为了成全豫让的志节，当场脱下自己的王袍。豫让拔出佩剑，奋而起身，剑刺王袍仰天长叹："啊！天哪！我豫让总算为智伯报了仇！"说完就自杀而死。赵国的忠义之士听说以后，都落泪惋惜不已。

136. 漆身吞炭

【释义】漆身：身上涂漆为癞；吞炭：喉咙吞炭使哑。指故意变形改音，使人不能认出自己。

【出处】《战国策·赵策一》："赵襄子杀智伯，智伯之客豫让谋刺赵襄子，为所识。豫让又漆身为厉，灭须去眉，自刑以变其容。为乞人而往乞。其妻不识，曰：'状貌不似吾夫，其音何类吾夫之甚也。'又吞炭为哑，变其音。伺机刺杀赵襄子，后事败而死。"

《史记·刺客列传》："漆身为厉（癞），吞炭为哑，使形状不可知。"

【成语故事】同"士为知己者死，女为悦己者容"。

137. 逾年历岁

【释义】指经过一定年月。形容经历较长时间。

【出处】《战国策·赵策一》："王大怒，曰：'夫用百成之众攻战，逾年历岁，未见一城也！今不用兵而得城十七，何故不为？'"

138. 胡服骑射

【释义】指学习胡人的短打服饰，同时也学习他们的骑马、射箭等武艺。

【出处】《战国策·赵策二》："今吾（赵武灵王）将胡服骑射以教百姓。"《史记·赵世家》也记载："十九年正月，大朝信宫，召肥义与议天下，五日而毕，遂下令易胡服，改兵制，习骑射"。

【成语故事】春秋至战国前期，华夏传统服装是长袍宽袖，不便于骑马射箭。公元前307年，赵武灵王下达易服令，让男人改穿胡人式的紧袖短衣和长裤。这一举措冲击了原有观念，众多臣属惊呼这是"变古之教，易古之道，逆人之心"。赵武灵王却从作战需要出发，反对法古不变，以强有力的行政命令推广服饰改革。他还亲自骑马弯弓并露宿草原，聘请擅长骑射的胡人充当教练，推广了养马、制革等完整配套的制度，很快培训出 1 万精兵，其他列国一时均非对手。经过短短十几年，便由一弱邦崛起为唯一能够同秦相抗衡的强国。"胡服骑射"虽然是一场军服改革，但使人们的思想观念发生了变化，打击了原有保守思想，树立了革新的观念，增强了胡人对华夏民族的归依心理，为以后的民族大融合和国家大统一奠定了心理基础。

139. 仁义道德

【释义】仁义：仁爱和正义。泛指儒家的一整套道德规范。

【出处】《战国策·赵策二》："仁义道德，不可以来朝。吾闻信不弃功，知不遗时。"

【翻译】讲究仁义道德，不可能让胡人降服。我听说：忠信不放弃建功，聪明不忘记时机。

140. 以书为御

【释义】按照书本上学来的知识去驾驭马匹。比喻死守教条，难以成事。

【出处】《战国策·赵策二》："谚曰：'以书为御者，不尽于马之情。以古制今者，不达于事之变。'"

141. 以古制今

【释义】按照古代的成规来处理当今的事务。

【出处】《战国策·赵策二》："谚曰：'以书为御者，不尽于马之情。以古制今者，不达于事之变。'"

142. 不可同日而语

【释义】不能放在同一时间谈论。形容不能相提并论，不能相比。

【出处】《战国策·赵策二》："夫破人之与破于人也，臣人之与臣于人也，岂可同日而言之哉。"

【成语故事】战国中后期，各诸侯国之间战争不断，秦想吞并六国，洛阳人苏秦便到赵国劝说赵王联合其他五国齐心抗秦："夫破人之与破于人也，臣人之与臣于人也，岂可同日而言之哉。"赵王接受苏秦的建议，封他为武安君，让他到各国去游说共同抗秦。从而出现了"合纵"和"连横"的政治活动。弱国联合进攻强国,称为"合纵",随从强国去进攻其他弱国,称为"连横"。苏秦先到秦国游说秦惠王,没有成功,又到赵国游说,赵国的相国不喜欢苏秦,又没有成功。后在燕国得到一些资助后,他第二次来到赵国,向赵肃侯分析说:"如果赵国与齐、秦两国为敌,那么百姓就得不到安宁;如果依靠齐国去攻打秦国,百姓还是得不到安宁。现在,如果大王和秦国和好,那么秦国一定要利用这种优势去削弱韩国和魏国;如果和齐国友好,那么齐国也一定会利用这种优势去削弱楚国和魏国。魏、韩两个弱了,就要割地,也会使楚国削弱。这样,大王就会孤立无援。"赵肃侯年纪比较轻,见苏秦说得头头是道,不住地点头称是。接着,苏秦又分析了赵国的实力和面临的形势:"山东境内所建立的国家,没有一个比赵国强大的。赵国的疆土纵横两千里,军队几十万人,战车千辆,战马万匹,粮食可支用好几年。西、南、东三面有山有水,北面有弱小的燕国,也不值得害怕。现在各国中秦国最忌恨赵国,但为什么它又不敢来攻打赵国呢?是它害怕韩、魏两国在后边暗算它。既然如此,韩、魏可算是赵国南边的屏障了。但秦国要是攻打韩、魏两国,那倒是很方便的,它们必然会向秦国屈服。如果秦国解除了韩、魏暗算的顾虑,那么战祸必然会降临到赵国。"赵肃侯心里非常害怕,急着问苏秦应该怎么办。苏秦说道:"我发现各诸侯国的土地合起来五倍于秦国,估计各诸侯国的士兵数量十倍于秦国,如果六国结成一个整体,同心协力向西攻打秦国,就一定能打败它。如今反而向西侍奉秦国,向秦国称臣。打败别人和被别人打败,让别人向自己称臣和自己向别人称臣,怎么可以放在同一时间里来谈论呢?"接着,苏秦又讲了一些如何具体搞合纵的方法和策略。赵肃侯给了苏秦许多赏赐,让他游说各诸侯国加入合纵联盟。

143. 旷日持久

【释义】旷:荒废,耽搁。持:保持。耗费时日,拖得很久。

【出处】《战国策·赵策三》:"今得强赵之兵,以杜燕将,旷日持久数岁,令士大夫余子之力,尽于沟垒。"

【成语故事】战国时期,叀被燕国封为高阳君,并作为统帅带领军队攻打赵国。叀很会打仗,赵王得到消息后,非常害怕,立即召集大臣商议对策。国相赵胜想出一个办法,说道:"齐国的名将田单,善勇多谋。我国割三座城池送给齐国，以此作条件，请田单来帮助我们带领赵军作战，一定可以取得胜利。"大将赵奢不同意这么做，他说："难道我们赵国就没有大将领兵了吗？仗还没有打，就先要割三座城池给齐国，那怎么行啊！我对燕军的情况很熟悉，为什么不派我领兵抵抗呢？"赵奢还进一步分析道，"第一，即使田单肯来指挥赵军，我国也不可能一定取胜，也可能敌不过盆，那就是白请他来了；第二，就算田单确实有本领，他也未必肯为我国出力，因为我国强大起来，对他们齐国称霸不是很不利吗？因此，他不可能会为我国的利益而认真地对付燕军。田单要是来了也一定会把我们的军队拖在战场上，'旷日持久'，几年之后，我国的人力、财力、物力都消耗掉。后果不堪设想！"但是，赵孝成王和国相赵胜还是没有听赵奢的意见，仍然割让三城，聘请齐国的田单来当赵军的统帅。结果，赵国投入了一场得不偿失的消耗战，付出了很大的代价，只夺取了燕国一个小城。

144. 犹豫不决

【释义】拿不定主意。犹豫：迟疑。

【出处】《战国策·赵策三》："平原君犹豫未有所决。"

【成语故事】长平战役结束后，秦军乘胜包围了赵都邯郸。赵孝成王向魏国求援，魏安厘王差将军晋鄙去解围。由于惧怕秦军，晋鄙走到汤阴就按兵不动了。同时，魏王又派客籍将军辛垣衍化装从小路偷偷地进入邯郸城，通过平原君向赵王传达魏王的意见，说秦国之所以如此急切地包围邯郸，完全是因为秦昭王想称帝，而并不是仅仅为了夺取赵国的城池，占据地盘。只要赵国能派使臣向秦昭王表明心志，说愿意尊他为帝，那么秦王一定会休战离开。平原君很是犹豫，一时拿不定主意。这时候，鲁仲连正巧在赵国游历，他在平原君的引荐下，见到了魏将辛垣衍，陈述利害说："秦国是废弃礼义而崇尚斩首之功的国家，用权诈的手段役使其士兵，像对待俘虏那样待其民众。"他义正词严地表示如果秦王自称为帝，宁愿跳海而死，也不做秦国的臣民，还列举了许多历史事例来说明尊秦为帝的危害，经过激烈辩论，终于说服魏赵两国不尊秦为帝。秦军得了这个消息，不免大吃一惊，立刻退兵五十里。后来魏公子无忌窃符救赵，大败秦军。平原君对鲁仲连又钦佩又感激，准备封地给他，他不肯受，送他千金为酬，他也不要。鲁仲连说："所贵于天下之士者，为人排患释难解纷乱而无取也。"

145. 义不帝秦

【释义】比喻坚持正义，不向强权恶势力屈服、投降。

【出处】《战国策·赵策三》：于是辛垣衍起，再拜，谢曰："始以先生为庸人，吾乃今日而知先生为天下之士也！吾请去，不敢复言帝秦！"

【成语故事】同"犹豫不决"。

146. 排难解纷

【释义】原指为人排除危难，解决纠纷。今指调停双方争执。

【出处】《战国策·赵策三》："所贵于天下之士者，为人排患释难解纷乱而无取也。即有所取者，是商贾之人也，仲连不忍为也。"

【成语故事】同"犹豫不决"。

147. 不遗余力

【释义】把全部力量都使出来，一点不保留。

【出处】《战国策·赵策三》："秦之攻我也，不遗余力矣。"

【成语典故】秦国发兵攻打赵国，在长平摆开了战场。赵军连连溃败，赵王招来大臣楼昌和虞卿商议对策。楼昌主张求和，但虞卿反对并问："大王你说，秦国攻打我们是不是一定要消灭我们军队呢？"赵王说："是啊！秦国不遗余力，看来是定要消灭我们的部队才甘心啊！"虞卿建议先派使者带着宝物去赠送给楚国和魏国。楚王和魏王要是得到宝物，会高兴地接纳赵国使者，秦王必定会怀疑天下人要联合起来对秦，因而感到惶恐。那时，和谈就好进行了。赵王终于没有接受虞卿的意见，反而派郑朱为特使到秦国去求和。对此，虞卿认为："和谈不会成功。但这样一来，赵国的军队很可能为秦国所破灭。因为郑朱是赵国显贵，他到了秦国，秦王以及应侯范雎一定会借机宣扬他们的胜利。天下的诸侯也一定向秦国祝贺，而楚、魏两国以为我们跟秦和谈了，也不会派兵来援助了。在这种情况下和秦国和谈，秦国的条件一定会很高。如果我们应允，秦国是一定不肯让步的。所以我说，和谈不一定能成功。"

虞卿所言果然应验，随之，长平之战爆发，赵国溃不成军，邯郸被围，赵王被迫割让六县。事后，虞卿问赵王说："秦兵不围困邯郸了。您以为是秦兵疲倦了才撤退的呢？还是他们的力量能持续下去，因割了六县给他们才撤退的呢？"赵王说："秦国部队攻打我们是不遗余力的，我看也许是因为兵卒疲倦才撤退的。"虞卿说："是的，秦国以它的力量击它所不能取得的，结果，搞得疲惫不堪而退兵。可是您又以它的力量所不能得到的奉送给它，我们也许就可能无可救药了。"虞卿的话引起了赵王的深思，又把虞卿的一席话说赵郝去听，赵郝很不以为然，说道："虞卿说的真是那么一回事吗？六座县城不过像弹丸之地。现在不割让给秦国的话，秦国可能明年还要来攻打我们赵国，到那时候恐怕还得割让土地去求和呀！"听了赵郝的话，赵王更不知道如何是好了。

148. 弹丸之地

【释义】弹丸：弹弓所用的铁丸或泥丸。弹丸那么大的地方。形容地方非常狭小。

【出处】西汉·刘向《战国策·赵策三》："此弹丸之地，犹不予也，令秦来年复攻王，得无割其内而媾乎？"

《史记·平原君虞卿列传》："此弹丸之地弗予，令秦来年复攻王，王得无割其内而媾乎？"

【成语故事】同"不遗余力"。

149. 天崩地坼

【释义】崩：倒塌；坼：裂开。像天塌下、地裂开那样。比喻重大的事变，也形容巨大的声响。

【出处】《战国策·赵策三》："天崩地坼，天子下席。"

【成语故事】周烈王时期，诸侯势力越来越大，根本不理会朝廷，只有齐威王带头去朝拜，得了"仁义之士"的好名声。周烈王驾崩，齐威王都没有第一个去吊唁，新继位的天子派人到齐国传旨说："先王去世是天崩地坼的事情，你姗姗来迟该当何罪？"

150. 交浅言深

【释义】指对交情不深的人能加以恳切的规劝。这则成语告诉我们日常生活和工作中待人处事要诚恳亲切。

【出处】《战国策·赵策四》："夫望人而笑，是和也；言而不称师，是庸说也；交浅而言深，是忠也。"

【成语故事】冯忌求见赵王，怕说话得罪他，讲了以下这个小故事：我有一个朋友，介绍一个人去拜见服子，过后服子要求治这个人的罪。朋友问那个人有什么罪。服子说:"您的客人有三条罪过:望我而笑,是轻视我;谈话而不称老师,这是背叛我;交情浅而言语深,这是迷惑我。"客人说:"不是这个样子。看见客人笑,这是和蔼;言谈不称呼老师,因为老师是庸俗的称呼;交情浅而言语深,这是忠诚。"

151. 覆巢毁卵

【释义】比喻灭门之灾,无一幸免,也比喻整体覆灭,个人不能幸存。

【出处】《战国策·赵策四》:"有覆巢毁卵,而凤凰不翔;刳(音枯)胎焚夭,而麒麟不至。"

【成语故事】秦国出兵攻打魏国,大败魏军,占领了魏国的宁邑。各诸侯国惧怕秦国,纷纷派使臣赴秦国祝贺。赵王也一连派了三个使臣,秦王都拒不接见。赵王又忧又怕,忙聚群臣商议对策。一个大臣说:"前三个使臣所以不能入秦,是因为他们没有外交才能,我推荐谅毅去,他可以不辱使命。"谅毅受命至秦,献书秦王,说:"赵王闻知大王攻取宁邑,特遣使臣带着贺书礼品三至王廷来祝贺,大王为何不接见呢?使者是不是有罪?如果有罪,就请大王明示。"秦王说:"赵国的使者,无论大小都必须听我的话,我才接受书礼;否则,请使者回去!"谅毅说:"下臣此来,就是要秉承大王之意,大王如有什么吩咐,臣敢不从命?"于是秦王说:"赵豹、平原君多次欺弄我,我誓欲雪此恨!赵国如能杀此二人,则可;如不能杀,我即率诸侯之兵杀奔邯郸城下。"谅毅说:"赵豹、平原君都是赵王的母弟,就像大王您有母弟华阳君、泾阳君一样,他们都是王亲国戚,怎么好轻易杀害呢?"谅毅又说,"下臣听说,一个地方有倾覆的鸟巢毁坏的鸟卵,凤凰都不愿来这里飞翔;有被剖腹取胎杀害的幼兽,麒麟就不到它的郊野,君子忌讳伤害他的同类。今大王之令果行,岂不伤了华阳君、泾阳君之心吗?"秦王接受了赵王的贺书和礼品,厚待谅毅。

152. 四分五裂

【释义】形容不完整,不集中,不团结,不统一。

【出处】《战国策·魏策一》中张仪为秦连横说魏王曰:"魏南与楚而不与齐,则齐攻其东;东与齐而不与赵,则赵攻其北;不合于韩,是韩攻其西;不亲于楚,则楚攻其南:此所谓四分五裂之道也。"

【成语故事】战国后期,秦国经过商鞅变法后日益强大,其他诸侯国害怕秦国强大就采取"合纵"的办法联合抗秦。秦惠王任用魏国人张仪为相,到各国宣扬"连横"的策略,离间六国,威胁和引诱六国依附秦国。在张仪的活动下,六国联盟马上四分五裂。

153. 三人成虎

【释义】三个人谎报城市里有老虎,听的人就信以为真。比喻说的人多了,就能使人们把谣言当作事实。

【出处】《战国策·魏策二》:庞葱与太子质于邯郸,谓魏王曰:"今一人言市有虎,王信之乎?"王曰:"否。""二人言市有虎,王信之乎?"王曰:"寡人疑之矣。""三人言市有虎,王信之乎?"王曰:"寡人信之矣。"庞葱曰:"夫市之无虎明矣,然而三人言而成虎。今邯郸去大梁也远于市,而议臣者过于三人矣。愿王察之矣。"王曰:"寡人自为知。"于是辞行,而谗言先至。后太子罢质,果不得见。

【成语故事】战国时代,互相攻伐,为了使大家真正能遵守信约,国与国之间通常都将太子交给对方作为人质。魏国大臣庞葱,将要陪魏太子到赵国去作人质,临行前对魏王说:"现在有一人来说街市上出现了老虎,大王相信吗?"魏王道:"我不相信。"庞葱说:"如果有第二个人说街市上出现了老虎,大王相信吗?"魏王道:"我有些将信将疑了。"庞葱又说:"如果有第三个人说街市上出现了老虎,大王相信吗?"魏王道:"我当然会相信。"庞葱就说:"街市上不会有老虎,这是很明显的事,可是经过三个人一说,好像真的有了老虎了。现在赵国国都邯郸离魏国国都大梁,比这里的街市远了许多,议论我的人又不止三个。希望大王明察才好。"魏王道:"一切我自己知道。"庞葱陪太子回国,魏王果然没有再召见他了。市是人口集中的地方,当然不会有老虎。说市上有虎,显然是造谣、欺骗,但许多人这样说了,如果不是从事物真相上看问题,也往往会信以为真的。故事本来是讽刺魏惠王无知的,后世引申成为"三人成虎",借来比喻有时谣言可以掩盖真相的意思。

154. 南辕北辙

【释义】想往南而车子却向北行。比喻做事背道而驰,行动和目的相反。

【出处】《战国策·魏策四》:"今者臣来,见人于大行,方北面而持其驾,告臣曰:'吾欲之楚。'臣曰:'君之楚,将奚为北面?'曰:'吾马良。'臣曰:

149

'马虽良，此非楚之路也。'曰：'吾用多。'臣曰：'用虽多，此非楚之路也。'曰：'吾御者善。'此数者愈善，而离楚愈远耳。"

【成语故事】战国时期，魏王想攻打赵国，大臣季梁劝他说："我在太行山下遇到一个赶着车向北走的人，告诉我说：'我要去楚国。'我问他：'你要去楚国，为什么要向北呢？'他说：'我的马好。'我说：'你的马虽然好，但这不是去楚国的路啊！'他又说：'我的路费很充足。'我说：'你的路费虽然多，但这不是去楚国的路啊！'他又说：'给我驾车的人本领很高。'他不知道方向错了，赶路的条件越好，离楚国的距离就会越远。现在大王动不动就想称霸诸侯，办什么事都想取得天下的信任，依仗自己国家强大，军队精锐，而去攻打邯郸，想扩展地盘抬高声威，岂不知您这样的行动越多，距离统一天下为王的目标就越远，这正像要去楚国却向北走的行为一样啊！"

注：季梁，春秋初期随国大夫，政治家、军事家、思想家，是我国南方第一位文化名人，开儒家学说先河的重要学者。

155. 鹬蚌相争，渔翁得利

【释义】比喻双方相持不下，而使第三者从中得利。

【出处】西汉·刘向《战国策·燕策二》："蚌方出曝，而鹬啄其肉，蚌合而拑其喙。鹬曰：'今日不雨，明日不雨，即有死蚌。'蚌亦曰：'今日不雨，明日不雨，即有死鹬。'两者不肯相舍，渔者得而并禽之。"

【成语故事】赵国将要讨伐燕国，苏代（战国时策士，纵横家苏秦的弟弟）替燕国游说赵惠文王，讲了如下的寓言故事："我来的时候经过易水，恰好看到蚌出来晒太阳。鹬趁机啄蚌的肉，蚌把两扇介壳一闭就夹住了鹬的喙。鹬说：'今天不下雨，明天不下雨，就有死蚌。'蚌也针锋相对地说：'今天不出，明天不出（夹住不放），就有死鹬。'两者谁也不肯罢休，这时过来一个渔父把两者一起拎走了。"燕赵相对抗，都搞得很疲劳，恐怕强大的秦国正在扮演渔父的角色，所以希望大王深思熟虑。惠文王赞同苏代的意见，停止对燕国用兵。

156. 惊弓之鸟，空弦落雁

【释义】被弓箭吓怕了的鸟不容易安定。原指以巧制胜，现以"惊弓之鸟"来形容受过惊吓的人碰到一点动静就非常害怕。

【出处】《战国策·楚策四》："异日者，更羸与魏王处京台之下，仰见飞鸟。更羸谓魏王曰:'臣为王引弓虚发而下鸟。'魏王曰:'然则射可至此乎?'更羸曰:'可。'有间,雁从东方来,更羸以虚发而下之。魏王曰:'然则射可至此乎?'更羸曰:'此孽也。'王曰:'先生何以知之?'对曰:'其飞徐而鸣悲。飞徐者,故疮痛也;鸣悲者,久失群也,故疮未息,而惊心未去也。闻弦音,引而高飞,故疮(发而)陨也。"

【成语故事】战国时,六国决定合纵,赵国派使者魏加到楚国协商抗秦。楚王决定派临武君为将。临武君曾经被秦国击败,魏加以为不妥,向楚王讲了一个故事:魏国射箭能手更羸跟魏王到郊外打猎,一只大雁从远处慢慢地飞来,边飞边鸣。更羸仔细看了看,指着大雁对魏王说:"大王,我不用箭,只要拉一下弓,这只大雁就能掉下来。""是吗?"魏王问道,"你有这样的本事?"更羸说:"请让我试一下。"他左手拿弓,右手拉弦,只听得嘣的一声响,那只大雁只往上飞,拍了两下翅膀,忽然从半空里直掉下来。魏王看了,大吃一惊:"真有这本事!"更羸笑笑说:"不是我本事大,是因为我知道,这是一只受过箭伤的鸟。"魏王更加奇怪了,问:"你怎么知道的?"更羸说:"它飞得慢,叫的声音很悲惨。飞得慢,因为它受过箭伤,伤口没有愈合,还在作痛;叫得悲惨,因为它离开同伴,孤单失群,得不到帮助。它一听到弦响,心里很害怕,就拼命往高处飞。它一使劲伤口又裂开了,就掉下来了。"

157. 舍本问末

【释义】分不清主次,抛弃了主要的。

【出处】《战国策·齐策四》:"齐王使使者问赵威后。书未发,威后问使者曰:'岁亦无恙耶?'使者不说,曰:'臣奉使使威后,今不问王,而先问岁与民,岂先贱而后尊贵者乎?'威后曰:'不然。苟无岁,何以有民?苟无民,何以有君?故有舍本而问末者耶?'"

【成语故事】公元前266年,赵惠文王去世,太子丹接位为赵孝成王。由于孝成王年轻,国家大事由母亲赵威后负责处理。赵威后贤明而有见识,她刚主持国事的时候,秦国加剧了对赵国的进攻。赵国危急,向齐国求救,齐国要赵威后把她的小儿子长安君送到齐国作人质,赵威后舍不得,但是听了大臣触龙的意见,还是把长安君送到齐国,齐国出兵帮助赵国打退了秦军。有一次,齐王派使者带着信到赵国问候赵威后,威后还没有拆信就问使者:齐国的收成不坏吧？老百姓平安吗？齐王身体健康吗？齐国使者听了心里很不高兴，说：我受齐王派遣来问候您，现在你不先问齐王，却先问收成和百姓，难道可以把低贱的放在前面，把尊贵的放在后面吗？威后微微一笑，说：不是的。如果没有收成，怎么会有百姓？如果没有百姓，怎么会有君主？难道问候时可以舍弃根本而只问枝节吗？齐国使者一时说不出话来。

158. 安然无恙

【释义】原指人平安没有疾病。现泛指事物平安未遭损害。

【出处】《战国策·齐策四》，齐王使使者问赵威后，书未发，威后问使者曰："岁亦无恙耶？民亦无恙耶？"使者不悦，曰："臣奉使使威后，今不问王而先问岁与民，岂先贱而后尊贵者乎？"威后曰："不然。苟无岁，何以有民？苟无民，何以有君？故有舍本而问末者耶？"

【成语故事】同"舍本问末"。

159. 补天浴日

【释义】指女娲炼五色石补天和羲和给太阳洗澡两个神话故事。后用来比喻人有战胜自然的能力。也形容伟大的功业。

【出处】《淮南子·览冥训》："女娲炼五色石以补苍天。"

【成语故事】上古时代，传说盘古开天用四根"不周山"大柱子支撑天地。一次，水神共工和火神祝融大战。共工大败，气得一头把不周山撞坏了，天坍塌了一大块，地也陷裂了很多。同时，山林起火，洪水横流……创造世界万物的女神娲（女娲是邯郸市涉县人，娲皇宫就坐落在涉县境内），在大江大河中挑选了许多五彩的石子，架起神火炼成熔液，然后用这种熔液去修补破坏了的天。她又杀了一只大得无法形容的乌龟，斩下4脚，作为4根天柱，竖立在四方，把天撑住。还利用大火后遗留的芦草灰，堵住了洪水。一场大难，始告平息。

太阳女神羲和有10个儿子，也就是10个太阳。他们住在东方海外汤谷的"扶桑"树上。他们每天一个，轮流在天空值班。早上，由妈妈羲和架车伴送，车子很壮观，是由6条龙拉着的。从起点汤谷到终点蒙谷，共有16个站，正好一天的路程。车到第14站悲泉，太阳就得下车步行，妈妈羲和架着空车赶回汤谷，为伴送明天值班的儿子去作准备。每天早上，值班的太阳离开扶桑，登上龙车之前，一定先要在咸池里洗一个澡。羲和还常常带着儿子们在东南海外的甘渊一块洗澡，甘渊的水，十分甘美，羲和把儿子们一个个都洗得干干净净，明明亮亮。人们形容无可比拟的极大的功绩时，就借用"女娲补天"和"羲和浴日"这两个故事来做比喻，称为"补天浴日"。

《淮南子》（又名《淮南鸿烈》《刘安子》），西汉皇族淮南王刘安及其门客集体编写的一部哲学著作，杂家作品。刘安的父亲刘长是汉高祖的庶子，封为淮南王，刘安作为长子，承袭父爵，故亦称淮南王。刘安撰作《淮南子》的目的，是针对初登基帝位的汉武帝刘彻，反对他所推行的政治改革。《淮南子》原书内篇二十一卷，中篇八卷，外篇三十三卷，至今存世的只有内篇。高诱在序中指出此书的思想内容："其旨近老子淡泊无为，蹈虚守静，出入经道。言其大也，则焘天载地；说其细也，则沦于无垠；及古今治乱存亡祸福、世间诡异瑰奇之事。其义著，其文富，物事之类无所不载。然其大较，归之于道。"班固《汉书·艺文志》将其归入"杂家"，《四库全书总目》亦归入"杂家"，属于子部。该书在继承先秦道家思想的基础上，糅合了阴阳、墨、法和一部分儒家思想，但主要的宗旨属于道家。

160. 女娲补天，炼石补天

【释义】神话故事，伏羲的妹妹女娲炼五色石补天。形容改造天地的雄伟气魄和大无畏的斗争精神。

【出处】相关传说在上古奇书《列子·汤问》《淮南子·览冥训》《山海经》上均有记载。

【成语故事】秦汉初期，女娲炼石补天与共工大战是两个独立的神话故事，到了东汉时期，王充在《论衡·谈天篇》利用"共工怒触不周山"为背景原因，完善情节解释了"女娲炼石补苍天"中缘何天塌地陷、发生灭世灾难的理由，至此，女娲与共工，融合成了一则救世神话。

水神共工氏和火神祝融氏在不周山之战的故事，在《山海经·西山经》有记载。而《山海经·海外北经》则有"共工之臣相柳氏"的记载。

根据《史记·补三皇本纪》记载，水神共工造反，与火神祝融交战。共工被祝融打败了，气得用头去撞世界的支柱不周山，导致天塌陷，天河之水注入人间。女娲不忍生灵受灾，于是炼出五色石补好天空，折神鳌之足撑四极，平洪水杀猛兽，万灵始得以安居。

《淮南子·天文训》记为共工与颛顼之战；《淮南子·原道》记为共工与高辛氏之战；《雕玉集·壮力》记为共工与神农氏之战；《路史·太昊纪》记为共工与女娲之战。

161. 博闻强识，亦作"博闻强志""博闻强识""博闻强记"

【释义】是指见闻广博，记忆力强。

【出处】《礼记·典礼上》："博闻强识而让，敦善行而不怠。谓之君子。"

《荀子·解蔽》："博闻强志，不合王制，君子贱之。"

【考据】三国时期，魏文帝曹丕自幼天资聪颖，下笔成章，博闻强识，才艺兼备。8岁就能写文章，诗词歌赋文笔清新流畅。其《典论》中的《论文》是我国文学批判史上杰出作品。他跟随曹操南征北战，于公元220年废汉自立为皇帝。

戴德、戴圣：生卒年待考。汉代礼学家。邯郸成安县人。戴德，字延居，人称大戴。汉宣帝时立为博士，官至信都王太傅。删定《礼记》成八十五篇，称为《大戴礼记》。戴圣，为戴德侄儿，人称小戴。官至九江太守。删定《礼记》成四十九篇，称为《小戴礼记》。使儒家的礼仪论著得以传世，故《三字经》有"大小戴，注礼记，述圣言，礼乐备"的记载。后人为纪念其功绩，曾在成安县北乡义村立"大小戴故里碑"。

孔子教授弟子的《诗》《书》《礼》《乐》《易》《春秋》"六经"，是中国古典文化中最高哲理的载体，但是文古义奥，不易通读，因而多做解读以辅助理解，六经中的《礼》，后来称《仪礼》，主要记载周代的冠、婚、丧、祭诸礼的"礼法"，受体例限制，几乎不涉及仪式背后的"礼义"。而不了解礼义，仪式就成了毫无价值的虚礼。所以，七十子后学在习礼的过程中，撰写了大量阐发经义的论文，总称之为"记"，属于《仪礼》的附庸。秦始皇焚书坑儒后，西汉能见到的用先秦古文撰写的"记"依然不少，《汉书·艺文志》所载就有"百三十一篇"。《隋书·经籍志》说这批文献是河间献王从民间征集所得，并说刘向考校经籍时，又得到《明堂阴阳记》《孔子三朝记》《王史氏记》《乐记》等数十篇，总数增至二百十四篇。由于《记》的数量太多，精粗不一，到了东汉，社会上出现了两种选辑本，一是戴德的八十五篇本，习称《大戴礼记》；二是他的侄子戴圣的四十九篇本，习称《小戴礼记》。《大戴礼记》流传不广，北周卢辩曾为之作注，但颓势依旧，到唐代已亡佚大半，仅存三十九篇，《隋书》《唐书》《宋书》等史乘的《经籍志》甚至不予著录。《小戴礼记》则由于郑玄为之作了出色的注，而风光无限，畅行于世，故后人径称之为《礼记》。

戴圣所编《礼记》又名《小戴礼记》《小戴记》，是中国古代一部重要的典章制度选集，共二十卷四十九篇，主要记载了先秦的礼制，体现了先秦儒家的哲学思想（如天道观、宇宙观、人生观）、教育思想（如个人修身、教育制度、教学方法、学校管理）、政治思想（如以教化政、大同社会、礼制与刑律）、美学思想（如物动心感说、礼乐中和说），是研究先秦社会的重要资料，是一部儒家思想的资料汇编。《礼记》章法谨严，映带生姿，文辞婉转，前后呼应，语言整饬而多变，是"三礼"之一、"五经"之一、"十三经"之一。自西汉郑玄作"注"后，《礼记》地位日升，至唐代时尊为"经"，宋代以后，位居"三礼"之首。《礼记》中记载的古代文化史知识及思想学说，对儒家文化传承、当代文化教育和德行教养，及社会主义和谐社会建设有重要影响。

162. 不苟訾笑　不苟言笑

【释义】不随便说笑。形容态度庄重严肃。

【出处】《礼记·典礼上》："听于无声，视于无形，不登高，不临深，不苟訾，不苟笑。孝子不服暗，不登危，惧辱亲也。"

【翻译】守孝之人子，心中常想象着父母的形与声，不去有危险的地方，不在黑暗处做事，不随便言笑。

163. 不共戴天

【释义】不与杀父的仇人共存于世间。后用"不共戴天"比喻仇恨极深。

【出处】《礼记·曲礼上》："父之仇，弗与共戴天；兄弟之仇，不反兵；交游之仇，不同国。"

《礼记·檀弓上》子夏问于孔子曰："居父母之仇，如之何？"夫子曰："寝苫枕干，不仕，弗与共天下也。遇诸市朝，不反兵而斗。"

【考据】"不共戴天"原本的意思就是"不和仇人顶着同样的天"，"天"只有一个，所以也就是不和仇人共存于世间的意思。什么样的仇人非得拼个你死我活呢？《礼记·曲礼上》说："杀害父亲的仇人，我不应和他共处于世间；在路上遇到杀害兄弟的仇人，不必等回家拿兵器，就应该直接上前报复；如果是

155

杀害朋友的仇人，我不应该和他同国。"传统的儒家是很讲究礼的。在礼的观念中，对父母要尽孝，对兄弟要友爱，对朋友要存义，这是为人的基本。所以一个人是非观念要分明，要"以直报怨"。父母既是我们在世上最亲的人，遇到杀父仇人，岂有轻饶的道理？想尽办法也要报仇，否则为人子女就是不孝，也就是不合礼了。这正是为何《曲礼》说"父之仇，弗与共戴天"的理由了。这种观念在《礼记·檀弓上》也提到：有父母之仇要报的人，是要"寝苦枕干"的。苦，草的意思。干是盾，也就是兵器的意思。也就是为报父母之仇，为人子女要处心积虑，睡不能安寝，随时准备兵器，等待机会。所以"不共戴天"原本是古代儒家借报父仇一事的观念，来宣扬对父母之孝的重要，后来演变成一句成语，比喻对人仇恨极深。

164. 昏定晨省

【释义】昏：天刚黑；省：探望、问候。晚间服侍就寝，早上省视问安。旧时侍奉父母的日常礼节。

【出处】《礼记·曲礼上》："凡为人子之礼，冬温而夏清，昏定而晨省，在丑夷不争。"

【翻译】大凡为人子女的规矩是：冬天要留意父母亲穿的是否温暖，居处是否暖和。夏天，要考虑父母是否感到凉爽。每晚睡前要向父母亲问安，早上起床，一定要先看望父母亲，请问身体是否安好。与平辈的人相处，不发生争斗。

165. 进退有度

【释义】指前进后退动作均合法度。

【出处】《礼记·曲礼上》：行，前朱鸟而后玄武，左青龙而右白虎，招摇在上，急缮其怒。进退有度，左右有局，各司其局。

【翻译】军作行阵，前锋为朱鸟（朱雀），后卫为玄武，左翼为青龙，右翼为白虎，中军置七星北斗旗，指挥调度，坚定军心。左右各有军阵，各军阵自有统管。

166. 负薪之忧

【释义】意指背柴劳累，体力还未恢复。有病的谦辞。

【出处】《礼记·曲礼下》："君使士射，不能，则辞以疾，言曰：'某有负薪之忧。'"

【翻译】骑射之技，男子必能，不能者不能以不能为由而推辞，必以疾为辞之由。负薪，背柴火，是下人做的事。士欲亲为，有病则不能也。

167. 爱人以德

【释义】爱人：爱护别人；德：德行。按照道德标准去爱护人。泛指对人不偏私偏爱，不姑息迁就。

168. 姑息养奸

【释义】姑息：为求苟安，无原则地宽容；养：助长；奸：坏人坏事。无原则地宽容，只会助长坏人作恶。

【出处】《礼记·檀弓上》："君子之爱人也以德，细人之爱人也以姑息。"

【翻译】君子是用道德为标准来爱护人，小人用无原则地宽容他人来爱护人。

169. 美轮美奂

【释义】轮：高大；奂：众多。原本多形容建筑物雄伟壮观、富丽堂皇。现在也用来形容雕刻或建筑艺术的精美效果。

【出处】《礼记·檀弓下》：晋献文子成室，晋大夫发焉。张老曰："美哉轮焉，美哉奂焉。歌于斯，哭于斯，聚国族于斯。"文子曰："武也，得歌于斯、哭于斯、聚国族于斯，是全要领以从先大夫于九京也。"北面再拜稽首。君子谓之善颂、善祷。

【翻译】晋国赵文子宫室落成，晋国的大夫发礼前往致贺。张老说："多么高大，多么华美！您将在这里祭祀奏乐，在这里居丧哭灵，在这里与国宾、宗族聚会了。"赵文子说："武能够在这里祭祀奏乐，在这里居丧哭灵，在这里与国宾、宗族聚会，这就是全尸而跟从先大夫葬于九原了。"于是向北面再拜叩头，表示感谢。君子称他们是一个善于赞美祝福，一个善于祈祷免祸。

170. 节哀顺变

【释义】是用来慰唁死者家属的话，节：节制；变：事变。抑制哀伤，顺应变故。

【出处】《礼记·檀弓下》："丧礼，哀戚之至也；节哀，顺变也。君子念始之。"

【翻译】守父母之丧期间，孝子的心情是极其悲哀的。用种种礼节来节制他的悲哀，就是为了顺着他悲哀的感情，使他逐渐适应这种剧变。这都是由于君子念及生他养他的父母的缘故。

171. 一成不变

【释义】成：制定，形成。一经形成，不再改变。

【出处】《礼记·王制》："刑者，侀也。侀者，成也。一成而不可变，故君子尽心焉。"

【考据】孔颖达疏："容貌一成之后，若以刀锯凿之，断者不可续，死者不可生，故云不可变。"后以"一成不变"谓刑法一经制定，不容变更。亦泛指墨守成规，不知变通。

172. 量入为出

【释义】量：计量。根据收入的多少来定开支的限度。

【出处】《礼记·王制》："冢宰制国用，必于岁之杪。五谷皆用，然后制国用，量入以为出。"

【说明】在王权政治体制下，国家的财用收入与支出构成了国家的经济命脉，量入为出成为最基本的理财原则。由中央官吏于每年的岁末规划和总理国家财用。

173. 哀乐相生

【释义】悲哀与欢乐可以互为因果，相互转化。

【出处】《礼记·孔子闲居》：子夏曰："民之父母，既得而闻之矣；敢问何谓五至？"孔子曰："志之所至，诗亦至焉。诗之所至，礼亦至焉。礼之所至，乐亦至焉。乐之所至，哀亦至焉。哀乐相生。是故，正明目而视之，不可得而见也；倾耳而听之，不可得而闻也；志气塞乎天地，此之谓五至。"

【翻译】子夏说："什么是'百姓的父母'，学生已经领教了。请问什么叫作'五至'？"孔子回答说："既有爱民之心至于百姓，就会有爱民的诗歌至于百姓；既有爱民的诗歌至于百姓就会有爱民的礼至于百姓；既有爱民的礼至于百姓，就会有爱民的乐至于百姓；既有爱民的乐至于百姓，就会有哀民不幸之心至于百姓。哀与乐是相生相成。这种道理，瞪大眼睛来看，你无法看得到；支棱起耳朵来听，你无法听得到；但君王的这种思想却充塞于天地之间。这就叫作'五至'。"

174. 师严道尊

【释义】指老师学术严谨并受到尊敬，他所传授的道理、知识、技能才能得到尊重。后多指为师之道尊贵、庄严。

【出处】《礼记·学记》："凡学之道，严师为难。师严然后道尊，道尊然后民知敬学。"

【翻译】求学的道理，尊敬老师是最难做到的。教师受到尊敬，然后知识（学问）才会受到尊重，知识受到尊重，然后民众才懂得敬重学业。

175. 扞格不入

【释义】扞：绝；格：坚硬；扞格：相互抵触，格格不入。过于坚硬而难于深入。形容彼此意见完全不合。

【出处】《礼记·学记》："发然后禁，则扞格而不胜。"郑玄注："扞：坚不可入之貌。"

176. 孤陋寡闻

【释义】陋：浅陋；寡：少。形容学识浅陋，见闻不广。

【出处】《礼记·学记》："发然后禁，则扞格而不胜；时过然后学，则勤苦而难成；杂施而不孙，则坏乱而不修；独学而无友，则孤陋而寡闻；燕朋逆其师，燕辟废其学。此六者，教之所由废也。"

【翻译】邪恶的念头已经发生，然后再来禁止，因为错误的观念已经坚不可拔，教育亦难以胜任。适当的学习时期过了才去学，虽然努力苦学，也难有成就。东学一点西学一些，却不按照进度学习，只是使头脑混乱毫无条理而已。没有同学在一起研讨，切磋琢磨，便落得孤单落寞而少见闻。结交不正当的朋友，会导致违背师长的教训，不良的习惯，会荒废自己的学业。这六项，是导致教育失败的原因。

177. 化民成俗

【释义】教化百姓，使形成良好的风尚。

【出处】《礼记·学记》："发虑宪，求善良，足以谀闻，不足以动众。就贤体远，足以动众，不足以化民。君子如欲化民成俗，其必由学乎。"

178. 教学相长

【释义】教和学两方面互相影响和促进，都得到提高。

【出处】《礼记·学记》:"是故;学然后知不足;教然后知困。知不足然后能自反也。知困然后能自强也;故曰教学相长也。"

【翻译】因此,通过学习然后知道自己有不足的地方,通过教然后知道自己有困惑不解的地方。知道自己有不足的地方,然后才能够督促自己进一步学习;知道自己有困惑不解的地方,然后才能够自我奋发进取。所以说:教和学是互相促进、共同提高的。《兑命》说:教别人也是自己学习的一半。大概说的就是这个道理吧。

179. 离经辨志

【释义】读断经书文句,明察圣贤志向。

【出处】《礼记·学记》:"古之教者,家有塾,党有庠,术有序,国有学。比年入学,中年考校。一年视离经辨志,三年视敬业乐群,五年视博习亲师,七年视论学取友,谓之小成;九年知类通达,强立而不反,谓之大成。夫然后足以化民易俗,近者说服,而远者怀之,此大学之道也。记曰:'蛾子时术之。'其此之谓乎。"

【翻译】古时候教学的地方,一家中设有私塾,一党中设有庠(五百家为党),一个遂中设有序(一万两千五百家为遂),一国之中设有太学。每年都有新生入学,隔年考试一次。入学一年之后,考经文的句读,辨别志向所趋;三年考查学生是否尊重专注于学业,乐于与人群相处;五年考查学生是否博学笃行,亲近师长;七年时考查学生在学术上是否有独到的见解,及对朋友的选择,这时候可以称之为小成。九年时知识通达,能够触类旁通,遇事不惑而且不违背师训,就可以称之为大成。这时候才能够教化人民,移风易俗,然后附近的人都心悦诚服,远方的人也都来归附。这是大学教育的方法与次第。古书说:蚂蚁时时学习衔泥,然后才能成大垤,就是这个意思。

180. 敬业乐群

【释义】敬业:专心于学业;乐群:乐于与好朋友相处。专心学习,和同学融洽相处。对自己的事业很尽职,和朋友相处很融洽。

【出处】同"离经辨志"。

181. 亲师信道

【释义】亲近师长,深信所学之道。潜在意思是:只有通过"亲其师,信其道",掌握学习方法,才能真正达到"即使离开师长辅导,也不会违反道义"的境界。

【出处】《礼记·学记》:"故安其学而亲其师,乐其友而信其道。"

【翻译】正因为这样,他才能安于学习,亲近师长,乐于和同学相处,深信所学之道。

182. 学然后知不足,教然后知困

【释义】经过学习才知道自己知识的不足,经过教授才知道自己知识的困惑。隐含通过实践才能不断发现问题,完善自己,提升自己,尤其是在教学之中,通过教学实践与反馈,不断完善教学方式,可以达到教学相长的效果。

【出处】《礼记·学记》:"虽有嘉肴,弗食,不知其旨也;虽有至道,弗学,不知其善也。是故学然后知不足,教然后知困。知不足,然后能自反也;知困,然后能自强也。故曰:'教学相长也。'《兑命》曰:'学学半。'其此之谓乎?"

【翻译】即使有味美可口的肉食,不吃不会知道它味道的甘美;即使有最好的道理,不学习也不会了解它的好处。所以,通过学习才能知道自己的不足,通过教导别人才能知道自己理解不了的地方。知道自己学业的不足,这样以后才能自我反省;感到困惑,这样以后才能自我勉励。所以说,教与学是互相促进的。《兑命》说:"教人是学习的一半。"大概就是说的这个道理吧。

183. 半途而废

【释义】指做事不能坚持到底,中途停顿,有始无终。

【出处】《礼记·中庸》:"君子遵道而行,半途而废,吾弗能已矣。"

【翻译】君子遵循中庸之道行事,有的人半途而废,但我不能中途停止。

184. 并行不悖

【释义】指可以共存,而不相互违背。可同时进行,不相冲突。

【出处】《礼记·中庸》:"万物并育而不相害,道并行而不相悖。"

【翻译】万物同时生长而不相妨害,日月运行四时更替而不相违背。

185. 博学多闻

【释义】学识广博,见闻丰富。

【出处】《礼记·中庸》:"博学之,审问之,慎思之,明辨之,笃行之。"

【考据】这说的是为学的几个层次，或者说是几个递进的阶段。"博学之"意谓为学首先要广泛地猎取，培养充沛而旺盛的好奇心。好奇心丧失了，为学的欲望随之而消亡，博学遂为不可能之事。"博"还意味着博大和宽容。唯有博大和宽容，才能兼容并包，使为学具有世界眼光和开放胸襟，真正做到"海纳百川，有容乃大"，进而"泛爱众，而亲仁"。因此博学乃能成为为学的第一阶段。越过这一阶段，为学就是无根之木、无源之水。"审问"为第二阶段，有所不明就要追问到底，要对所学加以怀疑。问过以后还要通过自己的思想活动来仔细考察、分析，否则所学不能为自己所用，是为"慎思"。"明辨"为第四阶段，学是越辩越明的，不辩，则所谓"博学"就会鱼龙混杂，真伪难辨，良莠不分。"笃行"是为学的最后阶段，就是既要学有所得，就得努力践履所学，使所学最终有所落实，做到"知行合一"。"笃"有忠贞不渝，踏踏实实，一心一意，坚持不懈之意。只有有明确的目标、坚定的意志的人，才能真正做到"笃行"。

186. 改恶从善

【释义】从此之后痛改前非，不做坏事。

【出处】《礼记·中庸》："明则动，动则变。"郑玄注："动，动人心也；变，改恶为善也。"

187. 凡事预则立，不预则废

【释义】预：预先，指事先做好计划或准备；立：成就；废：败坏。不论做什么事，事先有准备，就能得到成功，不然就会失败。

【出处】《礼记·中庸》："凡事豫则立，不豫则废。言前定则不跆，事前定则不困，行前定则不疚，道前定则不穷。"豫，亦作"预"。

【翻译】凡事有准备才能做成功，没有做好准备则会失败。任何事情，事前有准备就可以成功，没有准备就要失败；说话先有准备，就不会辞穷理屈站不住脚；做事先有准备，就不会遇到困难挫折；行事前计划先有定夺，就不会发生错误后悔的事。

188. 人亡政息

【释义】亡：失去，死亡；息：废，灭。旧指一个掌握政权的人不在其位了，他的政治措施也跟着停顿下来。

【出处】《礼记·中庸》:"文武之政,布在方策。其人存,则其政举;其人亡,则其政息。"

189. 肆无忌惮

【释义】肆:放肆;忌:顾忌;惮:害怕。非常放肆,一点没有顾忌。

【出处】《礼记·中庸》:"小人之中庸也;小人而无忌惮。"宋·朱熹注:"小人不知有此,则肆欲妄行,而无所忌惮矣。"

190. 我行我素

【释义】指不受外界影响,按自己向来的行事方式去做。

【出处】《礼记·中庸》:"君子素其位而行,不愿乎其外。素富贵行乎富贵,素贫贱行乎贫贱,素夷狄行乎夷狄,素患难行乎患难,君子无入而不自得焉。"

191. 无征不信

【释义】没有证据的话或事不可信。

【出处】《礼记·中庸》:"上焉者,虽善无征,无征不信,不信民弗从。"

【翻译】在上位的人,虽然行为很好,但如果没有验证的活,就不能使人信服,不能使人信服,老百姓就不会听从。在下位的人,虽然行为很好,但由于没有尊贵的地位,也不能使人信服,不能使人信服,老百姓就不会听从。

192. 喜怒哀乐

【释义】喜欢、恼怒、悲哀、快乐。泛指人的各种不同的感情。

【出处】《礼记·中庸》:"喜怒哀乐之未发谓之中,发而皆中节谓之和。"

193. 本末倒置

【释义】本:树根,比喻事物的根本。末:树梢,比喻事物的细枝末节。比喻把主要的和次要的、本质和非本质的关系弄颠倒了。

【出处】《礼记·大学》:"物有本末,事有终始,知所先后,则近道矣。"

【考据】是在说明做一件事情,掌握本末终始、先后次序是非常重要的。但是,因为一般人往往会有误本为末、倒末为本的疏失,所以就有"本末倒置"的说法。较早的书证是宋代大儒朱熹写给他的朋友吕伯恭的信,就提到"昨所献疑本末倒置之病,明者已先悟其失……"等语,信中谈的就是先后次序颠倒的事情。

另外一位宋代大儒陆九渊在《与曾敬之》信中也提到："有其本，必有其末。未闻有本盛而末不茂者。若本末倒置，则所谓文亦可知矣。"大意是说事情都有本有末，没听过根本壮盛而枝节末端不茂盛的事。陆九渊的话更明白地表现出本末倒置的意思。

清代王昶所写的《新修州学之记》说道："当奉教化，宣之于民……然非知治之审，则亦未尝不本末倒置。"意思是说为政者若不知宣扬教化于民，则常会本末倒置，失掉了应有的判断。

194. 格物致知

【释义】推究事物的原理，从而获得知识。

【出处】《礼记·大学》："致知在格物，物格而后知至。""所谓致知在格物者，言欲致吾之知，在即物而穷其理也。"

【考据】格物致知是中国古代儒家思想中的一个重要概念，乃儒家专门研究物理的学科，已失佚，源于《礼记·大学》八目——格物、致知、诚意、正心、修身、齐家、治国、平天下——所论述的"欲诚其意者，先致其知；致知在格物。物格而后知至，知至而后意诚"此段。但《大学》文中只有此段提及"格物致知"，却未在其后做出任何解释，也未有任何先秦古籍使用过"格物"与"致知"这两个词汇而可供参照意涵，遂使"格物致知"的真正意义成为儒学思想的难解之谜。

东汉郑玄最早为"格物致知"做出注解，而自从宋儒将《大学》由《礼记》独立出来成为《四书》的一部后，"格物致知"的意义也就逐渐成为后世儒者争论不休的热点议题，以至于今。社会上关于"格物致知"的流行诠释，是根据南宋朱熹学说的部分观点，认为"格物致知"就是研究事物而获得知识、道理。

195. 日新月异

【释义】新：更新；异：不同。每天都在更新，每月都有变化。指发展或进步迅速，不断出现新事物、新气象。

【出处】《礼记·大学》："苟日新，日日新，又日新。"

196. 无所不用其极

【释义】原指修养品德时没有一处不尽心尽力的意思，褒义。现已失去褒义，专为贬义，指任何坏事都干得出来或任何极端手段都使得出来。

【出处】《礼记·大学》："汤之盘铭曰：'苟日新，日日新，又日新。'《尚书·康诰》曰：'作新民。'《诗经·大雅·文王》曰：'周虽旧邦，其命维新。'是故君子无所不用其极。"

【翻译】商汤刻在洗澡盆上的字说："如果能在今天洗净身上的东西，使身心清新，就应天天洗净脏东西，使身心清新，更要继续不断地每天清洗，使身体和精神焕然一新。"《康诰》说："激励人们弃旧图新，弃恶从善。"《诗经》中说："周朝虽然是旧的国家，但却能始终做到自我更新。"所以，品德高尚的人都竭尽全力，使自己达到最完善的境界。

197. 生财有道

【释义】原指生财有个大原则，后指挣钱很有办法。

【出处】《礼记·大学》："生财有大道：生之者众，食之者寡，为之者疾，用之者舒，则财恒足矣。"

198. 心不在焉

【释义】心思不在这里。指思想不集中。

【出处】《礼记·大学》："心不在焉，视而不见，听而不闻，食而不知其味。"

199. 心广体胖

【释义】广：宽广，坦率；胖：安泰舒适。原指人心胸开阔，外貌就安详。后用来指心情愉快，无所牵挂，因而人也发胖。

【出处】《礼记·大学》："富润屋，德润身，心广体胖。"

200. 不丰不杀

【释义】丰：厚；杀：减少。不奢侈也不啬俭。不增加也不减少。

【出处】《礼记·礼器》："孔子曰：'礼不可不省也，礼不同，不丰，不杀。'"

201. 不可终日

【释义】指一天都过不下去。形容局势危急或心中极其恐慌不安。

【出处】《礼记·表记》："君子不以一日使其躬儳焉，如不终日。"

【翻译】君子庄重恭敬则一天天强大起来，安逸放纵则一天天苟且偷生。君子不会让自己有一天的时间苟且马虎，如果有也不会让其达到一天。

202. 不同流俗

【释义】与世俗习气不同，形容品德高尚。

【出处】《礼记·射义》：孔子射于矍相之圃，盖观者如堵墙。射至于司马，使子路执弓矢，出延射曰："贲军之将，亡国之大夫，与为人后者不入，其余皆入。"盖去者半，入者半。又使公罔之裘、序点，扬觯而语，公罔之裘扬觯而语曰："幼壮孝弟，耆耋好礼，不从流俗，修身以俟死者，不，在此位也。"盖去者半，处者半。序点又扬觯而语曰："好学不倦，好礼不变，旄期称道不乱者，不，在此位也。"盖仅有存者。

【翻译】孔子在矍相的泽宫演习射礼，围观的人很多，形成了一道人墙。射前先举行饮酒礼，到了该射箭的时候，孔子叫子路手持弓矢出列延请射箭的人说："败军之将、便国君亡国的大夫，以及贪污受贿之人没有资格进来参加射箭比赛，其他的都可以。"听到这话之后，有一半人自以为合格而留下，另外的一半人都走开了。一比赛结束，到了旅酬的时候，子路又叫公周之裘和序点举起酒杯对在场的人讲话。孔公周之裘举杯说："幼年壮年时能够孝顺父母敬事兄长，到了老年还讲究礼法，不随波逐流，洁身自好而至死不变，有这样的人吗？如果有，就请在宾位落座。"听到这话之后，人又走了一半。序点又举杯说："爱好学习而不厌倦，爱好礼法而不改变，活到了八十九十乃至一百岁也言行毫不糊涂，有这样的人吗？如果有，就请在宾位落座。"听到这话之后，人差不多就走光了。

203. 多文为富

【释义】以多学知识、技能为富有。

【出处】《礼记·儒行》："儒有为宝金玉，而忠信以为宝，有祈土地，立义以为土地；不祈多积，多文以为富。难得而易禄也，易禄而难畜也。非时为见，不亦难得乎？非义不合，不亦难畜乎？先劳而后禄，不亦易禄乎？其近人有如此者。"

【翻译】儒者不以金玉为宝贝，而以忠信为宝贵；不企求多占土地，而把合乎义理当作土地；不企求积聚财物，而把博学多闻当作财富。得到他们不容易，给他们俸禄却容易；给他们俸禄虽然容易，却难以容留他们。时机不适宜他们不出任，这不是难以得到吗？不合乎义理他们不合作，这不是难以容留吗？先有功劳才取俸禄，这不是容易给予俸禄吗？他们就是这样待人接物的。

204. 特立独行

【释义】普遍形容人的志向高洁，不同流俗。

【出处】《礼记·儒行》："过言不再，流言不极；不断其威，不习其谋。其特立有如此者。"

【考据】汉朝郑玄注、唐朝孔颖达疏《礼记正义卷五十九·儒行第四十一》中，对上述原文，孔颖达解释为——世治不轻，世乱不沮，同弗与，异弗非也。其特立独行有如此者。

205. 士可杀不可辱

【释义】指士子宁可死，也不愿受污辱。

【出处】《礼记·儒行》："儒者可亲而不可劫也，可近而不可迫也，可杀而不可侮辱也。其居处不淫，其饮食不溽。其过失可微辨，而不可数也。其刚毅有如此者。"

【翻译】儒者可以亲近而不可威胁，可以接近而不可逼迫，可以杀害而不可侮辱。他们的日常生活不奢侈，饮食不丰美。对他们的过失可以委婉地批评，却不可当面指责。他们的刚毅就是如此。

206. 发扬蹈厉

【释义】蹈：跳。厉：猛烈。原指周初《武》乐的舞蹈动作。手足发扬，蹈地而猛烈，象征太公望辅助武王伐纣时勇往直前的意志。后比喻精神奋发，意气昂扬。

【出处】《礼记·乐记》："发扬蹈厉，大（太）公之志也。"孔颖达疏："言武乐之舞，发扬蹈厉象大公威武鹰扬之志也。"

207. 下车伊始

【释义】伊：文言助词；始：开始。旧指新官刚到任，现比喻带着工作任务刚到一个地方。

【出处】《礼记·乐记》："武王克殷，反商，未及下车而封黄帝之后于蓟。"

【成语故事】商朝末年，周武王姬昌率军攻打商军，占领商朝的首都朝歌，灭了商朝。周武王在进城的车上迅速分封诸侯，封黄帝后代于蓟，封舜帝后代于陈，封夏禹的后代于杞，有利于社会的稳定，被封的官员都是坐驿车去上任，于是文告中用下车伊始指刚上任。

208. 油然而生

【释义】形容思想感情自然而然地产生。油然：自然而然地。

【出处】《礼记·乐记》："礼乐不可斯须去身，致乐以治心，则易直子谅之心油然生矣。"

209. 尊卑有序

【释义】尊卑之间有严格的顺序。

【出处】《礼记·乐记》："所以示后世有尊卑长幼之序也。"

210. 放之四海而皆准

【释义】四海：古人认为中国四境有海环绕，故称全国为"四海"；准：准确。比喻具有普遍性的真理到处都适用。

【出处】《礼记·祭义》："夫孝，置之而色乎天地，薄之而横乎四海，施诸后世而无朝夕，推而放诸东海而准，推而放诸西海而准，推而放诸南海而准，推而放诸北海而准。"

【考据】《祭义》是《礼记》中的一篇。所谓"祭义"，东汉经学家郑玄释为"以其记祭祀、斋戒、荐羞之义也"。

211. 改柯易叶

【释义】指枝叶凋败。比喻人品蜕变。

【出处】《礼记·礼器》："其在人也，如竹箭之有筠也，如松柏之有心也；二者居天下之大端矣，故贯四时而不改柯易叶。"

【翻译】以礼为器，就可导致"大顺"的局面。而这种局面乃是盛德的表现。礼能够消除邪恶，增进本质之美，用到人身上则无所不正，用到做事上则无所不成。礼对于人来说，好比竹箭的外表青皮，好比松柏的内部实心。普天之下，只有竹箭和松柏有此大节，所以才一年四季从头到尾总是郁郁葱葱，枝叶永不凋落。君子有礼，也恰是如此，他不仅能与外部的人和谐相处，而且能与内部的人相亲相爱。所以人们无不归心于他的仁慈，连鬼神也乐于消受他的祭品。

212. 自食其力

【释义】依靠自己的劳动所得来生活。

【出处】《礼记·礼器》："食力无数。"陈浩集说："食力，自食其力之人。"

213. 圭璋特达

【释义】形容德才卓绝，与众不同。

【出处】《礼记·聘义》："夫昔者，君子比德于玉焉。温润而泽，仁也；缜密以栗，知也；廉而不刿，义也；垂之如队，礼也；叩之其声清越以长，其终诎然，乐也；瑕不掩瑜，瑜不掩瑕，忠也；孚尹旁达，信也；气如白虹，天也；精神见于山川，地也；圭璋特达，德也；天下莫不贵者，道也。诗云：言念君子，温其如玉，故君子贵之也。"

【翻译】子贡向孔子请教说："请问君子贵重玉而轻贱似玉的美石，这是为什么呢？是因为玉很少而美石很多吗？"孔子说："并不是因为美石多所以才轻贱美石，玉少所以才贵重玉的。是因为从前君子把德行和玉相配比，玉的温润光泽，就是仁；玉的致密坚实，就是智；玉的棱角方正而不伤人，就是义；玉的沉重欲坠，就是礼。玉的敲击，声音清越悠长，终了戛然而止，就是乐；玉的斑点掩盖不住美玉的光彩，光彩也遮掩不住美玉的斑点，就是忠；玉的色彩四溢，就是信；玉的气质如白虹，就是天；玉的精神体现在山川，就是地；玉制的圭璋用于礼仪，就是德；天下都将其尊为瑰宝，就是道。《诗经》中说：'想念那位君子，就是德，他的温柔如玉。'所以君子也以玉为尊贵。"

214. 瑕不掩瑜

【释义】瑕：玉上面的斑点，比喻缺点；掩：遮盖；瑜：美玉的光泽，比喻优点。比喻缺点掩盖不了优点，缺点是次要的，优点是主要的。

【出处】《礼记·聘义》："瑕不掩瑜，瑜不掩瑕，忠也。"

215. 父慈子孝

【释义】父母对子女慈爱，子女对父母孝顺。

【出处】《礼记·礼运》："何谓人义？父慈，子孝，兄良，弟悌，夫义，妇听，长惠，幼顺，君仁，臣忠。"

【翻译】什么叫作人义？父亲慈爱，儿子孝敬，兄长友爱，幼弟恭顺，丈夫守义，妻子听从，长者惠下，幼者顺上，君主仁慈，臣子忠诚，这十种人际关系准则就叫人义。

216. 坏法乱纪

【释义】破坏法制和纪律。

【出处】《礼记·礼运》:"故天子适诸侯,必舍其祖庙,而不以礼籍入,是谓天子坏法乱纪。"

【翻译】所以天子到诸侯之国去,一定要下榻在诸侯的祖庙,但如果住进时无视礼簿上所载诸侯国的忌讳,那就叫作夫子违法乱纪。

217. 天下为公

【释义】原意是天下是公众的,天子之位,传贤而不传子,后成为一种美好社会的政治理想。

【出处】《礼记·礼运》:"大道之行也,天下为公。"

218. 讲信修睦

【释义】修:建立;睦:和睦。人与人之间,国与国之间,讲究信用,谋求和睦。

【出处】《礼记·礼运》:"选贤与能,讲信修睦。"

【翻译】孔子说:大道实行的时代,和夏商周三代杰出君主在位的时代,我没有赶得上,而内心深怀向往。大道实行的时代,天下是公共的,大家推选有道德有才能的人为领导,彼此之间讲究信誉,相处和睦。所以人们不只把自己的亲人当作亲人,不只把自己的子女当作子女,使老年人都能安度晚年,壮年人都有工作可做,幼年人都能健康成长,矜寡孤独和残废有病的人,都能得到社会的照顾。

219. 饮食男女

【释义】儒家的观点,泛指人的本性。其中饮食指食欲;男女指性欲。

【出处】《礼记·礼运》:"饮食男女,人之大欲存焉。"

220. 谨言慎行

【释义】谨、慎:小心,慎重。言语行动小心谨慎。

【出处】《礼记·缁衣》:"君子道人以言而禁人以行;故言必虑其所终;而行必稽其所敝;则民谨于言而慎于行。"

【翻译】君子用言语告诉别人,用行动引导别人,什么事情可以做,什么事情不可以做，所以说话时一定要顾忌到最终的结果，行动时一定考虑到后果，那么民众就会谨言慎行。这段话也告诫人们：一个有修养，有道德的人，应该对自己的言行负责，所以在"言""行"之前都要深思熟虑，切不可凭一时冲动而鲁莽行事。

221. 举国若狂

【释义】全国的人都激动得像发狂一样。

【出处】《礼记·杂记下》："子贡观于蜡；孔子曰：'赐也，乐乎？'对曰：'一国之人皆若狂，赐未知其乐也！'"

222. 文武之道，一张一弛

【释义】文、武，指周文王和周武王。意思是宽严相结合，是文王武王治理国家的方法。张，指的是拉紧，弛，指的是松弛。现用来比喻生活的松紧和工作的劳逸要合理安排。"一张一弛，文武之道"就是说要治理好国家，就要让人民有劳有逸，劳逸结合，生活有节奏地进行。

【出处】《礼记·杂记下》：孔子的学生子贡随孔子去看祭礼，孔子问子贡说："赐（子贡的名字）也乐乎？"子贡答道："一国之人皆若狂，赐未知其乐也。"孔子说："张而不弛，文武弗能也；弛而不张，文武弗为也；一张一弛，文武之道也。"文武指善于治国的周文王、周武王。这段话是说：一直把弓弦拉得很紧而不松弛一下，这是周文王、周武王也无法办到的；相反，一直松弛而不紧张，那是周文王、周武王也不愿这样做的；只有有时紧张，有时放松，有劳有逸，宽严相济，这才是周文王、周武王治国的办法。

【成语故事】周朝时期，民间有一个祭祀百神的"蜡"节日，孔子带弟子子贡去看热闹。子贡担心百姓只顾玩乐而会有危险。孔子给子贡解释道：百姓成年累月在田间劳作，让他们放松一下，有张有弛，这是周文王与武王定下的规矩，这样便于更好地生产。

223. 举贤使能

【释义】举：推荐，选拔。举荐贤者，任用能人。

【出处】《礼记·大传》："圣人南面而听天下，所且先者五，民不与焉。一曰治亲，二曰报功，三曰举贤，四曰使能，五曰存爱。五者一得于天下，民无不足、无不赡者。五者，一物纰缪，民莫得其死。圣人南面而治天下，必自人道始矣。"

【翻译】圣人一旦坐上天子宝座而治理天下,有五件事情是当务之急,老百姓的事还不包括在内。第一件是排列好所有亲属的顺序,第二件是报答有功之臣,第三件是选拔德行出众的人,第四件是任用有才能的人,第五件是体恤有仁爱之心的人。这五件事如果统统做到了,那么,百姓就不会有不满意的,没有不富足的。这五件事如果有一件做得糟糕,老百姓可就要大吃苦头了。所以,圣人一旦坐上天子宝座而治理天下,一定要从治亲开始抓起。统一度量衡,制礼作乐,改变历法,改变服色,改变徽号,改换器械,改变衣服,以上这些事情,都是可以随着朝代的更迭而让百姓也跟着改变的。但是,也有不能随着朝代的更迭而随意改变的,那就是同族相亲,尊祖敬宗,幼而敬长,男女有别,这四条可不能因为朝代变了就让百姓也跟着变。

224. 良贾深藏

【释义】做买卖的人把贵重的东西深深收藏起来,不让你摸清底细。比喻真正有学识的人不在人前表露。亦作"良贾深藏若虚"。

【出处】《大戴礼记·曾子制言》:"良贾深藏若虚,君子有盛教如无。"

【翻译】有经验的买卖人隐藏自己的珍宝,不轻易让人看见;有盛德的君子平易如常人,好像什么长处也没有。

225. 男女有别

【释义】男女之间有严格区别。旧时用以强调应严守封建礼教。

【出处】《礼记·昏义》:"敬慎重正而后亲之,礼之大体,而所以成男女之别而立夫妇之义也。男女有别而后夫妇有义,夫妇有义而后父子有亲,父子有亲而后君臣有正。故曰:昏礼者,礼之本也。"

【考据】通过敬慎郑重其事的婚礼而后夫妇相亲,这是婚礼的基本原则,也从而确定了男女之别,建立起夫唱妇随的夫妇关系。正因为男女有别,所以才会有夫唱妇随的夫妇关系;正因为有夫唱妇随的夫妇关系,所以才会有父子相亲;正因为有父子相亲,所以君臣才能各正其位。所以说,婚礼是各种礼的根本。

《昏义》因该篇论述士昏礼的意义,故名。古代的婚姻礼仪——六礼。指从议婚至完婚过程中的六种礼节,即:纳采、问名、纳吉、纳征、请期、亲迎。

这一娶亲程式，周代即已确立，最早见于《礼记·昏义》。以后各代大多沿袭周礼，但名目和内容有所更动。汉平帝元始三年（公元3年）曾命刘歆制婚仪。汉朝以后至南北朝，皇太子成婚无亲迎礼。而从东汉至东晋更是因社会动荡，顾不得六礼，仅行拜时（拜公婆）之礼，连合卺仪式也不要了。直到隋唐，皇太子才恢复行亲迎礼，帝室成婚也照六礼行事。宋代官宦贵族仍依六礼，民间则嫌六礼烦琐，仅行四礼，省去问名和请期，分别归于纳采和纳征。《朱子家礼》连纳吉也省去，仅取三礼，三礼也成为明代的定制。清代仅重纳采、亲迎二礼，中间加女家铺房一礼。清代《通礼》载，汉官七品以上才实行议婚、纳采、纳币、请期、亲迎五礼。清末后，六礼演变纷繁，也就逐渐衰落了。

226. 人浮于食

【释义】原指人的才能超过所得的俸禄。后比喻人员太多超过了工作的需要。亦作"人浮于事"。

【出处】《礼记·坊记》："故君子与其使食浮于人也，宁使人浮于食。"

227. 先人后己

【释义】首先考虑别人，然后想到自己。

【出处】《礼记·坊记》："子云：'君子贵人而贱己，先人而后己。'"

228. 仁至义尽

【释义】原指古时年终极其虔诚地祭飨对农事有功的诸神、万物，以为报答，谓蜡祭，极尽了仁义之道。后用以形容对人的爱护、关心、帮助尽了最大努力。

【出处】《礼记·郊特牲》："蜡之祭，仁之至，义之尽也。"孔颖达疏："不忘恩而报之，是仁；有功必报之，是义也。"

229. 三从四德

【释义】汉族古代习俗之一，"三从"与"四德"的合称。"三从"指未嫁从父、出嫁从夫、夫死从子；"四德"指妇德、妇言、妇容、妇功。"三从四德"，是一种中国古代女性的道德规范，是为适应家庭稳定、维护父权——夫权家庭（族）利益需要，根据"内外有别""男尊女卑"的原则，由儒家礼教对妇女的一生在道德、行为、修养方面进行的规范要求。

【出处】《仪礼·丧服·子夏传》："妇人有三从之义，无专用之道。故未嫁从父，既嫁从夫，夫死从子。"《周礼·天官·九嫔》："九嫔掌妇学之法，以九教御：妇德、妇言、妇容、妇功。"

【考据】"三从"一词最早见于周、汉儒家经典《仪礼·丧服·子夏传》，在讨论出嫁妇女为夫、为父服丧年限（为夫三年，为父一年）时，说"妇人有'三从'之义，无'专用'之道，故未嫁从父，既嫁从夫，夫死从子"。

"四德"一词见于《周礼·天官·内宰》，内宰是教导后宫妇女的官职，负责逐级教导后宫妇女"阴礼""妇职"，其中较高职位的"九嫔""掌妇学之法，以教九御妇德、妇言、妇容、妇功"。本来是宫廷妇女教育门类，后来与"三从"连称，成为对妇女道德、行为、能力和修养的标准，即"三从四德"。

所谓的"三从"，是指：未嫁从父，既嫁从夫，夫死从子。意思是说女孩子在未出嫁之前要听从家长的教诲，不要胡乱地反驳长辈的训导，因为长辈们的社会见识丰富，有根本性的指导意义；出嫁之后要礼从夫君，与丈夫一同持家执业、孝敬长辈、教育幼小；如果夫君不幸先己而去，就要坚持好自己的本分，想办法扶养小孩长大成人，并尊重自己子女的生活理念。这里的"从"并不是表面上的"顺从、跟从"之意，而是"辅佐、辅助"的意思。

所谓的"四德"是指：德、言、容、工。就是说做女子的，第一要紧视品德，能正身立本；然后"言"，要有知识修养，言辞恰当，语言得体；其次是"容"，即相貌，指出入要端庄稳重持礼，不要轻浮随便；最后是"工"，即治家之道，治家之道包括相夫教子、尊老爱幼、勤俭节约等生活方面的细节。

230. 发号出令　发号施令

【释义】发：发布；号：号令；令：命令。发布命令，下指示进行指挥。

【出处】《礼记·经解》："发号出令而民说谓之和，上下相亲谓之仁。"

231. 失之毫厘，谬以千里

【释义】毫、厘：两种极小的长度单位。稍微有一点差错，就会造成很大的错误。

【出处】《礼记·经解》："易曰：'君子慎始。差若毫厘，谬以千里。'"

232. 温柔敦厚

【释义】温柔：温和柔顺；敦厚：厚道。原指态度温和，朴实厚道。后也泛指待人温和宽厚。

【出处】《礼记·经解》："入其国,其教不可知也,其为人也,温柔敦厚,《诗》教也。"

233. 菽水承欢

【释义】菽水:豆和水,指普通饮食;承欢:侍奉父母使其欢喜。指奉养父母,使父母欢乐。

【出处】《礼记注疏》卷十《檀弓》:子路曰:"伤哉贫也。生无以为养,死无以为礼也。"孔子曰:"啜菽饮水,尽其欢,斯之谓孝。敛手足形,还葬而无椁,称其财。斯之谓礼。"汉·郑玄注:"王云:熬豆而食曰啜菽。"唐·孔颖达疏:"谓使亲尽其欢乐此之谓孝。"

234. 天下太平

【释义】处处平安无事。指大治之世。

【出处】《礼记·仲尼燕君》:"言而履之,礼也;行而乐之,乐也。君子为此二者,以南面而立,夫是以天下太平也。"

235. 文治武功

【释义】指政治军事,常用于描述古代君主在统治国家或地区时的表现,如汉唐盛世。现也扩展到对一般管理者任内成绩的概述,或比喻推行措施中刚柔并济、软硬兼施。

【出处】《礼记·祭法》:"汤以宽治民而除甚虐,文王以文治,武王以武功,去民之灾,此皆有功烈于民者也。"

236. 水至清则无鱼,人至察则无徒

【释义】水太清了,鱼就无法生存,要求别人太严了,就没有伙伴。现在有时用来表示对人或物不可要求太高。

【出处】《大戴礼记》子张问入官篇第六十五:故君子莅民,不可以不知民之性,达诸民之情;既知其以生有习,然后民特从命也。故世举则民亲之,政均则民无怨。故君子莅民,不临以高,不道以远,不责民之所不能。今临之明王之成功,而民严而不迎也;道以数年之业,则民疾,疾者辟矣。故古者冕而前旒,所以蔽明也;统纩塞耳,所以弇聪也。故水至清则无鱼,人至察则无徒。故枉而直之,使自得之;优而柔之,使自求之;揆而度之,使自索之;民有小罪,必以其善以赦其过,如死使之生,其善也,是以上下亲而不离。故惠者政之始也，政不正则不可教也，不习则民不可使也。

【翻译】所以，一个有学问有德行的人，在治理百姓时，不可以不知道百姓的本性，不可以不了解百姓的心理，知道了他们先天的情理和后天的习惯，百姓才能彻底地服从你的政令。所以说，国家治理得好，百姓便爱戴你；政治清明平和，百姓自然没有怨尤。所以一个有学问有德行的人，在治理百姓时，理想不可要求太高，目标不可设得太远，不要责求百姓干能力做不到的事。如果你用古圣先王成功的理想，来要求百姓即时达到，恐怕百姓要敬而远之，不敢欢迎了。你告诉他们长远未来的目标，百姓做得痛苦，当他们痛苦时，就要避开了。所以古来帝王的冠冕上，垂挂着一串串的玉，正为了警惕自己，不可过于明察；用棉絮塞耳，是为了警惕自己，不可听得过于精细。所以水太清澈，就没有鱼还能生存下去；人太精明，就没有人跟你做伙伴了。所以把百姓邪枉的坏事改正过来，使他们自己心安理得；用宽大怀柔的办法引导百姓，使他们自己能寻求本身的完美；度量百姓的资禀，因材施教，使他们自己能找到前途。百姓偶然犯了小的过错，必要找出他的好处，来赦免他；如果要判死刑的，想法子让他活下去，这样他就会变好了。因此，上下也就能打成一片，融成一体，而不相离了。所以仁惠是施政的先要，施政不当，就没法教导百姓，百姓没有学习，就不能驱使他们。

237. 芝兰之室

【释义】比喻良好的环境。

【出处】汉·戴德《大戴礼》："与君子游，苾乎如入兰芷之室，久而不闻，则与之化矣。"《孔子家语·六本》："与善人居，如入芝兰之室，久而不闻其香，即与之化矣。"

【成语故事】孔子说：子夏喜爱同比自己贤明的人在一起，（所以他的道德修养将日有提高）；子贡喜欢同才质比不上自己的人相处，（因此他的道德修养将日渐丧失）。不了解孩子如何，看看孩子的父亲就知道（孩子将来的情况）了；不了解本人，看他周围的朋友就可以了；不了解主子，看他派遣的使者就可以了；不了解本地的情况，看本地的草木就可以了。所以常和品行高尚的人在一起，就像沐浴在种植芝兰、散满香气的屋子里一样，时间长了便闻不到香味，但本身已经充满香气了；和品行低劣的人在一起，就像到了卖鲍鱼的地方，时间长了也闻不到臭了，也是融入环境里了；藏丹的地方时间长了会变红，藏漆的地方时间长了会变黑，也是环境影响使然啊！所以说真正的君子必须谨慎地选择自己所要相处的人。

238. 大功告成

【释义】功：事业。指巨大工程或重要任务宣告完成。

【出处】《汉书·王莽传》："诸生，庶民大和会，十万众并集，平作二旬，大功毕成。"

【成语故事】《汉书·王莽传》是一本编纂历史人物的书籍，《王莽传》作为《汉书》的"第一巨篇""第一变体"，在历史编纂上具有鲜明、突出的特色。体例上"名为列传，例依本纪"，纪年上"纪莽事用莽年"，篇目安排上"传终全书，别为一代"，且"广收文诰，为文增色"。这些编撰特色，使史家能更全面、真实、深入、客观地反映历史进程，也使《王莽传》成了体现《汉书》历史编纂成就的典范之作。

王莽（前46—23），字巨君，魏郡元城（今河北大名东）人，新显王王曼长子、西汉孝元皇后王政君侄。新朝开国皇帝，公元8年—公元23年在皇帝位。他是西汉外戚王氏家族的重要成员，其人谦恭礼让，在朝野有威名。西汉末年，社会矛盾空前激化，王莽被视为能挽救危局的不二人选。公元8年，王莽代汉建新，建元"始建国"，推行新政，史称"王莽改制"。其后，爆发农民大起义，新朝覆亡。

西汉末年，外戚安汉公王莽专权，他模仿周公建造明堂，设立雍灵台，集中天下学者讲学和著作，先后网罗了几千人为之著书立说，为他歌功颂德。他下令10万多人为他写颂诗，花了20天时间才大功告成。他的野心越来越大，后来干脆自己称帝。

239. 迫不得已

【释义】被逼得不得不这样做。迫：逼迫。不得已，不得不如此，无可奈何。已，停止。

【出处】《汉书·王莽传》："为皇帝定立妃后，有司上名，公女为首，公深辞让，迫不得已然后受诏。"

240. 敬上爱下

【释义】尊敬在己之上者，爱护在己之下者。形容待人谦恭有礼。

【出处】《汉书·王莽传》："孝弟忠恕，敬上爱下，博通旧闻，德行醇备，至于黄发，靡有愆失。"

241. 军法从事

【释义】按照军法严办。

【出处】《汉书·王莽传》："敢有趋灌犯法，辄以军法从事。"

242. 固步自封

【释义】固步：走老步子；封：限制。比喻守着老一套，不求进步，又作故步自封。

【出处】《汉书·叙传上》："昔有学步于邯郸者，曾未得其仿佛，又复失其故步，遂匍匐而归耳。"

【成语故事】"故步自封"由"故步"及"自封"二语组合而成。"故步"见于《汉书·叙传上》。内容是在叙述东汉文学家班彪小时跟着堂哥班嗣求学的故事。班嗣家中藏书很多，许多人都来他家借书。班嗣虽然也修习儒学，但较喜欢老庄的学说，认为老庄学说崇尚自然淡泊，不追逐世俗看重的一切，和儒家讲求的忠孝仁义不同。所以当有人向他借老庄的书来看时，他便劝这位朋友打消这个念头。既然已经学习儒家思想了，就不要再读老庄，免得像《庄子》里的燕国人一样，要学赵国人优雅的步姿，结果非但没学成，连自己原本走路的方式都忘了，只好爬着回国。这里的典源用了"故步"。"自封"见于晋庾阐《断酒戒》。作者在文中阐述戒酒的原因，认为酒瘾一上来就放纵自己喝酒，会伤害纯真自然的本性。于是作者便将酒杯、酒壶等一切酒器打破，以表示自己戒酒的决心。有个酗酒的朋友听了这件事，气得反驳他说："酒自古以来都为人所爱，连古代圣贤也不例外，他们也不至于丧失本性。你把酒器打破，做这样的自我限制，不过是忌口，但心里还是想着它，又有什么用？"庾阐回答说："人生下来时没有任何欲望，但后来欲望慢慢养成，都是受到周围物的影响。如果把这些诱因铲除，心就不会蠢蠢欲动。心能静得下来就会快乐，不会受到欲望的干扰。所以忌口不只是忌口而已，也能忌心。"朋友听了觉得很有道理，连连称是。这里的典源用了"自封"。后来这两个词语被合用成"故步自封"，用来指安于现状，不思进取。

注：按出处，应为"故步自封"。我们国家历来有为尊者讳的传统，想当年，毛泽东写了一篇《加强互相学习，克服固步自封、骄傲自满》的文章，文章题目中把"故步自封"写成了"固步自封"，当时没人敢指出错误，结果以讹传讹，现在大家习惯把这个成语都改成了"固步自封"。

243. 未可厚非

【释义】厚非：过分责难、责备。不能过分责备。指说话做事虽有缺点，但还有可取之处，应予谅解。

【出处】《汉书·王莽传》："莽怒；免英官。后颇觉悟；曰：'英亦未可厚非。'复以英为长沙连率。"

【成语故事】王莽称帝后，任意改变西汉王朝的边境政策，将句町王亡邯诱骗到郡城处死。益州郡许多少数民族首领纷纷起兵反对朝廷。王莽得知益州地区发生动乱，派一名将军去招募士兵，并向百姓征收重税充作军费，用来进攻句町。战争持续了将近三年，消耗了不知多少钱财，动乱还是没有平息下来。玉莽见那名将军无法收拾局面，便将他召回京都处死，同时另派一名将军，征调二十万大军进攻句町。大批粮饷只能依靠沿路州县提供。当地有个名叫冯英的太守认为，这将给本来已被折磨得痛苦不堪的百姓加上新的灾难。为此他拒绝提供，并且向王莽上书，请求停止派兵，结束征战。王莽大怒，立即下诏撤去冯英的官职。但过后又想，这样做会引起当地百姓不满，于是又假惺惺地对身旁的人说："冯英如此做，虽有缺点，但还是有可取之处，其实也不用过分责难他。"就这样，冯英的官职总算保留下来，只是被改调到别处去当太守。

244. 无以复加

【释义】不可能再增加。指程度达到了极点。

【出处】《汉书·王莽传》："宜崇其制度，宣视海内，且令万世之后无以复加也。"

【成语故事】公元9年，王莽改汉为新朝，自己称帝，为了显示自己能够建立万世帝业，下令给自己修宗庙，在长安城郊划出数百顷土地开工建设，大臣崔发、张邯讨好他说："您的宗庙应造得气势恢宏才行，即使千秋万代以后，在后人眼里仍然是无以复加、举世无双的。"

245. 穷凶极恶

【释义】穷：极端。形容极端残暴凶恶。

【出处】《汉书·王莽传赞》："乃始恣睢，奋其威诈，滔天虐民，穷凶极恶。"

【成语故事】西汉末年，王莽凭借国丈的身份，改国号"新"，声称变法，实际是复古，使农业与商业受到很大的打击，他大肆搜集民间美女进宫，实行残暴统治，搜刮民脂民膏，把长安城闹得鸡犬不宁。《汉书》评论他是穷凶极恶，流毒诸夏。

246. 金城汤池

【释义】金属的城墙，滚水的护城河。比喻坚固无比、防守严密的城市或工事。

【出处】《汉书·蒯通传》："边地之城，必将婴城固守，皆为金城汤池，不可攻也。"

【成语故事】秦末陈胜起义军冲击秦王朝的统治，陈胜的部将武臣率军攻打越地范阳，蒯通去拜会并劝说范阳县令徐公，徐公放弃守城。蒯通就去拜会武臣，劝武臣妥善安置徐公，这样别的负隅顽抗的金城汤池的守备也会投降，武臣同意他的意见。这是蒯通劝告武臣的一段话，当时，武臣已掠定赵地，占据邯郸，准备攻打范阳。

247. 反侧自安

【释义】反侧：翻来覆去难以入睡，心神不安的样子。让那些心神不安的人自然而然地安下心来。表示安抚人心的措施很奏效。

【出处】《后汉书·光武帝纪上》："收文书，得吏人与郎交关谤毁者数千章。光武不省，会诸将军烧之。曰：'令反侧子自安。'"

【成语故事】东汉初年，光武帝刘秀率军围攻邯郸城，攻破邯郸后，杀死守将王郎。在收到的各种文书中，其中有许多与王郎交往密切的官吏上书毁谤的文书数千篇。光武帝很不高兴，就率手下大将将这些文书全部烧掉，并说："令反侧子自安。"

刘玄到了洛阳，需派一员亲近大将代表朝廷去河北一带，宣示朝廷旨意，要那里的郡国遵守朝廷的诏命。经过一番争议，选定了刘秀。刘秀就以更始政权大司马的身份巡视河北。刘秀在河北，每到一处，考察官吏，按其能力升降去取；平反冤狱，释放囚徒；废除王莽苛政，恢复汉朝的官吏名称。所做之事，均都顺应民心，因而官民喜悦。王朗是当时河北势力最大的一支力量，他自称是刘邦的后代，号召力很大，结果很快被刘秀消灭。消灭王朗以后，在清理缴获的文书档案时，发现官吏与王朗勾结一起毁谤刘秀的材料有几千份。如果追究起来，会引起一大批人逃跑或造反。刘秀根本连看也不看，把官吏们召集起来，当面一把火烧掉，真正起到了"令反侧者自安"的效果，使那些惴惴不安的人下定决心跟刘秀到底。

248. 权宜之计

【释义】权宜：暂时适宜，变通；计：计划，办法。指为了应付某种情况而暂时采取的办法。

【出处】《后汉书·王允传》："及在际会，每乏温润之色，杖正持重，不循权宜之计，是以群下不甚附之。"

【成语故事】东汉末年，军阀董卓率军进入洛阳，废掉汉少帝，另立9岁的汉献帝，窃居相位，权势烜赫一时。董卓有一个部将名叫吕布，精通武艺。2人专横跋扈，任意杀戮朝臣和百姓，弄得民怨沸腾。司徒王允见董卓祸害日深，曾几次秘密召集几个大臣商议诛杀董卓，决定用计策动吕布来杀死董卓。公元192年4月，汉献帝久病初愈，在未央殿大会群臣。董卓命令吕布等带领卫队护卫。这时候，王允设下的伏兵，突然朝董卓冲杀过去，董卓从马车上掼下来，大声疾呼："吕布在哪里？"吕布怒喝一声："皇上下令诛杀你这个逆贼！"喊声刚落，一戟将董卓刺死了。董卓被杀死后，王允认为大患已除，天下太平，做事就不因时因事而采取变通办法（原文是"不循权宜之计"），所以好多部下对他逐渐疏远了。不久，董卓的旧部郭汜、李傕攻入长安（这时汉献帝已西迁长安）杀死王允，赶走吕布。后来，郭汜、李傕又争权夺利，互相火并起来，关中地区出现军阀混战的局面。

249. 推心置腹

【释义】把赤诚的心交给人家。比喻真心待人。

【出处】《后汉书·光武帝纪上》："降者更相语曰：'萧王推赤心置腹中，安得不投死乎！'"

【成语故事】西汉末年，王莽篡政，引起天下大乱，各地农民纷纷起义，群雄讨莽。公元23年初，刘玄被立为天子，刘秀任偏将军。王莽多次派兵攻打刘玄。在这些战斗中，刘秀屡立战功，被刘玄封为"萧王"。同时，刘秀与另一草莽英雄王郎也曾在今河北省中南部的滹沱河、滏阳河流域征战多年。打了不少胜仗。公元24年秋，刘秀率兵攻打起义军于邬（今河北辛集市东南），大破之，封降兵渠帅为列候。但降者并不很放心，担心刘秀是否出于真意。刘秀获悉这一情况后，为使其放心，便采用安抚之计，下令降者各归其本部统领其原来的兵马，刘秀本人则轻骑巡行各部，无丝毫戒备之意。这样一来，降者都信以为真了，只听他们经常三三两两地在一起低语："萧王推己之红心，置他人之腹中，我们还担心什么？还不为他打天下出力吗？"

250. 趋利避害

【释义】趋：奔向。奔向有利的一面，而避开有害的一面。

【出处】汉·霍谞《奏记大将军梁商》："至于趋利避害，畏死乐生，亦复均也。"

【成语故事】霍谞，字叔智，东汉魏郡邺人。少年时就是通达经术的儒生。十五岁时曾上书把在狱里的舅舅宋光解救出来。举为孝廉，稍迁为金城太守。霍谞性格明达笃厚，能以恩信化诱殊俗，很被羌胡之人所敬服。母亲死了，自己上书回家举行丧礼。丧服既毕，公车征召，又做了北海相，入朝做了尚书仆射。这时大将军梁冀贵戚专权，自公卿以下没有人敢违背。霍谞与尚书令尹勋几次奏其事，又因陛见时当面陈述罪失。等到梁冀被杀后，汉桓帝嘉奖他的忠节，封为邺都亭侯。前后坚决辞让，没有同意。后来出为河南尹，迁司隶校尉，转为少府、廷尉。死于官位。

251. 疾风劲草

【释义】比喻只有经过严峻的考验，才知道谁真正坚强。

【出处】《东观汉记·王霸传》："颍川从我者皆逝，而子独留，始验疾风知劲草。"

【成语故事】新朝末年，全国爆发了农民大起义，皇族刘秀与刘演联合起兵，王霸前来投奔刘秀。更始帝刘玄借故杀了刘演，刘秀只好带兵进军河北，一路十分艰难，只有王霸始终如一跟随他。刘秀感慨地说："只有在迅猛的风中才看出坚韧的草。"

唐太宗在凌烟阁功臣题词中，有一首御赐宋公萧禹的五古："疾风知劲草，板荡识诚臣。勇夫安知义，智者必怀仁"。劲草：挺拔的草。板荡：指社会上的大动乱。诚臣：忠诚的臣。这话富有哲理，也是名联。只有在大的危难中才能显现出一个人是忠是奸。鲍照诗有"时危见臣节，乱世识忠良"二句，当是本诗的来源。文天祥诗"时穷节乃现"，也是这个意思。《诗经·大雅》有《板》《荡》两篇，都是写当时政治黑暗，人民痛苦的，后来用"板荡"指政局混乱，社会动荡不安。

《东观汉记》是一部记载东汉历史的纪传体断代史巨著，记录了东汉从光武帝至灵帝一百余年的历史。全书由班固、刘珍、蔡邕、杨彪等人编撰，历经自汉明帝至汉献帝几乎一朝时间尚未最终完成。《隋书·经籍志》所录《东观汉记》有一百四十三卷，经唐宋至元朝逐渐散佚，今天所见为清代及现代人辑本。《东观汉记》一书之所以得名，有一个逐渐形成的过程。在编撰之初，图籍盛于兰台，因此班固等修史主要于此。班固等虽作《世祖本纪》及《列传》二十八篇，但并未汇成一编，当然也不可能有一个正式的书名。汉章帝、汉和帝时期起，国家藏书之地由兰台徙至南宫东观，《东观汉记》的撰修地点也从兰台移到了东观，直至东汉末年。但是即便如此，《东观汉记》在当时也未见"东观"命名，只以《汉记》为名，至东汉末年，从应劭《风俗通义》等书的引用来看，依然以《汉记》相称，直至三国两晋时期，包括《三国志》中的记载亦未见《东观》之称。究竟何时开始使用《东观》之名，史籍未见记载，但南朝刘勰《文心雕龙·传篇》中，已经把《东观汉记》简称为《东观》；此外，刘孝标作《世说新语注》，于《言语篇》引《东观汉记》马援事做注；北魏郦道元《水经注》中是三次引征《东观汉记》，一次引征《东观记》。刘勰、刘孝标和郦道元三人处于同一时代，即公元六纪上半期，所以《东观汉记》的得名当在此之前。

252. 中郎有女

【出处】《后汉书·列女传·董祀妻》："陈留董祀妻者，同郡蔡邕之女也，名琰，字文姬。博学有才辩，又妙于音律……时且寒，赐以头巾履袜。操因问曰：'闻夫人家先多坟籍，犹能忆识之不？'文姬曰：'昔亡父赐书四千许卷，流离涂炭，罔有存者。今所诵忆，载四百篇耳。'操曰：'今当使十吏就夫人写之。'文姬曰：'妾闻男女之别，礼不亲授。乞给纸笔，真草唯命。'于是缮书送之，文无遗漏。"

【成语故事】蔡邕是东汉末年著名学者，任过中郎将的官职。他只有一女叫蔡琰，是有名的才女。曹操曾在邺城接见过蔡文姬。她博学能文，善晓音律，能继承父业。她的《胡笳十八拍》和《悲愤诗》颇为有名。

253. 文姬归汉

【出处】《后汉书·列女传·董祀妻》："陈留董祀妻者，同郡蔡邕之女也，名琰，字文姬。博学有才辩，又妙于音律。适河东卫仲道。夫亡无子，归宁于家。兴平中，天下大乱，文姬为胡骑所获，没于南匈奴左贤王，在胡中十二年，生二子。曹操素与邕善，痛其无嗣，乃遣使者以金璧赎之，而重嫁于祀。"

【成语故事】东汉末，蔡文姬在离乱中被南匈奴左贤王招为妾。曹操和蔡文姬父亲蔡邕素友善，念其无后，用重金将蔡文姬从南匈奴赎回。曹操还在邺城的宫殿里接见了蔡文姬，后将其嫁于同郡的屯田都尉。其他有关蔡文姬的身世遭遇衍生的成语典故还有"魏公嫁文姬""蔡女没胡"，等等，都是以成语形式来记录历史事件。

三、魏晋南北朝时期

254. 斗转参横

【释义】北斗转向，参宿打横。指天快亮的时候。

【出处】三国·魏·曹操《善哉行》："月没参横，北斗阑干。"

【考据】曹操（155—220），字孟德，小字阿瞒，沛国谯人（现安徽亳州市）。父曹嵩过继给宦者曹腾，本姓夏侯。三国中曹魏政权的缔造者，以汉天子的名义征讨四方，统一了中国北方，奠定了曹魏立国的基础。曹操在世时，担任东汉丞相，后为魏王，去世后谥号为武王。其子曹丕称帝后，追尊其为魏武帝。曹操的诗歌被后世论者称"有幽燕老将之风"。在文学史上，曹操与其子曹丕、曹植合称"三曹"，又有与其子孙合称"三祖陈王"。

曹操擅长四言体诗歌，四言体又称"诗经句"，曹操所处的时代已经是五言诗盛行，七言诗出现了，但是曹操还是善用四言句。曹操之后，罕见四言句。

所以我们可以把曹操看作是最后一位四言诗名家。

　　曹操的《善哉行》，列数古来圣贤，歌颂他们的美德，有"景行行止"的含义。开头四句，讲周太王以德治国；次四句，讲泰伯仲雍让国奔吴，曹操还是正面肯定"断发文身"的，这是政治家的眼光；再次讲伯夷叔齐让国，饿死首阳山，有点贤人不得善终的感慨；再四句，讲周宣王用仲山甫等贤臣而中兴，冤杀杜伯而衰，形成对比，极其简明就把贤人与治理天下的道理说出来了；再四句，讲齐桓公因重用管仲而称霸，宠幸竖刁而惨死，也是对比，用意比前一组对比更为显豁；再四句，讲晏子以德治理齐国；最后四句，孔子时代，要求君主注意礼制，善用人才。曹操列数周太王、泰伯仲雍、伯夷叔齐、周宣王、齐桓公、晏子、孔子对历史的贡献，从中可以看到他希望留下不世功绩的心愿。全诗写来，大气磅礴，非雄才大略者不能为之。怀古的内容，与古朴沉稳的四言节奏完美配合，更有苍古沉雄之感。

255. 对酒当歌

【释义】原指人生时间有限，应该有所作为。后也用来指及时行乐。

【出处】三国·魏·曹操《短歌行》："对酒当歌；人生几何。"

【成语故事】《短歌行》是汉乐府的旧题，属于《相和歌·平调曲》。本来是一个乐曲的名称，但乐府《相和歌·平调曲》中除了《短歌行》还有《长歌行》，唐代吴兢《乐府古题要解》引证古诗"长歌正激烈"，魏文帝曹丕《燕歌行》"短歌微吟不能长"和晋代傅玄《艳歌行》"咄来长歌续短歌"等句，认为"长歌""短歌"是指"歌声有长短"。我们现在也就只能根据这一点点材料来理解《短歌行》的音乐特点。《短歌行》这个乐曲，原来当然也有相应的歌辞，就是"乐府古辞"，但这古辞已经失传了。现在所能见到的最早的《短歌行》就是曹操所作的拟乐府《短歌行》。所谓"拟乐府"就是运用乐府旧曲来补作新词，曹操传世的《短歌行》共有两首。

　　这首《短歌行》的主题非常明确，就是作者希望有大量人才来为自己所用。曹操在其政治活动中，为了扩大他在庶族地主中的统治基础，打击反动的世袭豪强势力，曾大力强调"唯才是举"，为此而先后发布了"求贤令""举士令""求逸才令"等；而《短歌行》实际上就是一曲"求贤歌"，又正因为运用了诗歌的形式，含有丰富的抒情成分，所以就能起到独特的感染作用，有力地宣传了他所坚持的主张，配合了他所颁发的政令。

256. 老骥伏枥，志在千里

【释义】年老力衰的千里马虽卧躺在马槽边，却仍激荡着驰骋千里的雄心壮志。后人常以这句"老骥伏枥"来比喻有志之士，年纪虽老而仍有雄心壮志。

【出处】曹操的《步出夏门行》。诗云："老骥伏枥，志在千里；烈士暮年，壮心不已"。

【成语故事】汉献帝建安十二年五月，曹操在官渡之战中，以少胜多，大败袁绍。此后军威大振，曹操也更加雄心勃勃。这年七月，曹操胸怀统一北方之志，统领大军出卢龙寨，日夜抄道疾进，远征乌桓。大军一到柳城，即大败乌桓骑兵，杀死了单于蹋顿。袁绍的儿子袁尚、袁熙从柳城逃命至平州公孙康处。曹操手下的大将知道了这件事后，劝曹操乘胜出击，拿下平州，剿灭袁氏兄弟。曹操深知公孙康与二袁不和，如果急着去进攻平州，那么他们肯定会合伙抵抗；如果再等一段时间，他们一定会自相残杀。于是不顾众大将的建议，下令收兵。没几天，公孙康果然把袁氏兄弟的头颅送了过来。这样曹操北征乌桓、统一北方的大业算是完成了。

中秋刚过，曹操便令班师回朝。大军经过十多天的艰难跋涉，终于走出了满目荒凉的柳城，来到了河北昌黎。这里东临碣石，西邻沧海。曹操屹立山巅，眺望大海。这时夕阳西下，碧海金光；远处的岛屿若隐若现，近处的海浪又滚滚向前。眼见如此壮丽的景色，曹操不禁又诗兴大发，脱口吟道：

《观沧海》

东临碣石，以观沧海。

水何澹澹，山岛竦峙。

树木丛生，百草丰茂。

秋风萧瑟，洪波涌起。

日月之行，若出其中。

星汉灿烂，若出其里。

幸甚至哉，歌以咏志。

返回军营之后，曹操仍心潮起伏，久久不能平静。他想：北方的袁绍、蹋顿虽然已讨平，南方的孙权、刘表却仍然各雄踞一方。祖国的统一大业尚未实现。这时的曹操已是五十三岁的人了,但历史的重任肩负在身,统一祖国大业的使命仍在召唤着他。想着想着他激情难耐,豪情又起,大踏步跨至案前,挥笔写下:

《龟虽寿》

神龟虽寿,犹有竟时。

腾蛇乘雾,终为土灰。

老骥伏枥,志在千里。

烈士暮年,壮心不已。

盈缩之期,不但在天。

养怡之福,可得永年。

幸甚至哉,歌以咏志。

这两首诗表现了曹操热爱自然、蔑视天命、老当益壮、志在千里的积极进取精神,抒发了他那变革现实、统一祖国的豪情壮志。

257. 功小德薄

【释义】形容功劳小而德行不足。

【出处】曹操《让九锡表》:"臣功小德薄,忝宠已过。进爵益土,非臣所宜。九锡大礼,臣所不称。惶悸征营,心如炎灼。归情写实,冀蒙听省。不悟陛下复诏褒诱,喻以伊周,未见哀许。臣闻事君之道,犯而勿欺。量能处位,计功受爵。苟所不堪,有损无从。加臣待罪上相,民所具瞻。而自过谬,其谓臣何。"

【考据】历朝禅代都同九锡制联系在一起,为了效仿上古时期的尧舜禹禅让故事,使改朝换代能符合当时的法理观念,权臣在夺取皇位之前,必先晋爵建国,封公或封王,赐九锡,然后登上九五之位,这俨然成了禅代的惯例,九锡乃是中世纪权臣夺取政权的一种制度。

九锡制从周代滥觞,汉代形成,历史上第一个被授予九锡的是西汉的王莽,王莽通过受九锡而登上皇位,建立新朝。然而王莽代汉最终以失败而告终,故新朝在历史上被视为伪朝,王莽禅代亦不为后世所认同。

建安十六年(211),曹操战功显赫,挟天子以令诸侯,于是献帝下诏允许操"赞拜不名,入朝不趋,剑履上殿,如萧何故事"。(《三国志》卷一《武帝纪》）曹操此时尽管大权独揽，但作为汉家臣子，仍处在皇权的威胁下。曹操欲移汉鼎，必须考虑加九锡，封公建国。从而以正当的名义常居邺城，遥控朝廷。建安十七年十月，谏议大夫董昭揣度操意首倡晋爵赐九锡，曹操欣然接受董昭要他逐步取代汉室的建议。在操之授意下，"昭与列侯诸将议，以丞相宜进爵国公，九锡备物，以彰殊勋"。(《三国志》卷十四《董昭传》注引《献帝春秋》)。建安十八年五月，"九锡文"（亦称策命）正式颁布。曹操开创汉魏禅让制，引起后世史家高度重视。

每朝禅代之前，必先有九锡文，总叙其人之功绩，晋爵封国，赐以殊礼，亦自曹操始。操之九锡文，据裴松之《三国志》注，乃后汉尚书左丞潘勖之词也。以后各朝九锡文，皆仿其文为式。"九锡文"虽以汉献帝名义颁发，但此时献帝已完全受制于曹操。"九锡文"首先叙说曹操之大功十余件，并称操之功绩"虽伊尹格于皇天，周公光于四海，方之蔑如也。"然后就是"九锡文"的重点和实际内容了。其一是扩地加封，"今以冀州之河东、河内、魏郡、赵国、中山、常山、钜鹿、安平、甘陵、平原十郡，封君为魏公"。(《三国志》卷一《武帝纪》) 其二是给予九锡之赏，操之所受九锡是采用《礼纬·含文嘉》之形式，为以后历代相袭沿用。最后强调说："魏国置丞相已下群卿百僚，皆如汉初诸侯王之制。"

受九锡后，曹操又将汉官皆转为魏官。可见，曹操通过受九锡，晋爵封国，不仅使献帝成为名副其实的傀儡，而且把汉的朝廷也完全架空了。

曹操接到按自己意图写的"九锡文"，照例三让而后就，操先后写了《辞九锡令》和《让九锡表》，说自己的功劳不及昔日受九锡的周公及汉初异姓八王，"九锡大礼，臣所不称。"诸心腹荀攸、钟繇等三十余人联名劝进，充分体现出曹操的诡谲和权术。

曹操为何要通过加九锡来完成易代鼎革呢？这是因为古代社会国家机器的主要职能是祭祀与征伐。当然，与祭祀相比，征伐之权即兵权更为重要，从某种意义上说，加九锡即是掌专杀征伐之权。

汉魏之际，皇纲解纽，诸侯割据，皇帝已失去对天下的控制，无疑也失去了对兵权的控制。至汉献帝时，"唯有名号，尺土一民，皆非汉有"。(《三国志》卷一《武帝纪》注引《魏略》)

曹操是以"马上取天下",自起兵以来,灭吕布、破二袁、克刘表、降张鲁、平马超,至晚年,"已拥百万之众",三分天下有其二。连孙权都"在远称臣"(《三国志》卷一《武帝纪》注引《魏略》)。操之所以加九锡,是害怕后人言其"篡位",留下汉贼的恶名。为了减轻政治舆论的压力,使魏朝的建立能够名正言顺,故采纳了来自于先秦典籍,托名于周礼的九锡制度。

曹操虽加九锡,然终其身未敢称帝。操死,子丕逼献帝禅位,才完成"革命"。操开自授自受九锡、丕启受禅更德之先例。此风一开,遂被历代夺国逼禅者效尤。

258. 称王称霸

【释义】王:古代的帝王;霸:古代诸侯联盟的首领。比喻凭借权势横行一方,或狂妄地以首脑自居,独断独行。

【出处】曹操《让县自明本志令》:"设使国家无有孤,不知当几人称帝,几人称王。"宋·汪元量《读史》:"刘项称王称霸,关张无命无功。"

【成语故事】《让县自明本志令》又名《述志令》,是反映曹操思想和经历的一篇带有自传性质的重要文章。写于建安十五年(210),曹操五十六岁。于时,他完成统一北方大业后,政权逐渐巩固,继而想统一全国;但是孙权、刘备两大军事势力仍然是他的巨大威胁。他们除在军事上联盟抗曹外,在政治上则抨击曹操"托名汉相,实为汉贼""欲废汉自立"(《三国志·吴书·周瑜传》)。在这种政治形势下,曹操发布了这篇令文,借退还皇帝加封三县之名,表明自己的本志,反击了朝野谤议。文中概述了曹操统一中国北部的过程,表达了作者以平定天下、恢复统一为己任的政治抱负。写得坦白直率,气势磅礴,充满豪气,表现出政治家的气度和见识。曹操在军事和舆论压力下,表白自己"今孤言此,若为自大,欲人言尽,故无讳耳。设使国家无有孤,不知当几人称帝,几人称王!或者人见孤强盛,又性不信天命之事,恐私心相评,言有不逊之志,妄相忖度,每用耿耿。"说自己的作为都是"仰仗着国家的威望,代表天子出征",从未有过改朝自立的野心。

259. 长驱直入

【释义】驱:快跑;长驱:策马快跑;直入:径直进入。迅速向很远的目的地前进。形容进军迅猛顺利。用来表示军队以不可阻挡之势向前挺进,深入敌方心脏。

【出处】曹操《劳徐晃令》:"吾用兵三十余年,及所闻古之善用兵者,未有长驱直入敌围者也。"

【成语故事】公元219年,刘备夺取了汉中,随即命令驻扎在荆州一带的关羽攻打曹操部将曹仁占据的襄阳、樊城。关羽占据了有利地形,利用汉水猛涨的时机,放水淹了曹仁率领的军队,又将驻守在樊城的曹仁团团围住,随时准备攻城,并生擒曹仁。曹操得知部将失败的消息,就派徐晃率军前去支援,同时派人联合孙权夹击关羽。关羽在营寨四周挖战壕,以抵御徐晃的进攻。而徐晃带领军队越过重重障碍,直攻关羽的大本营,大败关羽。在曹操、孙权军队的夹击下,关羽败走麦城,最终被孙权杀害。徐晃使曹军反败为胜,因而威名大震。曹操为了嘉奖徐晃,专门写了一封书信《劳徐晃令》,让人带给徐晃。信中说:我带兵打仗三十多年,也知道不少善于用兵打仗的著名军事将领,却还没有遇到像你这样远距离不停顿地快速前进,直冲入敌人重围而打胜仗的人。

260. 名副其实

【释义】名声或名义和实际相符。副,符合,彼此相称。其:指示代词,相当于"那""那个";实:实际。

【出处】曹操《与王脩书》:"君澡身浴德,流声本州,忠能成绩,为世美谈,名实相符,过人甚远。"

【成语故事】王脩(生卒年不详),字叔治,北海郡营陵人。初投青州的袁谭,曾劝袁谭、袁尚兄弟团结和睦。曹操占领邺城后,消灭了袁谭,王脩乞收藏谭尸。曹操嘉其义,听之。王脩为督粮官,为人正直,治理地方时抑制豪强、赏罚分明,深得百姓爱戴,官至大司农郎中令。

261. 经国大业

【释义】经国:治理国家;大业:伟大的事业。极言文章有重要作用。

【出处】三国·魏·曹丕《典论·论文》:"盖文章经国之大业,不朽之盛事。"

【考据】魏文帝曹丕(187年冬—226年6月29日),字子桓。豫州沛国谯(今安徽省亳州市)人。三国时期著名的政治家、文学家,曹魏开国皇帝(220年—226年在位)。魏武帝曹操与卞夫人的长子。曹丕文武双全,八岁能提笔为文，善骑射，好击剑，博览古今经传，通晓诸子百家学说。曹操逝世，曹丕继任丞相、魏王。同年，曹丕受禅登基，以魏代汉，结束了汉朝四百多年的统治，建立魏国。曹丕在位期间，平定边患。击退鲜卑，和匈奴、氐、羌等外夷修好，恢复汉朝在西域的建置。除军政以外，曹丕自幼好文学，于诗、赋、文学皆有成就，尤擅长于五言诗，与其父曹操和弟曹植，并称"三曹"，今存《魏文帝集》《典论》。

《典论》是曹丕在建安后期为魏太子时所撰的一部政治、社会、道德、文化论集，全书由多篇专文组成。《典论·论文》是其中之一，按照"子"书的形式写成，是曹丕关于国家大事一系列的问题的论文总集。但是很可惜，这二十篇文章到现在大多已经失散，只剩下残章断简。而幸运的是，《论文》由于被南朝的萧统选入了《昭明文选》而得以完整保留下来。

曹丕是汉魏时期重要的文学理论批评家。他撰写的文论著作流传于世的有两篇：《与吴质书》《典论·论文》。《典论·论文》在中国文学理论批评史上具有划时代的意义，因为在它之前还没有精心撰写的严格意义上的文学理论专著。它的产生是中国古代文论开始步入自觉期的一个标志。《典论·论文》包括四部分内容。第一，它批评了"文人相轻"的陋习，指出那是"不自见之患"，提出应当"审己以度人"，才能避免此累。第二，评论了"今之文人"亦即建安"七子"在文学上的才力及不足，分析了不同文体的不同写作要求，说唯有"通才"才能兼备各体。第三，提出"文以气为主"的命题，说"气之清浊有体，不可力强而致""虽在父兄，不能以移子弟"。这里的"气"，实际上指的是作家的气质和个性。曹丕的这一观点，表明他对创作个性的重要性已有比较充分的认识。第四，论述了文学事业的社会功能，将它提到"经国之大业，不朽之盛事"的高度，又说"年寿有时而尽，荣乐止乎其身"，都不如文章能传诸无穷。

262. 审己度人

【释义】先审查自己，再估量别人。

【出处】三国·魏·曹丕《典论·论文》："盖君子审己度人，故能免于斯累而作论文。"

【成语故事】《典论·论文》从批评"文人相轻"入手，强调"审己度人"，

191

对建安七子的创作个性及其风格给予了分析，并在此基础上提出了"四科八体"的文体说，"经国之大业，不朽之盛事"的文学价值观及"文以气为主"的作家论。

263. 文人相轻

【释义】指文人之间互相看不起。

【出处】三国魏·曹丕《典论·论文》：文人相轻，自古而然。傅毅之于班固，伯仲之间耳，而固小之，与弟超书曰："武仲以能属文，为兰台令史，下笔不能自休。"夫人善于自见，而文非一体，鲜能备善，是以各以所长，相轻所短。里话曰："家有弊帚，享之千金。"斯不自见之患也。

注：兰台令史：汉代主持整理图书及掌理书奏的长官。

【考据】《典论论文》阐述读书人为文应有的态度。认为一般文人最大的毛病就是自以为是、文人相轻，并以汉代的傅毅和班固为例。在汉章帝时两人同为兰台令史，一起负责书籍的典校工作。两人文才相当，不分高下，然而班固轻视傅毅，他在写给弟弟班超的信中说："傅武仲（傅毅）因为能写文章当了兰台令史的官职，（但是却）下笔千言，不知所指"。但凡人总是善于看到自己的优点，然而文章不是只有一种体裁，很少有人各种体裁都擅长的，因此各人总是以自己所擅长的轻视别人所不擅长的，乡里俗话说："家中有一把破扫帚，也会看它价值千金。"这是看不清自己的毛病啊。

264. 伯仲之间

【释义】伯仲，兄弟间排行的次序。形容人才能相当，不相上下。

注：傅毅（？—89），字武仲，东汉茂陵人。博学善文，章帝时为兰台令史，与班固、贾谊共典校书，后为大将军宪司马。

【出处】【成语典故】同"文人相轻"。

265. 箕山之志

【释义】旧时用以称誉不愿在乱世做官的人。

【出处】曹丕《与吴质书》："伟长独怀文抱质，恬淡寡欲，有箕山之志，可谓彬彬君子者也。"

【考据】建安时代，"三曹""七子"并世而出，为中国诗歌打开了一个新的局面，并确立了"建安风骨"这一诗歌美学的典范。辞赋、书信、诏令等其

192

他文体的创作，也流露出一种新鲜生动的气息，既表现为对旧体裁的改造，也表现为强化应用文的文学性，从而下开其后文章创体增类、标能竞才的风尚。

在应用性的文体中显露出文学魅力的，是曹丕、曹植的书札。内容多为抒发当下的悲欢契阔之情，裁书叙心，因而较之前代书札，更能随境生趣，摇曳多姿。正如曹丕和曹植的《与吴质书》。

266. 物是人非

【释义】东西还是原来的东西，可是人已不是原来的人了。多用于表达事过境迁。

【出处】曹丕《与吴质书》："节同时异，物是人非，我劳如何！"后世引用中以李清照"物是人非事事休"一句最为著名。

267. 酒酣耳热

【释义】酒酣：酒喝得很痛快。形容喝酒喝得正高兴的时候。

【出处】三国·魏·曹丕《与吴质书》："每至觞酌流行，丝竹并奏，酒酣耳热，仰而赋诗，当此之时，忽然不自知乐也。"

268. 人生如寄

【释义】寄，寓居，暂住。指人的生命短促，就像暂时寄居在人世间一样。

【出处】三国魏·曹丕《善哉行》："人生如寄，多忧何为。"

【成语故事】道家经典中，"旅归"常指人的生命，这是个比喻，比喻生是暂时的，就像旅途反归家乡；而道是永恒的，就像自己家。道家认为天地万物不过是一气之转变，气聚而生，气散而死。故《尸子》引《老莱子》说："人生天地之间，寄也。寄者，同归也。古者谓死人为归人，其生也存，其死也亡，人生也少矣，而岁往之亦速矣。"列子说："死之与生，一往一反，故死于是者，安知不生于彼。"《庄子》说："生死修短，岂能强求？予恶乎知悦生之非惑邪？予恶乎知恶死之非弱丧而不知归者邪？予恶乎知夫死者不悔其始之蕲生乎。"有的学者认为这些来源于佛教的轮回思想。实际上，这种说法旨在论证道家的生死齐一观点，属于"齐物"思想，与《庄子·知北游篇》所说的"生也死之徒，死也生之始，孰知其纪"相似，而与佛教的轮回思想绝不相同。佛家轮回说的基础与生化说不同，他以因果为理论基础。而道家生化说则属于纯粹的万物生化论，不带有任何宗教色彩。虽然从表面上看二者存在相似之处，但实际

193

并不相同。

269. 兄弟参商

【释义】参、商：星宿名，二星此出则彼没，永不相见。比喻兄弟之间不和睦。

【出处】三国·魏·曹植《与吴季重书》："面有逸景之速，别有参商之阔。"

【考据】曹植（192—232），字子建，东汉豫州刺史部谯（今安徽省亳州市）人，是曹操与武宣卞皇后所生第三子，生前曾为陈王，去世后谥号"思"，因此又称陈思王。三国时期曹魏著名文学家，作为建安文学的代表人物之一与集大成者，代表作有《洛神赋》《白马篇》《七哀诗》等。后人因其文学上的造诣而将他与曹操、曹丕合称为"三曹"。其诗以笔力雄健和词采华美见长，留有集三十卷，已佚，今存《曹子建集》为宋人所编。散文同样具有"情兼雅怨，体被文质"的特色，丰富多样。南朝宋文学家谢灵运有"天下才有一石，曹子建独占八斗"的评价。《诗品》的作者钟嵘亦赞曹植"骨气奇高，词彩华茂，情兼雅怨，体被文质，粲溢今古，卓尔不群。"作为《诗品》全书中品第最高的诗人、中国诗歌抒情品格的确立者，在诗史上具有"一代诗宗"的历史地位。王士祯尝论汉魏以来二千年间诗家堪称"仙才"者，曹植、李白、苏轼三人耳。

270. 下笔成篇

【释义】形容文思敏捷。

【出处】曹植《王仲宣诔》："发言可咏，下笔成篇。"

【成语故事】曹植非常聪明，他读过很多书，做文章是又快又好。曹操故意考他，曹植说自己的确能言出为论、下笔成文，可以当场作文。他们游览完毕铜雀台，曹植很快就写出《铜雀台赋》，受到曹操的夸奖。

271. 自投罗网

【释义】投：进入；罗网：捕捉鱼鸟的器具。自己投到罗网里去。比喻自己送死。

【出处】曹植《野田黄雀行》诗：高树多悲风，海水扬其波。利剑不在掌，结友何须多？不见篱间雀，见鹞自投罗？罗家得雀喜，少年见雀悲。拔剑捎罗网，黄雀得飞飞。飞飞摩苍天，来下谢少年。

【考据】建安二十五年曹丕继位掌权，杀了曹植的至交丁仪、丁廙，曹植却无力相救。《野田黄雀行》所抒写的，就是这样一种悲愤情绪。此诗通过黄雀投罗的比喻，抒写朋友遭难而无力援救的愤慨，塑造了一个解救受难者的少年侠士的形象，寄寓诗人的理想和反抗情绪。全诗意象高古，语言警策，急于有为的壮烈情怀跃然纸上。

272. 道同志合

【释义】指的是人与人之间，彼此志向、志趣相同，理想、信念契合。

【出处】曹植《陈审举表》："昔伊尹之为媵臣，至贱也；吕尚之处屠，至陋也。及其见举于汤武、周文，诚道合志同，玄谟神通。"

【考据】曹植以典故"伊尹为媵而见举于汤武和吕尚屠钓而见举于周文"为例说明"道同志合，玄谟神通"。一则表达出自己虽被排除在权力核心之外，可谓流放的"藩王"，但仍希望如伊尹与吕尚一样得到君王任用的期望之念；另外也暗示希望曹睿也如汤武、周文一样贤明，从而达到君臣"道同志合"。

由于曹植与曹丕有过继承权之争的过节，因此在曹丕当政期间，曹植就被压制、排挤，甚至几陷死地，幸而有母后的佑护以及曹植一再上表陈述自己的不二之志，才得以勉强在屈辱与寂寞中活下来。虽然写作《陈审举表》之时，曹丕已死，但曹丕生前一再告诫曹睿要小心自己的"皇叔"曹植，因此曹睿表面上对他的这位"皇叔"表示尊重，但骨子里却还一如其父，对曹植极不信任，对他的政策也没有根本改变。在如此困境中，曹植不得不委曲求全，企望得到曹睿的信任，给予他以报国杀敌的机会，因此他在《陈审举表》中用了大量典故，反复陈述自己的忠君报国之心。

273. 道远知骥，世伪知贤

【释义】骥：良马。路途遥远才可以辨别良马，世间的虚伪狡诈才能鉴别贤才。比喻经过长久的磨炼，才能看出人的优劣。

【出处】曹植《矫志诗》："圣主虽知。必得英雄。螳螂见叹。齐士轻战。越王轼蛙。国以死献。道远知骥。世伪知贤。覆之帱之。顺天之矩。"

【考据】曹植《矫志诗》为四言古诗，作于黄初年间，矫为勉励、劝勉之意，矫志诗就是励志诗。历来对《矫志诗》评述不一，主要观点在于：其一，这首四言诗写法善学《诗经》的写法，甚至说托体于《诗经·小雅·白华》；

其二，这首四言诗类似箴铭、子书一类文体，是四言古诗中的最高之格；其三，全篇用比喻说道理的这种形式，形成情事崎岖、语脉参错的诗歌特点。

274. 死而复生

【释义】死去了又活过来，形容生命不息。

【出处】曹植《辩道论》："方士有董仲君，有罪系狱，佯死数日，目陷虫出，死而复生，然后竟死。"

【考据】《辩道论》作品中以优美的文笔探讨了神仙之道，表达了对修道的不认同，并做出了大量例证。

275. 烹牛宰羊

【释义】比喻宴会非常丰盛。

【出处】曹植《箜篌引》："置酒高殿上，亲友从我游。中厨办丰膳，烹羊宰肥牛。秦筝何慷慨，齐瑟和且柔。阳阿奏奇舞，京洛出名讴。乐饮过三爵，缓带倾庶羞。主称千金寿，宾奉万年酬。久要不可忘，薄终义所尤。谦谦君子德，磬折欲何求。惊风飘白日，光景驰西流。盛时不可再，百年忽我遒。生存华屋处，零落归山丘。先民谁不死？知命复何忧。"

【考据】这是曹植的一首独具特色的游宴诗。它通过歌舞酒宴上乐极悲来的感情变化，深刻地展示了建安时代特有的社会心理。人生短促的苦闷和建立不朽功业的渴求交织成这首诗的主题，表现出"雅好慷慨"的时代风格。这首诗的章法巧妙，很见匠心。诗歌在以较多的笔墨描写美酒丰膳、轻歌曼舞、主客相酬的情景之后，笔锋一转，吐露出欲求亲友忧患相济、共成大业的心愿，再转为对人生短促的喟叹，清醒地指出"盛时不再来"。至此，酒宴的欢乐气氛已扫荡一尽，乐极而悲来的心理历程完整地表达出来了，引人回忆起开篇的浓艳之笔、富贵之景，更添几分悲怆之情。如此立意谋篇，称得上是思健功圆了。

276. 公诸同好

【释义】公：公开；诸：之于；同好：爱好相同的人。指把自己所收藏的珍爱的东西拿出来，使有相同爱好的人都能欣赏。

【出处】曹植《与杨德祖书》："虽未能藏之于名山，将以传之于同好。"

【考据】杨德祖，即杨修，是曹植的好友，故曹植几次写信给他，讨论当时文人的优劣。这是其中的一封信，专门论文，约作于建安二十二年（217）前后。在信中，曹植叙述了邺下文人集团的形成，讨论了文学批评的弊病，表达了自己平生的胸怀和抱负。文章先说明王粲等人归魏之前虽已名闻天下，然而他们的创作却尚未达到最高境界。接着指出，为文应该多与人商讨，多听取别人的意见，多请人修改润饰，并进而认为人们的爱好是各不相同的，不能凭自己的好恶妄论别人的文章。文章最后说辞赋不过是小道，最重要的是要为国尽力。信中蕴含文学思想：一是反对文人相轻。这乃是针对建安文坛"人人自谓握灵蛇之珠，家家自谓抱荆山之玉"的现状而有的放矢的议论。不仅如此，本文还进一步提出——著述不能无病，作家当精益求精，不惮修改。二是以批评陈琳为例，主张文人之间能客观地开展相互批评，而不是一味专事互相吹捧。三是强调文学批评应以创作才能为基础——即唯有自身具备创作的才华和能力，方有资格对他人文章一论长短高下。此论虽有"辩而无当"之嫌（《文心雕龙—自序》），但对于当时刘季绪之流才庸行妄、却随意抵苛他人的文坛时弊，也不失为一种矫枉纠偏的助益。四是提出了在文学口味上"人各有好尚"，不能强求统一的观点，所谓"海畔有逐臭之夫，墨翟有非乐之论"。因此批评者在评论文章时，不可以一己之偏好，强求他人认同迁就。五是肯定了民间俗文学所独有的价值。"街谈巷议，必有可采，击辕之歌，有应风雅。"应该说，此书见地高远，且意到笔随，情文并茂，堪称魏晋时代极有特色的一篇论文文章。

277. 荆山之玉

【释义】荆山：山名，此山产宝玉，据传和氏璧就出自此山。比喻极珍贵的东西。

【出处】曹植《与杨德祖书》："人人自谓握灵蛇之珠，家家自谓抱荆山之玉。"

【成语故事】荆山所产的玉石，即和氏璧。楚人和氏得玉璞于荆山，进献楚王，初不为王所信，致双足被刖，直到文王时方从玉璞中得到美玉的故事。见《韩非子·和氏》。后比喻资质美好。

抱玉握珠

【释义】比喻满腹经纶，富有才学。

【出处】曹植《与杨德祖书》："当此之时，人人自谓握灵蛇之珠，家家自谓抱荆山之玉。"

【成语故事】同"荆山之玉"

278. 瓜田李下

【释义】意指正人君子要主动远离一些有争议的人和事，避免引起不必要的嫌疑。也指易引起嫌疑的地方。

【出处】曹植《君子行》："君子防未然，不处嫌疑间，瓜田不纳履，李下不整冠。"

【成语故事】经过瓜田，不要弯下身来提鞋，免得人家怀疑摘瓜；走过李树下面，不要举起手来整理帽子，免得人家怀疑摘李子。比喻容易引起嫌疑的地方，或指比较容易引起嫌疑，让人误会，而又有理难辩的场合。古人强调正人君子要顾及言谈举止，风度礼仪，除此之外，还要主动避嫌，远离一些有争议的人和事，不做让人误会的事情，也很重要。

典故1：袁聿修是南北朝时期的北齐临漳（今河北临漳）人。他少年老成，性格沉静，很有见识。据说，他九岁时就做了州主簿，十八岁时就做了州中正，兼尚书度支郎中，后来又升为博陵太守，且政绩空出，很有声望。他之所以政绩突出又很有声望，主要原因是他能够为官清白自守，从不收任何贿赂。据说他在尚书的十多年里，从未曾接受过任何人家的一升酒喝。因此，在他的官地有不少文人联名为他立碑表彰，并送他一个雅号："清郎"。当然，"清郎"也有为难的时候。有一次，袁聿修到外地考察地主、官吏，途经兖州。兖州刺史正是他的老朋友邢邵。二人叙述别情以后，邢邵拿出一匹白绸想送袁聿修作为纪念。这就叫袁聿修为难了。不收，怕得罪老朋友；收，又怕留下什么不必要的嫌疑。但反复思索之后，袁聿修还是谢绝了，并留书曰："我这次路过这里，与往常不同呀！瓜田李下，古人是很谨慎的。我们不能忘记古人说过的，走在瓜地里不要弯腰提鞋子，走在李树下不要伸手整帽子的话。只有这样，才能躲避嫌疑。你的心意我领了。白绸不能收，不能留下不好的话柄"。邢邵很理解袁聿修的心思，就没有再勉强他。

典故2：唐朝唐文宗时，大书法家柳公权忠良耿直，能言善谏，官职担任工部侍郎。当时有个叫郭宁的官员把两个女儿送进宫中，于是皇帝就派郭宁到邮宁（现陕西邮县）做官，人们对这件事议论纷纷。皇帝就以这件事来问柳公权："郭宁是太皇太后的继父，官封大将军，当官以来没有什么过失，现在只让他当邮宁这个小小地方的主官,又有什么不妥呢?"柳公权说:"按照郭宁的贡献和功绩来说,派他到邮宁去当主官,原本是合理合情,没什么好争议的,可是议论的人都以为郭宁是因为进献两个女儿入宫,才得到这个官职的。"唐文宗说:"郭宁的两个女儿是进宫陪太后的,并不是献给朕的。"柳公权回答:"瓜田李下的嫌疑,人们哪能都分辨得清呢?"

279. 忧国恤民

【释义】忧虑国事,体恤百姓。

【出处】徐干《中论·谴交》:"文书委于官曹,系囚积于囹圄,而不遑省也。详察其为也,非欲忧国恤民,谋道讲德也。"

【考据】徐干(170—217):北海郡剧县(今山东省寿光市)人,东汉末年杰出文学家。其少年时,正值汉灵帝末年,宦官专权,朝政腐败,而徐干却专志于学。当时的州郡牧慕徐干才名"礼命蹉躇,连武欲致之"。他"轻官忽禄,不耽世荣"。曹操曾任他为司空军谋祭酒参军、五官将文学,他以病辞官。"潜身穷巷,颐志保真",虽"并日而食",过着极贫寒清苦的生活,却从不悲愁。曹操又任命他为上艾长,他仍称疾不就。建安中,看到曹操平定北方,中国统一有望,即应召为司空军谋祭酒掾属,转五官将文学,历五六年,以疾辞归。"潜身穷巷,颐志保真",虽"并日而食",亦"不以为戚"。(引并见《中论序》)后授上艾长,也因病未就。建安二十二年(217)春,瘟疫流行,干亦染疾而卒。后来曹丕论及徐干时说:"观古今文人类不护细行,鲜能以名节自立,而伟长独怀文抱质,恬淡寡欲,有箕山之志,可谓彬彬君子矣!"

280. 箭在弦上,不得不发

【释义】箭已搭在弦上,不得不发射。比喻事情到了不得不采取行动的时候。

【出处】三国·魏·陈琳《为袁绍檄豫州》李善注引《魏志》:"矢在弦上,不可不发。"

【成语故事】陈琳,字孔璋,广陵射阳(今江苏省扬州市宝应县射阳湖镇)人。东汉末年著名文学家,"建安七子"之一。汉灵帝末年,任大将军何进主簿。何进为诛宦官而召四方边将入京城洛阳,陈琳曾谏阻,但何进不纳,终于事败被杀。董卓肆虐洛阳,陈琳避难至冀州,入袁绍幕。袁绍使之典文章,军中文书，多出其手。陈琳诗、文、赋皆能。诗歌代表作为《饮马长城窟行》，是最早的文人拟作乐府诗作品之一。他的散文风格比较雄放，文气贯注，笔力强劲，所以曹丕有"孔璋章表殊健"（《又与吴质书》）的评论。

《为袁绍檄豫州文》檄文写在著名的官渡之战前夜，历数曹操的罪状，诋斥及其父祖，极富煽动力。时曹位居司空，握有实权，挟天子以令诸侯。袁绍为大将军、邺侯，控有冀、青、并、幽诸州，并于河北建立起庞大的势力，曾为讨伐董卓十八镇诸侯联军的盟主。值其时，陈琳在袁绍帐下讨生活，奉命作檄文，精心构思后，即从袁曹两人对比出发，准确把握社会主流价值观与士大夫心理，着力于曹的不良与非正义，立足于打击其自信心，狠狠地击了曹三剑，第一剑，从其祖父为宦作恶，再数其父乃过继之子，门楣顿然失色。在讲究出生门第的年代，曹窃据相位，是全朝士大夫之辱啊。相比之下，袁绍可是世袭三公的河北名门望族。第二剑，狼狈发迹史。曹能有今天，全靠袁绍提携，当年屡败屡战，数次分兵于曹，使曹东山再起，而曹得势后不仅不思回报汉室，还"承资跋扈，恣行凶忒，割剥元元，残贤害善。"第三剑，专陈"不臣"劣迹。说残害忠良算是轻的，把发掘皇太后哥哥坟墓如此大逆不道之事说道得有榜有眼，说曹不仅亲临，还"破棺裸尸，掠取金宝。"

官渡之战胜利后，曹见到受绑的陈琳，只捡轻的问，曰："汝前为本初作檄，但罪状孤可也；何乃辱及祖父耶？"陈琳道："矢在弦上，不可不发。"各为其主耳，回答得入情入理。曹逐赦之不咎。归顺后，陈琳成为曹魏文臣，当了名副其实的刀笔吏。《典略》载：陈琳作诸书及檄文，草成之后均呈献曹操。对于陈琳的作品，有时曹竟不能为之增减一字。

281. 摸金校尉

【释义】古代军官职称，最早为三国曹操所设，通俗地说，就是国家盗墓办公室主任。古代指专门发掘坟墓盗取财物以充军饷的人，后多指盗墓者。

【出处】陈琳《为袁绍檄豫州》

【考据】摸金校尉是中国古代一个盗墓者的门派。据史书记载，摸金校尉起源于东汉末年三国时期，自于汉代陈琳所作《为袁绍檄豫州》。曹操为了弥补军饷的不足，设立发丘中郎将，摸金校尉等军衔，专司盗墓取财，贴补军饷。也就应该能够理解考古界人士常称的"汉墓十室九空"的道理，也能体味出他们

"汉墓考古靠运气"话语中的无奈。

然而，有一些争议指出：《为袁绍檄豫州》的背景是袁绍率军与曹操开战，为使师出有名，袁绍命陈琳写此檄文，目的就是要给曹操扣锅。虽然曹操并未坚决否认过自己派人掘墓充实军饷一事，但公然为此设置官职，大张旗鼓地去刨坟的说法，历史学家往往是不认可的。

282. 弃暇录用

【释义】原谅过去的过失，重新录用。

【出处】陈琳《为袁绍讨檄豫州》："于是提剑挥鼓，发命东夏，收罗英雄，弃暇录用。"

283. 平淡无味

【释义】本指质性平和无味。后多指平平常常，缺乏特色。

【出处】三国·魏·刘邵《人物志·九征一》："凡人之质量中和最贵矣，中和之质必平淡无味，故成调成五材，变化应节。"

【考据】刘劭，字孔才，魏朝广平（今位于河北省邯郸市）人，生于汉灵帝建宁年间（168—172），卒于魏齐王正始年间（240—249）。汉献帝时入仕，初为广平吏，历官太子舍人、秘书郎等，魏朝之后，曾担任尚书郎、散骑侍郎、陈留太守等。后曾受爵"关内侯"，死后则追赠光禄勋。刘劭学问详博，通览群书，曾经执经讲学。编有类书《皇览》，参与制定《新律》。著有《乐论》《许都赋》《洛都赋》等，著作多已亡佚，仅见《人物志》《赵都赋》《上都官考课疏》。

《人物志》是我国一部辨析、评论人物的专著，约成书于曹魏明帝统治时期（227—239）。作者在自序中阐述撰著目的："夫圣贤之所美，莫美乎聪明，聪明之所贵，莫贵乎知人，知人诚智，则众材得其序而庶绩之业兴矣。"魏时文帝曹丕接受陈群建议，用九品中正制选拔人才。该书即是在推行九品中正品评人物、选择人才的大背景下形成的专著，旨在为推行九品中正制在理论上提供依据，在实践上总结经验，以推动这一制度的发展和完善。十六国时刘昞为之作注，重在"疏通大义，不沾沾于训诂，文词简括"。其后流传既久，传本颇多谬误。明万历甲申（1584）河间刘用霖用隆庆壬申（1572）本旧版合官私书校之，去其重复，成为定本。今有《汉魏丛书本》《明万历刘氏刊本》《四库全书本》

201

《四部丛刊本》等。其书自《隋书·经籍志》以后皆列于名家，《四库全书》则归入子部、杂家类一。《隋书·经籍志》列入列为名家类，具体呈现魏晋时期人物品鉴理论，为魏晋玄学中的重要面向。

284. 器小易盈

【释义】盈：满。器物小，容易满。原指酒量小。后比喻器量狭小，容易自满。

【出处】吴质《在元城与魏太子笺》："小器易盈，先取沈顿，醒寤之后，不识所言。"

【考据】吴质（177—230），字季重，兖州济阴（今山东定陶西北）人，三国时著名文学家。官至振威将军，假节都督河北诸军事，封列侯。起初因文才而被曹丕所喜爱。在魏文帝曹丕被立为太子的过程中，吴质出谋划策，立下大功。与司马懿、陈群、朱铄一起被称作曹丕的"四友"。为人放诞不羁，怙威肆行，卒后被谥为"丑侯"。其子吴应数次上疏申辩称枉，正元年间方改谥为"威侯"。

曹丕作有《与朝歌令吴质书》一篇，吴质亦有《在元城与魏太子》书的回复。曹丕作书于军旅之际，忆起昔时在河北与吴质等人的优游情景，似乎有洗却俗务之心。而吴质的报书则承曹丕之旨，表面上是感恩戴德，希冀在偏远边鄙的地方做出一番事业。但内心深处，则是借自逊才不能理疆："张敞在外，自谓无奇；陈咸愤激，思入京城，彼岂虚谈夸论，狂耀世俗哉？"能够得到曹丕之援回到京都。文章迂远回曲，状写元城风物，历史亦明白如画。至于所抒情慨，亦颇得建安文学悲凉慷慨的余韵。

由于吴质的固结曹丕，在曹丕代汉立魏后，吴质位至振威将军，并假节钺督河北，曾得意于一时。吴质是有一定的文才，但并不是以文学得到历史地位的，而是行谋出略扶摇直上，故而所传作品不多，只是与曹植、曹丕的复信假借曹植文名、曹丕的权威伴存在《文选》中。另有诗一首，裴松之注《三国志》存于《三国志》中。

285. 瓦解冰消

【释义】原作"瓦解冰泮"，像冰一样融化了，像瓦一样破碎了。比喻事物溃败分裂。后亦用"冰消瓦解"比喻问题完全解决。

【出处】三国魏·陈琳《檄吴将校部曲文》（据《文选·卷四四·檄》引）："昔夫差承之远，用申胥之训兵，栖越会稽，可谓强矣。及其抗衡上国，与晋争长，都城屠于勾践，武卒散于黄池，终于覆灭，身醢越军。及吴王濞骄恣屈强，猖獗始乱，自以兵强国富，势陵京城。太尉帅师，甫下阳，则七国之军瓦解冰泮，濞之骂言未绝于口，而丹徒之刃以陷其胸。何则？天威不可当，而悖逆之罪重也。"

注：（1）吴王濞：刘濞（前213—前154），汉高祖刘邦兄子，封吴王。文帝时，其子与太子刘因下棋相争，遭太子以棋盘击杀，遂使刘濞不满于朝。后刘即位为景帝，晁错上谏削藩，景帝采其议。刘濞遂合楚、赵、济南等六王谋反，后为周亚夫所平定而遭杀。

（2）骄恣屈强：傲慢任性，脾气强硬。

（3）猖獗：狂妄奸巧。

（4）陵：欺侮、侵犯。通"凌"。

（5）太尉：掌管军事之官，此指周亚夫（前？—前143），西汉沛县人。武侯周勃之子，封条侯。文帝时为将军，治军有名。景帝时讨平七国之乱，官拜丞相，后坐事入廷尉，不食五日，呕血而死。

（6）七国：汉景帝时叛乱的七个诸侯国，有吴王濞、楚王戊、胶西王、赵王遂、济南王辟光、川王贤、胶东王雄渠等。

（7）泮：冰解冻。

【典故故事】"冰消瓦解"原作"瓦解冰泮"。三国时，曹操要攻打孙吴，文书官陈琳便替曹操写了一篇声讨孙权的文章，以增加曹军的气势。文章中提到汉朝初年的七国之乱，当时汉高祖刘邦分封刘姓子弟为王，诸侯国各自为政，屡次与中央抗衡。景帝时，晁错建议削弱诸侯的势力，被皇帝接纳，因而引起各诸侯王的不满。吴王刘濞遂联合其他六个诸侯王起兵叛乱，一时间声势浩大，颇有威胁中央的气势。景帝派太尉周亚夫领军平乱，没有多久，这七国的军队就瓦解了，为首的吴王刘濞也遭到杀害。原本的七国大军根本无法抵挡汉军，因为他们都是乌合之众。陈琳便用这事件来比喻曹军的气势，有如当时的汉室天威震人，各路人马都无法与之抗衡。文章中用"瓦解冰泮"，也就是"像瓦一样破碎，像冰一样融化"来形容七国军队的崩溃瓦解。后来"冰消瓦解"这句成语就从这里演变而出，比喻崩溃、分裂。后亦用于比喻问题完全解决。

286. 自出机杼

【释义】机杼：本指织布机上的筘，织布时每条经线都要从筘齿间穿过，比喻心思、心意。比喻写文章、古诗的构思和布局别出心裁、独创新意。

【出处】《魏书·祖莹传》："作文须自出机杼，成一家风骨，何能共人同生活也。"

【考据】《魏书》，北齐魏收撰，是一本纪传体史书，内容记载了公元4世纪末至6世纪中叶北魏王朝的历史。记述了我国北方鲜卑族拓跋部从四世纪末叶至六世纪中叶（即北魏道武帝至东魏孝静帝）的历史，内容涉及它的发展兴盛、统一北方、实现封建化和门阀化的过程，以及北魏、东魏与南朝宋、齐、梁三朝关系的历史；《魏书·序纪》还追叙拓跋氏的远祖至二十余代的史事，虽未可尽信，但却大致阐述了拓跋氏的历史渊源。

287. 回天之力

【释义】回天：比喻能扭转形势的巨大力量，或比喻言辞有力、能扭转局势。

【出处】《魏书·帝纪篇末史臣总论》："佞阉处当轴之权，婢媪擅回天之力，卖官鬻狱，乱政淫刑。"《新唐书·张玄素传》："张公论事，有回天之力。"

【成语故事】张玄素任景州录事参军时，唐太宗召见他，询问他为政之道。张玄素说："隋炀帝喜欢专断大小事务，不信任大臣，以一个人的智慧来决断天下的事，最终走向了灭亡！陛下要是能够谨慎选择大臣，观察和考核他们的政绩而加以赏罚，何必忧虑国家治理不好呢！另外，我观察到隋末战乱不止，其实真正想夺取天下的不过就那十几个人，为非作歹的很少，大多数都是为了保卫自己的家乡，等待着归附有道的明主。很少有人了解百姓为什么作乱，只是人君不会安抚而已！"太宗就擢升他为侍御史。

贞观四年，唐太宗要重修洛阳宫乾阳殿。张玄素说："我曾经见过隋朝修宫殿，在豫章（今南昌）伐木材，两千人拉一根大木，铁做的车毂走不了几里就坏了，需要几百人抬着备用的车毂跟着，一天走不上三十里地。从前阿房宫修成了，秦朝就灭亡了；章华宫修成了，楚国也衰败了；乾阳殿完工了，隋朝也解体了。现在我们国力不及隋朝，百姓刚刚遭受战乱——我恐怕陛下的过错比隋炀帝还大。"太宗说："你说我还不如隋炀帝了吗？"就停修了。魏徵知道了，说："张公论事，有回天之力。"

288. 去危就安

【释义】离开危险，达到平安。

【出处】《魏书·慕容白曜传》："夫见机而动，周易所称；去危就安，人事常理。"

289. 深思熟虑

【释义】反复深入细致地考虑。

【出处】《魏书·程骏传》："且攻难守易；则力悬百倍；不可不深思；不可不熟虑。"

【考据】后魏·程骏（414—485），字骥驹，广平曲安人（今河北省邱县古城营村），少孤贫，居丧以孝称，仕魏为著作郎，除高密太守，以有吏才留之，历官清慎，言事每惬人心，门无侠货之宾，室有怀道之士，诏赐帛以旌其俭，骏即散之亲旧。太和九年病笃、遗令丧事勿尚奢，寻卒。高祖文明太后闻之，伤惜久之，赐东园秘器、朝服一袭、帛三百匹；赠冠军将军、兖州刺史、曲安侯，谥曰宪，所制有文笔集录，传于世云。

290. 春华秋实

【释义】春天开花，秋天结果。比喻事物的因果关系，后引申比喻文采与德行，亦有指时间的流逝，岁月的变迁。华：同"花"；实：植物结的果。

【出处】《三国志·魏志·邢颙传》："采庶子之春华，忘家丞之秋实。"

【成语故事】《三国志》是由西晋史学家陈寿所著，记载中国三国时期的断代史，同时也是二十四史中评价最高的"前四史"之一。也是二十四史中最为特殊的一部，因其过于简略，没有记载王侯、百官世系的"表"，也没有记载经济、地理、职官、礼乐、律历等的"志"，不符合《史记》和《汉书》所确立下来的一般正史的规范。

邢颙，字子昂，河间莫人（今任丘）。为孝廉，征任为官吏，不受。曾被曹操征任为司空掾。出任左冯翊，因病辞官，后被选为平原侯曹植的家丞。庶子刘桢擅长作文，文辞优美，曹植亲近刘桢而疏远邢颙。刘桢上书劝谏曹植说：家丞邢颙是北方的贤士，他少年秉性高洁，清静寡欲，言语简洁而义理深刻，真正是儒雅的贤士。我实在不能和他相提并论，并列为您的左右。而我获得您的特殊礼遇，邢颙反而被疏远，我私下里担忧旁观者将会说君侯您亲近我，对待贤士缺乏礼节，喜纳庶子的文采，丢弃家丞的德行。（刘桢谏植曰："私惧观者将谓习近不肖，礼贤不足，采庶子之春华，忘家丞之秋实。"）

291. 秋风落叶

【释义】秋风扫尽了落叶。比喻一扫而光，不复存在。

【出处】陈寿《三国志·魏书·辛毗传》："以明公之威，应穷困之敌，击疲敝之寇，无异迅风之振秋叶矣。"

【成语故事】东汉末年，天下大乱，群雄互相争斗不休。曹操在官渡之战中，以少胜多，战胜了北方最强大的敌人袁绍。袁绍死后，他的儿子们为了争夺地盘而互相攻打。公元204年，袁绍的小儿子袁尚攻打其哥哥袁谭，袁谭抵挡不住，就派使臣辛毗去向曹操求援。曹操问辛毗："袁尚能不能被我打败？"辛毗说："袁氏兄弟互相残杀，现在连年攻战，百姓穷困，而袁尚严重缺粮，凭借你的强大军力去攻打困乏而没有战斗力的袁尚，无异于秋风扫落叶。"果然，曹操大军一到，袁氏的势力立即灰飞烟灭，曹操顺利地统一了中国的北方。

292. 坚壁清野

【释义】坚壁：坚固壁垒；清野：清除郊野。对付强敌入侵的一种方法。使敌人既攻不下据点，又抢不到物资。

【出处】《三国志·魏书·荀彧传》："今东方皆以收麦，必坚壁清野以待敌军。将军攻之不拔，略之无获，不出十日，则十万之众未战而自困耳。"

【成语故事】东汉末年，曹操在镇压黄巾军占领了兖州地区后，雄心勃勃地准备夺取徐州要地。那时，颖川颖阳（今河南许昌）有个名叫荀彧的人，非常有才能，为避董卓之乱迁居冀州，被袁绍待为上宾。他看出袁绍不能成就大事，就投奔到曹操门下。曹操大喜，任命他为司马。从此，他跟随曹操南征北战，出谋划策，深得曹操的信任。公元194年，徐州牧陶谦病死，死前将徐州让给了刘备。消息传来，曹操夺取徐州的心再也按捺不住了，忙着要出兵徐州。荀彧知道了曹操的想法，说道："当年汉高祖保住关中，光武帝刘秀据有河内，他们都有一个巩固的根据地，进足以胜敌，退足以坚守，所以成了大业。如今将军不顾兖州而去攻打徐州，我方留守兖州的军队留多了，则不足以取得徐州；

留少了，倘若吕布此时乘虚而入，又不足以守住兖州。最后，一定是弄得兖州尽失，徐州未取。"他还指出，"眼下正值麦收季节，听说徐州方面已组织人力，抢割城外的麦子运进城去。这说明他们已有了准备，一旦有风声传来，他们必然会加固防御工事，转移全部的物资，一切准备就绪迎击我们。这样，你的兵马真的去了，城攻不下，什么东西也得不到手，不出十天，你的军队就会不战自溃。"曹操听了荀彧的话，十分佩服，从此集中兵力，很快打败了吕布。后来，又打败了刘备，占据了徐州。

293. 枯木生花

【释义】指枯树开了花。比喻绝处逢生。也比喻不可能实现的事情。

【出处】《三国志·魏志·刘廙传》："起烟于寒灰之上，生花于已枯之木。"

【考据】刘廙（180—221），字恭嗣，三国魏南阳安众（今河南镇平县东南）人。兄长刘望之因有名望被荆州牧刘表征召为从事。后因朋友被刘表所杀、政见不合等原因弃官回家。刘廙对他说："从前赵简子杀犊犨、铎鸣，孔子物伤其类，回车而返。如今兄长既然不能仿效柳下惠同声相应，就应该学习范蠡迁移到偏远的地方。坐在这儿白白地等死就危险了，实在不行！"刘望之不听劝告，不久就被刘表杀害了。刘廙因恐惧逃奔扬州，归附了曹操。曹操聘任他为丞相府的属官，后转任五官将文学。建安十八年（213），曹操获封魏公，建魏国，刘廙任黄门侍郎。曹操在长安时，打算亲自带兵征蜀，刘廙上疏说："圣人不以己之睿智而轻视普通人。王者不因身份的高低决定是否采纳其意见。因此，能够建功立业者，必能以近察远，比专横之人考虑周详。又必能不耻下问，博采众长。皮带、弓弦虽是不说话的物品，但古代的圣贤却能用以警醒、纠正自己。臣下虽然认为不才，但愿意以己比作皮带和弓弦。从前乐毅能够以弱小的燕国打败强大的齐国，却不能以轻兵平定即墨，原因在于自强者虽弱小却坚不可摧，自溃者虽貌似强大却必然一败涂地。自从您起兵以来，三十余年，没有打不败的对手，没有制服不了的强敌，如今，以精锐的兵马，常胜的军威，面对着倚仗天险的吴国孙权和拒不服从的蜀国刘备。想那偏远之地的大臣，比不上冀州的一个小卒，孙刘的家当，也比不上袁绍当时的基业，但是袁绍到底灭亡，而孙、刘却依旧存在。并非是我们力量不如从前，只是因为自强者和自溃者的形势地位转换了。故此，当年周文王伐崇侯虎，三次没攻下来，于是就退归原地，修身养性，最后终于把崇侯虎制服了。当初秦国作为诸侯之一，战无不胜，征无不服，待统一天下，秦王当上了皇帝，秦国却让百姓们的一阵疾呼声给摧毁了。这就是对外施用强力，对内不爱护体恤百姓的结果。臣下担心吴、蜀边寇的力量虽比不上先前六国，但却不乏出类拔萃之才。征伐他们会不会重蹈秦国的覆辙，这是不能不认真思考的。天下却有得失：形势对我有利而我又能认真考虑，就可有重大收获，形势对我不利而我还要一意孤行，这就会有重大的失败。当今之计，不如研究周围的险阻，选择要害之地据而守之，再挑选天下甲士，而不断更换驻守。这样，您就可以高枕在大厦之内，潜心谋划安邦治国之大计。鼓励农桑，厉行节约，这样整治十年之后，就一定会国泰民安。"曹操听罢走到刘廙面前说："不但当君主的应了解臣子，做臣子的也应了解君主。如今你想要让我坐在这儿空行周文王的德政，恐怕是看错人了！"

曹丕即位，以廙为侍中，赐爵关内侯。刘廙共撰写了几十篇文章，此外还和丁仪共同论述过刑礼，这些著作都流传于世。

294. 巧夺天工

【释义】专指精巧的人工胜过天然，形容技艺极其精巧。

【出处】晋·郭璞《葬书》："微妙在智，触类而长，玄通阴阳，巧夺造化。"

【成语故事】《葬书》是东晋著名学者郭璞的著作，全文不到两千字，却系统地阐述了风水理论。其五大理论亮点归纳为：一是乘"生气"论；二是"藏风得水"论；三是"形势"论；四是"四神砂"论；五是"土质标准"论。

成语故事：甄氏是中山郡无极县人，天资聪明，经常到书房外偷听哥哥们读书，老师为其好学精神所感动，便破例收下了这个女学生。长大后，甄氏才学见识名冠当时，尤以诗作见长，而其貌之美，可以倾国。

当时，出身于四世三公大官僚家庭的袁绍，担任冀州（今河北省临漳县西南邺城）牧，二儿子袁熙倾慕甄氏，请求父亲派人去提亲。这样，甄氏便嫁到了袁家。后来，袁绍在与各地方势力的混战中取胜，三个儿子也各领一州。公元200年袁绍在官渡之战中被曹操打败，袁熙不久也被公孙康杀死。此时，袁绍的夫人刘氏和甄氏一起住在邺城，曹丕破邺城后进入袁府，见到甄氏即被她的美貌所惊呆。不久，曹丕禀明曹操，派人把甄氏接到自己府里，与她喜结良缘。自此曹丕对甄氏宠爱有加，曹丕代汉称帝，建立了魏国，甄氏被立皇后。当时甄氏已年过四十岁，容颜衰败，为了能使曹丕长久宠幸自己，她每天早晨都要花很长时间梳洗打扮。据说在她宫室前的庭院中，有一条长得非常美丽的绿色的蛇，它嘴里时常含一颗红珠，每当甄皇后晨起梳妆打扮的时候，就变换成奇巧的形状。甄皇后模仿它的形状梳头，精致巧妙可称得上巧夺天工，后宫的人都称它为"灵蛇髻"。但是，即使再精致巧妙的梳妆，也无法改变甄皇后失宠的命运。最终年轻美貌的郭皇后替代了她的地位。而她由于对此不满，惹怒了曹丕，最后被下诏赐死。曹丕死后，甄皇后所生长子明帝即位，追谥其母为文昭皇后。

295. 城门失火，殃及池鱼

【释义】殃：使灾祸。池：护城河。城门失火，大家都到护城河取水，水用完了，鱼也死了。比喻无辜被连累而遭受灾祸。

【出处】北齐·杜弼《为东魏檄梁文》："但恐楚国亡猿，祸延林木，城门失火，殃及池鱼。"

东魏（534—550）是中国南北朝时期北方王朝之一，由鲜卑化汉人高欢拥立北魏孝文帝年仅十一岁的曾孙元善见为孝静帝，为自己登上帝位而铺路，并与宇文泰所掌控的西魏对立，建都邺城。

【成语故事】北魏孝文帝时，公元471年，池氏总代数49世之裔池仲鱼，封授城门侯，而因城里失火，皇上怪罪于池仲鱼护城不力，革去他的职位，并诛其九族。或许池姓虽起源历史久远，但至今人口发展不怎么多，其原因之一有可能是受到此事件的影响吧。久而久之，人们便将池仲鱼家族无故遭受株连之事，说成了如今的"城门失火，殃及池鱼"这句顺口成语而被广为流传。

此种说法受到清代人的批评。清代杜文澜《古谣谚》卷三说"池仲鱼云云，实出《风俗通》，见《太平广记》卷四六六《池中鱼》引，其本意乃谓古有池姓耳，非考池鱼之意……"古人好附会，此是一实例。

通常的解释是：从前，有个地方的城门下面有个池塘，一群鱼儿在里边快乐地游着。突然，城门着了火，一条鱼儿看见了大叫说："不好了，城门失火了，快跑吧！"但是其他鱼儿都不以为然，认为城门失火，离池塘很远，用不着大惊小怪。除了那条鱼儿逃走了之外（暂且不管它的逃走方式），其他鱼都没有逃走。这时，人们拿着装水的东西来池塘取水救火。过一会，火被扑灭了，而池塘的水也被取干了，满池的鱼都遭了殃。这个故事告诉我们：火、水、鱼是有联系的，池塘的水能灭城门的火，这是直接联系，鱼儿与城门失火则是间接联系，它是通过池水这个中间环节而发生联系的。比喻无端受祸。

杜弼（490—559），字辅玄，谥文肃。北齐东魏中山曲阳（今河北曲阳）人，东魏官员。弼幼聪敏，才华横溢。以军功起家，官至胶州刺史，中书令，封长安县伯。杜弼为官，敢言直谏，遭奸佞嫉恨，北齐天保十年（559），被北齐王高洋以收受贿赂为由所杀。北齐天统五年，受到平反，谥文肃。杜弼在文学上也颇有成就，著有《注老子道德经》二卷、《新注义苑》和千古雄文《移梁檄文》。其中《移梁檄文》文采激扬，辞藻华丽，气势恢宏，许多典故皆出于此，常与陈琳的《为袁绍檄豫州文》并称。

296. 依山傍水

【释义】靠着山，临着水。形容景色优美的地方。

【出处】北齐·杜弼《为东魏檄梁文》："彼连营拥众，依山傍水，举螳螂之斧，被蛣蜣之甲。"

297. 长驱径入　长驱直入

【释义】驱：快跑；长驱：策马快跑；径入：直入。迅速向很远的目的地前进。形容进军迅猛顺利，所向无敌。

【出处】晋·陈寿《三国志·魏志·徐晃传》："吾用兵三十余年，及所闻古之善用兵者，未有长驱径入敌围者。"

298. 市不二价

【释义】指买卖公道，不相欺诈。形容社会风气好。同"市无二价"。

【出处】《三国志·魏志·王烈传》"卒于海表"裴松之注引《先贤行状》："烈居之历年，未尝有患。使辽东强不凌弱，众不暴寡，商贾之人，市不二价。"

299. 志同道合

【释义】指的是人与人之间，彼此志向、志趣相同，理想、信念契合。

【出处】《三国志·魏志·陈思王植传》："昔伊尹之为媵臣，至贱也，吕尚之处屠钓，至陋也，乃其见举于汤武、周文，诚道合志同，玄漠神通，岂复假近习之荐，因左右之介哉。"

【成语故事】三国时期，魏文帝曹丕即位后，对曹植一直心存疑忌，寻找各种机会加以陷害，由于母后的干预，曹丕才没有把弟弟置于死地。曹植苦于无用武之地，他上书说伊尹是陪嫁的小臣、吕尚当屠夫钓叟，他们遇到了志同道合的商汤和周文王，辅佐他们成大业。

300. 回天倒日

【释义】犹言旋转乾坤。

【出处】晋·陆机《吊魏武帝文》："夫以回天倒日之力，而不能振形骸之内。"

【考据】西晋的大文学家陆机，是最早、最多的接触到曹操的遗令、并将其记录下来的人，尽管其记录也不全面。晋惠帝元康八年（298），也就是曹操死后七十八年，陆机成为著作郎。他从朝廷的秘阁中发现了曹操的遗令，不胜伤怀叹息，而作《吊魏武帝文》，在其序中节录了曹操的遗令。

陆机对于曹操遗令中关于治国理家的远大计划和为了家世隆盛的谆谆教诲都没有节录，尽管它们十分弘远伟大。他所关心的是暴露曹操作为普通人所具有的弱点那一部分；他所感伤的是曹操拥有"回天倒日"之力，但对自己的最终命运却无可奈何的凄凉景象。

曹操临死时，抱着幼小的女儿，指着最小的儿子曹豹，流着泪对守护在身旁的其他四个儿子说："这几个孩子就托付给你们了。"这位曾是纵横天下的英雄，在垂终之际，也有不得不把爱子托付他人的悲惨结局。陆机在先前已引用过的《汉逝赋》那一部分中，曾吟咏人生的虚幻无常。现在，他又看到连曹操都不能免于一死的事实，更觉得死神的无情而痛恨之。

曹操精心为失去君主后的宫女们安排生活，苦口婆心地嘱咐子孙要让这些人学会制鞋技术。从香料到印绶、衣服为止，逐一安排这些东西在他死后的处置办法，使人产生一种难以名状的复杂心理，正是以这个事实告诉我们：曹操和普通人一样，也有悲哀。索性能看破红尘，当然比这种结局好得多。可是，这个世界中的芸芸众生并不能如此超然物外。曹操的非凡，不在于给人以能够看破红尘的外表，而在于他更像一个普通的人一样，在看破红尘和迷恋这两极之间彷徨，他的一生充满了矛盾。

如果说，这样详尽的嘱托，是表示他还迷恋着生前拥有的荣华富贵的话，那么，他对于自己死后的世界则更为关心："我的婕妤、伎女，全部安置在铜雀台，在铜雀台的堂中，放上八尺长的床铺，挂好穗帐，早晨、晚上按时供上干肉、干饭。在每个月的初一和十五，向帷帐表演歌舞。你们要经常登上铜雀台，眺望我长眠的西陵墓地"。陆机所引的遗令中，以这一段最为著名。此后，关于铜雀台伎女的故事，就成为诗人们在乐府诗中反复吟咏、经久不衰的题材了。后代关于这方面的乐府诗，其基调大都是谴责曹操至死以后，还眷恋着让活着的伎女陪伴这件事。但是，这种留恋人生的情感，与曹操的性格是何等的相称！对于充分享受人间乐趣的曹操来说，死后的寂寞是无法忍受的。而这种对人生的强烈的执着，即使面临死亡还充满着旺盛的生命力，正典型地反映了曹操奋斗不息的一生。

301. 万全之策

【释义】策：计策、办法。极其周到的计谋、办法。

【出处】《三国志·刘表传》："故为将军计者，不若举州以附曹公，曹公必重德将军，长享福祚，垂之后嗣，此万全之策也。"

【成语故事】东汉末年，曹操和袁绍在官渡进行激战，袁绍派人去寻求刘表的支持。刘表与部将韩嵩、刘先商量。他们纷纷表示要支持曹操，认为袁绍没有实力。目前采取坐山观虎斗的策略，静观形势的发展。韩嵩则认为归附曹操可以荣华富贵，是一个万全之策。

302. 目不斜视

【释义】眼睛不往旁边看。形容目光庄重，神情严肃。

【出处】北齐·颜之推《颜氏家训·教子》："古者圣王有胎教之法，怀子三月，出居别宫，目不邪视，耳不妄听，音声滋味，以礼节之。"

【考据】颜之推（529—595），字介，琅琊临沂（今山东临沂）人。北齐文学家。他博览群书，为文辞情并茂，19岁得梁湘东王赏识，以军功加镇西墨曹参军。同年，发生侯景之乱，攻陷京。坐镇荆州的湘东王萧绎坐观待变，企图在侯景杀掉其父梁武帝、兄萧纲之后，谋夺帝位。后迫于舆论，派出年仅15岁的儿子萧方诸率军一万声援建康，颜之推被任命为中抚军府外兵参军，掌书记。侯景攻陷郢州，颜之推与萧方诸同时被俘，依例当处死，为侯景行台郎中王则所救，获免，在建康度过了3年的囚房生活。元帝即位，颜之推至江陵，被任命为散骑侍郎、奏事舍人,倍受信用。承圣三年(554),西魏大举入侵,元帝被杀,颜氏一家成为西魏的俘虏,被驱入关中。在听说梁元帝之子萧方智在建康称帝,举家逃离长安,企图转道北齐重返故国。途中又听说梁将陈霸先已代梁自立,谋返故国无望,滞留于北齐。据《北齐书·颜之推列传》载,颜之推在邺城滞留18年,历北齐三帝,均赏识其才,所著《颜氏家训》多以邺都人文为掌故。出为平原太守时,逢北齐败亡,又再次沦为亡国之人。失国丧家,辗转流离,事梁梁灭,事齐齐亡,痛定思痛,写了《观我生赋》,倾诉自己的苦难经历及屈仕北朝、有国难奔的痛苦心情。公元577年,北齐为北周所灭,他被征为御史上士。公元581年,隋灭北周,他又于隋文帝开皇年间,被召为学士,不久以疾终。依他自叙,"予一生而三化,备荼苦而蓼辛"。叹息"三为亡国之人"。《颜氏家训》共二十篇,是颜之推为了用儒家思想教训子孙,以保持自己家庭的传统与地位,而写出的一部系统完整的家庭教育教科书。这是他一生关于士大夫立身、治家、处事、为学的经验总结,在封建家庭教育发展史上有重要的影响。后世称此书为"家教规范"。

303. 潜移默化

【释义】潜:暗中,不见形迹;默:不说话,没有声音。指人的思想或性格不知不觉受到感染、影响而发生了变化。

【出处】北齐·颜之推《颜氏家训·慕贤》:"潜移暗化,自然似之。"

304. 弃之度外

【释义】指根本不放在心上。

【出处】北齐·颜之推《颜氏家训·勉学》:"周孔之业,弃之度外。"

305. 抱令守律

【释义】指死守着律令,不知变通。

【出处】北齐·颜之推《颜氏家训·勉学》:"但知抱令守律,早刑时舍,便云我能平狱。不知同辕观罪,分敛追财……"

306. 以伪乱真

【释义】把假的混在真的里面,使真假不分。

【出处】北齐·颜之推《颜氏家训·勉学》:"《汉书·王莽赞》云:'紫色蛙声,馀分闰位。'谓以伪乱真耳!"

307. 自高自大

【释义】认为自己又高又大。形容自以为了不起。

【出处】北齐·颜之推《颜氏家训·勉学》:"见人读数十卷书,便自高大,凌忽长者,轻慢同列。"

308. 博士买驴

【释义】博士:古时官名。博士买了一头驴子,写了三张纸的契约,却没有一个"驴"字。比喻行文啰唆,废话连篇,不得要领。讥讽写文章长篇累牍而说不到点子上。

【出处】北齐·颜之推《颜氏家训·勉学》:"邺下谚曰:博士买驴,书券三纸,未有驴字。"

【成语故事】颜之推在邺城听到的一则笑话:有个博士,熟读四书五经。他非常欣赏自己,做什么事都要咬文嚼字一番。有一天,博士家的一头驴子死了,就到市场上去买一头。双方讲好价后,博士要卖驴的写一份凭据。卖驴的表示自己不识字,请博士代写,博士马上答应。卖驴的当即借来笔墨纸砚,博士马上书写起来。他写得非常认真,过了好长时间,三张纸上都是密密麻麻的字,才算写成。卖驴的请博士念给他听,博士干咳了一声,就摇头晃脑地念了起来,过路人都围上来听。过了好半天,博士才念完凭据。卖驴的听后,不理解地问他说:"先生写了满满三张纸,怎么连个驴字也没有呀?其实,只要写上某月某日我卖给你一头驴子,收了你多少钱,也就完了,为什么唠唠叨叨地写这么多呢?"在旁观看的人听了,都哄笑起来。这件事传开后,有人编了几句讽刺性的谚语:"博士买驴,书券三纸,未有驴字。"后众人们形容写文章或讲话不得要领,虽然写了一大篇,说了一大堆,却都离题很远就叫"博士买驴",或叫"三纸无驴",也就是所谓"下笔千言,离题万里"。

309. 举世闻名

【释义】全世界都知道的事情,形容非常著名。

【出处】北齐·颜之推《颜氏家训·杂艺》:"王逸少风流才士,萧散名人。举世但知其书,翻以能自蔽也。"

【翻译】王羲之是位风流才子,潇洒不受约束的名人,所有的人都只知道他的书法,而其他方面特长反而都被掩盖了。

310. 铭肌镂骨

【释义】形容感受极深，永记不忘。

【出处】北齐·颜之推《颜氏家训·序致》："追思平昔之指，铭肌镂骨。"

311. 幸灾乐祸

【释义】指人缺乏善意，在别人遇到灾祸时感到高兴。

【出处】颜之推《颜氏家训·诫兵》："若居承平之世；睥睨宫阃；幸灾乐祸；首为逆乱……此皆陷身灭族之本也。"

312. 建安风骨

【出处】《文心雕龙·时序》中，刘勰论汉末建安之诗文风格为"观其时文，雅好慷慨，良由世积乱离，风衰俗怨，并志深而笔长，梗概而多气也"。

【考据】建安时期的作品真实地反映了现实的动乱和人民的苦难，抒发建功立业的理想和积极进取的精神。同时也流露出人生短暂、壮志难酬的悲凉幽怨，意境宏大，笔调朗畅，具有鲜明的时代特征和个性特征，其雄健深沉、慷慨悲凉的艺术风格，文学史上称之为"建安风骨"或"魏晋风骨"。汉末建安时期文坛巨匠"三曹"（曹操、曹丕、曹植）、"七子"（孔融、陈琳、王粲、徐干、阮瑀、应玚、刘桢）和女诗人蔡琰继承了汉乐府民歌的现实主义传统，普遍采用五言形式，以风骨遒劲而著称，并具有慷慨悲凉的阳刚之气，形成了文学史上"建安风骨"的独特风格，被后人尊为典范。

313. 代笔捉刀

【释义】指代人出力或代写文章。

【出处】南朝·宋·刘义庆《世说新语·容止》："使崔季珪代，帝自捉刀立床头。既毕，令间谍问曰：'魏王如何？'匈奴使答曰：'魏王雅望非常，然床头捉刀人，此乃英雄也。'"

注：床：指坐榻；捉刀人：指拿着笔的旁侍。古代的侍从，有专门的刀笔隶，所以，这里的"刀"为修改竹木简错字的小型工具，和笔的作用类似。捉刀人，比喻替别人代笔作文的人。

【成语故事】魏武帝将要会见匈奴使臣，认为自己形象丑陋，不能够威慑远方的国家，让崔季珪代替自己。魏武帝亲自拿着写字用的刀具和笔站在一边充当旁侍。见面完毕以后，让间谍问（匈奴使臣）："魏王怎么样？"使臣回答：

"魏王风雅威望不同常人,但床边举着刀的那个人,才是真英雄。"魏武帝听到之后,派人追杀这个使臣。

314. 纲目不疏

【释义】比喻法令细密。

【出处】南朝·宋·刘义庆《世说新语·言语》:"刘公干以失敬罹罪,文帝问曰:'卿何以不谨于文宪?'桢答曰:'臣诚庸短,亦由陛下纲目不疏。'"

【考据】刘桢(186—217),字公干,东汉末年东平宁阳(今山东宁阳县泗店镇古城村)人,东汉名士。建安年间,刘桢被曹操召为丞相掾属,与魏文帝兄弟几人颇相友善,后因在曹丕席上平视丕妻甄氏,以不敬之罪服劳役,后又免罪署为小吏。建安二十二年(217),刘桢与陈琳、徐干、应玚等同染疾疫而亡。《隋书·经籍志》著录有集4卷,《毛诗义问》10卷,皆已佚。明代张溥辑有《刘公干集》,收入《汉魏六朝百三家集》中。他的文学成就,主要表现于诗歌、特别是五言诗创作方面,在当时负有盛名,后人以其与曹植并举,称为"曹刘"。如今存诗十五首,风格遒劲,语言质朴,重名于世,《赠从弟》三首为代表作,言简意明,平易通俗,长于比喻。

据《水经·谷水注》引《文士传》曰:"文帝之在东宫也,宴诸文学,酒酣命甄后出拜,坐者咸伏,唯刘桢平视之。太祖以为不敬,送徒录薄。后太祖乘步辇车,乘城降,阅薄作,诸徒咸敬,而桢坐磨石不动。太祖曰:'此非刘桢也,石如何性?'桢曰:'石出荆山玄岩之下,外炳五色之章,内秉坚贞之志,雕之不增文,磨之不加莹。禀气贞正,禀性自然。'太祖曰:'名岂虚哉!'复为文学。"此即事后曹丕与刘桢的对话。

315. 绝妙好辞

【释义】辞:同"词",文辞。用以指极其美妙的文辞。

【出处】南朝·宋·刘义庆《世说新语·捷悟》:"魏武尝过曹娥碑下,杨修从。碑背上见题作'黄绢、幼妇、外孙、齑臼'八字……(杨)修曰:'黄绢,色丝也,于字为'绝';幼妇,少女也,于字为妙,外孙,女子也,于字为好。齑臼,受辛也,于字为辞。所谓绝妙好辞也。'"

【成语故事】曹操曾经途经曹娥碑下,杨修跟随着(曹操)。石碑的背面题写着"黄绢、幼妇、外孙、齑臼"八个字。曹操问杨修说:"你知道这是什么意思吗?"(杨修)回答说:"知道。"曹操说:"卿相先别说,让我先想一想。"走出三十里远的时候,曹操才说:"我已经知道了。"命令杨修单独写出他所知道的。杨修写:"黄绢,有颜色的丝织品,写成字是'绝';幼妇,少女的意思,写成字是'妙';外孙,是女儿的孩子,写成字是'好';齑臼,受辛之器,盛纳五辛的器具,写成字是'辤(辞)';这说的是'绝妙好辞(辤)'的意思。"曹操也写下了自己的想法,和杨修是一样的,于是赞叹道:"我的才能比不上你,走了三十里路才明白(碑文的意思)。"

316. 七步之才

【释义】形容才思敏捷。

【出处】南朝·宋·刘义庆《世说新语·文学》:"文帝(曹丕)尝令东陈王七步中作诗,不成者行大法;应声便为诗曰:'煮豆持作羹;漉菽以为汁;其在釜下燃,豆在釜中泣;本是同根生,相煎何太急!'帝深有惭色。"

【成语故事】曹操死后长子曹丕继位。曹丕唯恐几个弟弟与他争位,便先下手为强,夺了二弟曹彰的兵权,又逼四弟曹熊上了吊。此时就剩下老三曹植,曹丕深恨之。故命曹植在大殿之上走七步,然后以"兄弟"为题即兴吟诗一首,但诗中却不能出现"兄弟"二字,成则罢了,不成便要痛下杀手。曹植不假思索,立刻脱口而出:"煮豆燃豆萁,豆在釜中泣。本是同根生,相煎何太急!"——这便是赫赫有名的"七步成诗"。曹丕听了以后潸然泪下,没下得了手,只是把曹植贬为安乡侯。

317. 望梅止渴

【释义】原意是梅子酸,人想吃梅子就会流涎,因而止渴。后比喻愿望无法实现,用空想安慰自己。

【出处】南朝宋刘义庆《世说新语·假谲》:"魏武行役,失汲道,三军皆渴,乃令曰:'前有大梅林,饶子,甘酸可以解渴。'士卒闻之,口皆出水,乘此得及前源。"

【成语故事】有一年夏天,曹操率领部队去讨伐张绣,天气热得出奇,部队在弯弯曲曲的山道上行走,两边密密的树木和被阳光晒得滚烫的山石,让人透不过气来。到了中午时分,士兵的衣服都湿透了,行军的速度也慢下来,曹操看行军的速度越来越慢,担心贻误战机,心里很是着急。他立刻叫来向导,悄悄问他:"这附近可有水源?"向导摇摇头说:"泉水在山谷的那一边,要绕道过去还有很远的路程。"曹操看了看前边的树林,沉思了一会儿,他一夹马肚子,快速赶到队伍前面,用马鞭指着前方说:"士兵们,我知道前面有一大片梅林,那里的梅子又大又好吃,我们快点赶路,绕过这个山丘就到梅林了!"士兵们一听,仿佛已经吃到嘴里,精神大振,步伐不由得加快了许多。

318. 山鸡舞镜

【释义】山鸡对镜起舞。比喻自我欣赏。

【出处】南朝宋·刘敬叔《异苑》卷三:"山鸡爱其毛羽,映水则舞。很武时,南方献之,帝欲其鸣舞无由。公子苍舒令置大镜其前,鸡鉴形而舞,不知止。"

【成语故事】曹冲从小聪明过人,曹操特别爱他,想立他为继承人。有一年,南方献给曹操一只极美的山鸡,可是它在殿堂上不肯鸣舞,众人束手无策,曹冲被请到殿堂上,他一看到山鸡,就命人取一面铜镜来,山鸡在铜镜看到自己美丽的形体,仿佛置身于明净的湖面,居然连连欢叫、翩翩起舞。山鸡越舞越得意,竟不知停歇,直至倒地死去。可惜,聪颖无比的曹冲只活到13岁便死了。曹操痛悼爱子早亡,失去了理想的继承人。

319. 狷介之士

【释义】孤僻高傲,不肯同流合污之人。

【出处】三国·魏·刘劭《人物志上·体别》:"狷介之人,砭清激浊。"

【考据】刘劭,字孔才。广平邯郸(今属河北)人。官至尚书郎、散骑侍郎,赐爵关内侯。受诏搜集五经群书,分门别类,纂为《皇览》。又与议郎庚嶷、荀诜等共同制订律令,作《新律》十八篇,著《赵都赋》《律略论》。魏废帝时,专事执经讲学。所著《人物志》,讨论封建社会人才选拔问题,以为人"禀阳阴以立性,体五行而著形",从人之形质,可观察其才性。对人性、才能和形质等分析甚详,反映汉末魏初在用人制度方面之趋势,开魏晋士大夫品鉴人物的清淡风气。所著有《法论》等。约生于东汉建宁年间,卒于魏正始年间。官至散骑常侍。著《人物志》,探讨了人才选拔的标准原则问题。他认为,识人不仅应听其言,而且应观其行;不仅要看其外貌,而且要看其内在气质。他把人物分作"三材""十二流品",认为圣人是最高理想,英雄次之等等。他还用道家的无名解释儒家的中庸，表现出儒道合流的倾向。他的思想是汉学向魏晋玄学过渡的中间环节。

320. 良辰美景

【释义】良：美好；辰：时辰。美好的时光和景物。

【出处】南朝·宋·谢灵运《拟魏太子邺中集诗序》："天下良辰、美景、赏心、乐事，四者难并。"

【考据】曹丕在邺城为太子时，周围聚集了一批文人，吟诗作赋，表达襟怀，《邺中集》是曹丕及其文人此时编辑的诗歌集。

四、唐宋时期

321. 择善而行

【释义】指选择有益的事去做。

【出处】唐·魏徵《十渐不克终疏》："此直意在杜谏者之口，岂曰择善而行者乎？"

【成语故事】唐太宗贞观十三年（639），魏徵见太宗近岁颇好奢纵，恐其不能克终俭约，故上奏章《十渐不克终疏》直谏。指出太宗有十个方面不能善始善终的缺点，希望他改正这些缺点，继续保持贞观之初的优良作风。

322. 鹿死谁手

【释义】鹿：猎取的对象，比喻争夺的政权。原比喻不知政权会落在谁的手里。现在也泛指在竞赛中不知谁会取得最后的胜利。

【出处】《晋书·石勒载记下》："朕遇光武，当并驱于中原，未知鹿死谁手。"

【成语故事】《晋书》，中国的二十四史之一，唐房玄龄等人合著。记载的历史上起三国时期司马懿早年，下至东晋恭帝元熙二年（420）刘裕废晋帝自立，以宋代晋。该书同时还以"载记"形式，记述了十六国政权的状况。原有叙例、目录各一卷，帝纪十卷，志二十卷，列传七十卷，载记三十卷，共一百三十二卷。后来叙例、目录失传，今存一百三十卷。

东晋时代，十六国中后赵的开国皇帝名叫石勒。有一天，他设宴招待高丽的使臣，喝酒喝得快醉的时候，他大声地问臣子徐光道："我比得上自古以来的哪一个君王？"徐光想了一会儿说："您非凡的才智超过汉高祖（刘邦），卓越的本领又赛过魏太祖（曹操），从三皇五帝以来，没有一个人能比得上您，您恐怕是轩辕黄帝第二吧！"石勒听后笑着说："人怎么能不了解自己呢？你说的也太过分了。我如果遇见汉高祖刘邦，一定做他的部下，听从他的命令，只是和韩信、彭越争个高低；假使碰到光武帝刘秀，我就和他在中原一决雌雄，较量高下，未知'鹿死谁手'？"

323. 乘胜追击

【释义】趁着胜利的形式继续追击，扩大战果。

【出处】《晋书·载记十三·苻坚》："及日中，评众大败，俘斩五万有余，乘胜追击，又降斩十万，于是进师围邺。"

【成语典故】秦王苻坚派王猛攻击前燕，攻占晋阳后，与镇守邺城的慕容评的军队相持于邺城之外，经过激战，大败慕容评，斩首五万多人，于是趁着胜利的形势继续追击敌人，扩大战果。最终，指挥部队包围了邺城。苻坚听说后，命李威留守长安辅佐太子，苻融镇守洛阳，他亲自率领精锐部队十万奔向邺城方向。

324. 此而可忍，孰不可忍

【释义】这个如能容忍，还有什么不能容忍呢！

【出处】《晋书·解系传》："（司马伦）怒曰：'我于水中见蟹且恶之，况此人（解系）兄弟轻我邪！此而可忍，孰不可忍！'"

【考据】司马伦（？—301），字子彝，晋宣帝司马懿第九子，八王之乱中的八王之一。司马伦在曹魏时封安乐亭侯，后进封东安子，任谏议大夫。西晋建立后，封琅琊郡王，后改封赵王。历任平北将军、安北将军等。任征西将军、镇守关中时，因赏罚不明引起羌族、氐族反叛，被召回京师。元康十年（300），太子司马遹被贾后一党杀害，司马伦趁机鼓动司马遹旧部以及齐王司马冏等人起兵讨伐贾后党羽。同年贾后被杀，司马伦又趁机诛杀了对自己不满的政敌淮南王司马允，司马允死后，司马伦自封大都督、相国等头衔。不久，干脆逼惠帝退位，自立为帝，改元建始。司马伦登基后，任用孙秀等小人掌政并大肆封官来收取人心。不久，齐王司马冏、河间王司马颙、成都王司马颖纷纷起兵讨伐司马伦。司马伦屡战屡败。被迫宣布退位迎晋惠帝复位，自己带着家人前往金墉城居住，之后，梁王司马肜上表请求诛杀司马伦，于是朝廷派遣使者到金墉城将司马伦赐死。

325. 乐而忘返

【释义】非常快乐，竟忘记回家。形容沉迷于某种场合，舍不得离开。

【出处】《晋书·符坚载记上》："坚尝如邺，狩于西山，旬余，乐而忘返。"

326. 狗尾续貂

【释义】比喻以用不好的东西续在好东西的后面，前后两部分非常不相称（多指文学作品），也用来比喻文章或办事能力拙。

【出处】《晋书·赵王伦传》：奴卒厮役亦加以爵位。每朝会，貂蝉盈坐，时人为之谚曰："貂不足，狗尾续。"

【成语故事】西晋咸宁三年（277）八月，晋武帝司马炎封司马懿的第九子琅琊王司马伦为赵王，掌管临漳军事。赵王司马伦到任后，滥封官爵，只要是王亲宦戚、亲信部属，即便是奴卒厮役，亦封以爵位。因此，每次上朝，貂蝉盈座（古时大官的官帽上，有蝉形图案的金铛为装饰，并插上貂尾，称为"貂蝉冠"），殿上挤得满满的尽是"大官"。当时老百姓看不惯这股腐败之风，编歌谣讽刺道："貂不足，狗尾续。"貂尾是珍贵的皮毛，因为司马伦的滥封，大官太多，貂尾不够用，只好用狗尾巴代替。后来，人们用"狗尾续貂"来比喻以坏续好，美丑不相称。多用来形象地揭示妄续他人文学作品，有时也用来表示自谦之意。

327. 八斗之才

【释义】才：文才，才华。比喻人富有才华。

【出处】《南史·谢灵运传》："天下才共一石，曹子建独得八斗，我得一斗，自古及今共用一斗。"

【成语故事】南朝著名文学家谢灵运才华横溢，诗文歌赋都被推为当世的精妙之作。而谢灵运本人也很自负，他曾经说："天下的文才共有一石，曹植才高无双，独自占有八斗，我占有一斗。天下其他的人共分另外一斗。"然而谢灵运最终也正是因为恃才傲物、轻慢朝纲而惨遭杀害的。

《南史》为唐朝李延寿撰，是中国历代官修正史"二十四史"之一。纪传体，共八十卷，含本纪十卷，列传七十卷，上起宋武帝刘裕永初元年（420），下迄陈后主陈叔宝祯明三年（589）。记载南朝宋、齐、梁、陈四国一百七十年史事。《南史》为《北史》的姊妹篇，是由李大师及其子李延寿两代人编撰完成的。《南史》没有采取编年体，而是把南朝各史的纪传汇合起来，删繁就简，以便阅读。列传中不同朝代的父子祖孙，以家族为单位合为一卷，对于了解门阀制度盛行的南北朝社会，有一定的意义。对各朝正史以删节为主，但有应删而未删的，如宋、齐、梁、陈四朝受禅前后的九锡文和告天之词等官样文章；有过求简练以致混乱不确切的，如把都督某某几州诸军事、某州刺史的官衔，一律省成某某州刺史加都督；也有由于对原书史文未能很好领会而把重要字句删去的。《南史》中也有沈约《宋书》、萧子显《南齐书》等书中所未载的材料。虽然细微琐事较多，而且杂以神怪迷信，但也不乏有意义的史料。《宋书》未立文学传，《南史》以因袭为主，因而文学传不包括宋而从南齐丘灵鞠开始。这说明李延寿撰写《南史》《北史》的体制是汇集正史的纪传，因而拘泥于原书，没有达到李大师横则沟通南北，纵则贯串几代，综合成为新著的意图。

328. 惊慌失措

【释义】吓得慌了手脚，不知如何是好。

【出处】《北齐书·元晖业传》："（元）孝友临刑，惊慌失措，晖业神色自若。"

【成语故事】《北齐书》，二十四史之一。唐代李百药撰，它虽以记载北朝北齐的历史为主，但实际上记述了从高欢起兵到北齐灭亡前后约八十年的历史，集中反映了东魏、北齐王朝的盛衰兴亡。到南宋时，五十卷的《北齐书》仅剩一卷帝纪、十六卷列传是李百药的原文，其余各卷，都是后人根据唐代史家李延寿所撰《北史》抄补修成的。《北齐书》成书时原名《齐书》，为区别于南朝梁萧子显所撰的《齐书》，始改称为《北齐书》，而称后者为《南齐书》。《北齐书》共有五十卷，其中本纪八卷和列传四十二卷。成书于贞观十年（636），经历了三个朝代（北齐、隋、唐）、共六十多年时间。成书前李百药先后于唐太宗贞观元年（627）和三年（629）两次奉诏继续完成父撰《齐书》遗稿，并参考了隋朝史家王劭所撰编年体《齐志》。

南北朝时期，北魏景穆帝的玄孙元晖业为人正直，十分有骨气。北魏被北齐所灭后，齐神武帝将魏孝武帝的皇后嫁给魏孝庄帝的侄子元韶。元晖业当着齐文宣帝痛骂元韶，被齐文宣帝下令处死，同时还有元孝友，孝友吓得惊慌失措。元晖业神色自若从容就义。

329. 快刀斩乱麻

【释义】比喻办事果断，爽快地解决纷繁复杂的问题。

【出处】《北齐书·文宣帝纪》："高祖尝试观诸子意识，各使治乱丝，帝独抽刀斩之，曰：'乱者须斩！'"

【成语故事】高欢是南北朝时期东魏孝静帝的丞相，有六个儿子。有一天，他想考查一下哪个儿子最聪明，就对儿子们说："我这里有一大堆乱麻。现在发给每人一把，你们各自整理一下，看谁理得最快最好。比赛开始了，孩子们手忙脚乱十分紧张。他们都赶快把乱麻一根根抽出来，然后再一根根理齐。这种方法速度很慢，有的孩子一着急，还把麻结成了疙瘩，一个个都急得满头大汗。二儿子高洋则与众不同。他找来一把快刀，把那些相互缠绕的乱麻狠狠地几刀斩断，然后再加以整理，这样很快就理好了。高欢见高洋这样做，很是惊奇，就问："你怎么想到用这个办法？"高洋答道："乱者须斩！"高欢听了十分高兴，认为这孩子的思路开阔，思想方法不同一般，将来必定大有作为。后来，高洋果然夺取了东魏皇帝的王位，建立了北齐政权，做了北齐文宣皇帝。

330. 肠肥脑满

【释义】肠肥：指身体胖，肚子大；脑满：指肥头大耳。形容不劳而食的人吃得饱饱的，养得胖胖的。

【出处】《北齐书·琅邪王俨传》："琅邪王年少，肠肥脑满，轻为举措。"

【成语故事】南北朝时期，北齐武成帝高湛的三儿子琅邪王高俨企图夺取帝位，后主高纬便调兵捉拿，将军替高俨开脱说："琅邪王年少，肠肥脑满，轻为举措，长大自不复然，愿宽其罪"。后主当场释放了高俨，不久就派人暗杀了他。

331. 深文峻法

【释义】严厉的刑罚和严峻的法令。

【出处】《北齐书·李稚廉传》："显祖尝召见，问以治方，语及政刑宽猛，帝意深文峻法，稚廉固以为非，帝意不悦。"

【考据】李稚廉（508—574），赵郡高邑人，北朝魏、齐王朝官员。北魏敬宗孝庄帝永安中奉朝请。节闵帝普泰初年，官开府记室，历龙骧将军、广东征南府录事参军，不行。转开府谘议参军事、前将军。东魏孝静帝天平年间，权臣高欢擢为泰州开府长史、平北将军。高欢子高澄执揆，任为并州长史，尝在文襄第内，与陇西辛术等六人号为馆客，待以上宾之礼。孝静帝武定七年，北齐显祖文宣帝践祚，除任安南将军、太原郡守，征拜太府少卿、廷尉少卿，迁太尉长史。太宁元年，北齐世祖武成帝即位，命兼散骑常侍、省方大使。还朝，兼任太仆卿，转大司农卿、赵州大中正。北齐后主天统间，加骠骑大将军、大理卿，世称平直。后出南青州刺史，入征并省都官尚书。历东魏、北齐两朝，在邺近40年。齐后主武平五年（574）卒于晋阳，赠仪同三司、信义二州刺史、吏部尚书。

332. 为人师表

【释义】师表：榜样，表率。指在人品学问方面作别人学习的榜样。

【出处】《北齐书·王昕书》："杨愔重其德业，以为人之师表。"

333. 施号发令

【释义】发布号令。

【出处】《北齐书·杨愔传》："每天子临轩，公卿拜授，施号发令，宣扬诏册，愔辞气温辩，神仪秀发，百僚观听，莫不悚动。"

【考据】杨愔（511—560），字遵彦，小字秦王，弘农华阴（今陕西华阴市）人。南北朝时期北齐宰相，北魏司空杨津之子。杨愔出身于弘农杨氏，因宗族被灭，投奔高欢，深受重用，由行台郎中累升至吏部尚书，封华阴县侯。他辅佐高洋建立北齐，历任尚书左右仆射、尚书令，晋爵开封王。后又担任少帝高殷的顾命大臣。乾明元年（560），杨愔谋划诛除常山王高演、长广王高湛，结果在政变中被杀。后主天统年间，追赠司空。

334. 田夫野老

【释义】乡间农夫，山野父老。泛指民间百姓

【出处】《北齐书·王琳传》："当时田夫野老，知与不知，莫不为之歔欷流泣。"

335. 宁为玉碎，不为瓦全

【释义】宁做玉器被打碎，不做瓦器而保全。比喻宁愿为正义事业牺牲，不

愿丧失气节，苟且偷生。

【出处】《北齐书·元景安传》："大丈夫宁可玉碎，不能瓦全。"

【成语故事】公元550年，东魏的孝静帝被迫让位给丞相高洋后被毒死。高洋同时还杀害他的儿子及所有亲属以斩草除根，后扬言杀他的远房宗族。元景皓表示："大丈夫宁可玉碎，不能瓦全。"宁愿被杀头也不愿改元姓高，被他的堂弟元景安告密遭到高洋的杀害。

336. 驾轻就熟

【释义】驾：赶马车；轻：轻便的车；就：走上；熟：熟悉的道路。赶着轻车去走熟路。做事从轻松的着手，由熟悉的开始。比喻技艺娴熟，毫不费力。

【出处】唐·韩愈《昌黎先生集·送石处士序》："若驷马驾轻车，就熟路，而王良、造父为之先后也。"（王良，赵国人，善驾驭车。造父，周穆王时御手，春秋赵氏家始祖。）

【成语故事】唐朝之时，河阳军节度使乌重胤，任后之三月，于贤能之下属求名士。或有荐处士石洪者，乌公问曰："石处士为人若何？"答曰："石处士居于嵩山与邙山之中，瀍河与谷河之间。冬衣皮裘，夏著麻衣；朝夕两餐，白饭一盘，青菜一碟。人与之钱，推辞不受；邀之出游，未尝以事相辞；劝之为官，不予回允。石公坐于房中，四壁皆书。其学识渊博，颇有见地。与之论说道理，辨析古今诸事之得失，评鉴人物之高下，功业之成败时，若江河之决堤，滔滔东流，似四马'驾轻便之车，奔行于熟路'。而古时之善御者，王良与造父为之先后驾车。如烛照之明察秋毫；算命之料事如神，卜卦之预见吉凶也。"

337. 黄粱美梦

【释义】比喻虚幻不能实现的梦想。黄粱：小米。

【出处】唐·沈既济《枕中记》

【成语故事】传说古时候有个姓卢的书生进京赶考，路过邯郸投宿店家，穷困潦倒，失意落魄，独自慨叹，恰遇吕洞宾也路过此地，见此情形打算开导开导他，就给了他一个枕头，卢生枕着枕头入睡后开始做梦，梦到自己娶了一个出身富庶人家的美若天仙的女子为妻，又进京考中了进士，继而到处建功立业，当了宰相，被妒贤嫉能的奸人陷害险受牢狱之灾，后来转危为安，子孙满堂，活到八十多岁才寿终正寝。梦一结束，卢生就醒了，一看店主做的黄米饭还没熟呢。吕洞宾笑道:"若想真正得到荣华富贵,必须靠自己的双手去创造。"

338. 铸成大错

【释义】铸:铸造,把金属熔化后倒入模具内制成器物;错:错误。指造成严重的错误。比喻因为小事而犯了大错。

【出处】《资治通鉴·唐昭宗天佑三年》:"全忠留魏半岁,罗绍威供亿,所杀牛羊豕近七十万,资粮称是,所赂遗又近百万;比去,蓄积为之一空。绍威虽去其逼,而魏兵自是衰弱。绍威悔之,谓人曰:'合六州四十三县铁,不能为此错也!'"胡三省注:"错,鑢也,铸为之;又释错为误。罗以杀牙兵之误,取铸错为喻。"后指造成重大的而又无可挽回的错误。

【成语故事】唐朝从中叶开始,藩镇(地方省份)的势力就很强大,朝廷已经无力插手,他们有自己的军队、税收制度和官员任免制度,每一镇的首长叫节度使,往往是世袭或由镇内势力推举,唐朝皇帝也只好事后追认。唐代宗时,田承嗣当魏博(据有魏、博、相、卫、贝、澶六州,今渤海湾迄黄河以北)节度使,从军中子弟里选了五千人,供给丰厚,组成了自己的卫队,叫牙军。过了二百年,到唐末罗绍威当节度使时,魏博的牙军势力很大,骄横无比,强买豪夺,魏博的地方官吏对他们也奈何不了,而且牙军常常发生兵变,已经驱逐、杀死了好几任节度使。唐末昭宗天佑二年,牙军李公佺作乱,罗绍威派人向当时最强大的宣武(今河南开封)节度使朱温求援。朱温派了七万人马进入魏博,杀了八千牙军。这使整个魏博的军队都恐惧起来,许多人起来反叛。到了第二年,散据在魏博各地的反叛势力才得以平息。朱温的军队在魏博半年,罗绍威供给的钱财上亿,杀了牛羊近七十万,粮草无数,他们离开时,又送给钱百万。虽然罗绍威借助朱温除去了自己的心腹大患,但魏博从此衰弱。罗绍威很后悔,说:把魏博六州四十三县的铁聚集起来,也铸不成这么大的锉!这里"错""锉"谐音,造成重大错误之意。

339. 苟延残喘

【释义】苟:苟且,勉强;延:延续;残喘:临死前的喘息。勉强拖延一口没断的气,比喻勉强维持生存。

【出处】宋·陈亮《与范东叔龙图》:"亮自七八月之交,一病垂死,今幸苟存延喘,百念皆已灰灭。"

宋·欧阳修《与韩忠献王》："遽来居颖，苟存残喘，承赐恤问，敢此勉述。"

【成语故事】春秋后期，晋国有一位大夫叫赵简子。有一次他在中山狩猎时，突然发现一只狼从林中窜出，便猛射一箭。狼中箭后带箭拼命奔逃，赵简子驱车追赶。这条狼就是我们通常说的"中山狼"了，这条狼被后人评选为忘恩负义的形象代言人。这时，有一个叫东郭先生的人正在往北走。他赶着一头驴，驴驮着一袋书。他走着走着，正好迎面碰到了那只正在逃命的中山狼。这只狼见了东郭先生，就说："先生不是专门济困扶危吗？从前毛宝曾买一只乌龟放生，后来他在战争中逃命，乌龟载他过江；一个叫隋侯的，救活了一条蛇，后来蛇就衔来名贵的珠子报答。您让我躲在书袋里，勉强维持这一线生命吧。您今天能救我一命，我日后一定会像龟蛇那样报答您！"东郭先生在狼的苦苦哀求下，只好把狼装在书袋里，把书盖在上面。当赵简子追上来时，向东郭先生打听狼的下落，东郭先生说不知道。东郭先生骗走了赵简子一行后把狼放了出来。而此时狼说自己饿了，你帮人帮到底吧，说着要吃掉东郭先生。正在这时，一个农夫恰巧路过。农夫问明原因后，把狼骗回东郭先生装书的口袋，抡起锄头，几下就把它打死了。

340. 洞鉴古今

【释义】洞鉴：明察。深入透彻地了解历史与现实世事。

【出处】《旧唐书·王及善等传论》："苟非洞鉴古今，深识王霸，何由立其高论哉。"

【考据】王及善，洺州邯郸人。其父王君愕于隋末率义军投唐，拜大将军，后战死。及善以父荫授朝散大夫，袭爵。担任内史时，人称为"鸠集凤池"。唐高宗时，累官至礼部尚书。他规定官员不准骑驴上班，又派人终日驱逐，人称"驱驴宰相"。其在职期间勤政爱民，体恤当地的老百姓，深受当地人民的爱戴。

《旧唐书》共200卷，包括《本纪》20卷、《志》30卷、《列传》150卷，原名《唐书》，宋祁、欧阳修等所编著《新唐书》问世后，才改称《旧唐书》，成书于后晋开运二年（945）。

341. 守道安贫

【释义】坚守正道，安于贫穷。旧时用来颂扬贫困而有节操的士大夫。

【出处】《旧唐书·王及善等传赞》:"守道安贫,怀远当仁。"

【考据】王及善(618—699),洺州邯郸(今河北邯郸)人。武则天时文昌左相(宰相)。他担任内史时,人称为"鸠集凤池"。唐高宗时,累官至礼部尚书。他规定官员不准骑驴上班,又派人终日驱逐,人称"驱驴宰相"。死后,赠同凤阁鸾台三品、益州大都督,谥"贞"。

五、元明清时期

342. 千辛万苦

【释义】指各种各样的艰难困苦。

【出处】元·张之翰《元日》:"千辛万苦都尝遍,只有吴淞水最甘。"

【考据】张之翰,元代词人。字周卿,晚年号西岩老人。邯郸(今属河北)人,元代词人,代表作有《西岩集》,生卒年不详。曾为御史台掾与王博文等为同僚。年事可能与胡紫山相近。他的诗词中有与赵孟頫、卢挚等人的唱和之作。

343. 朴素无华

【释义】俭朴、不浮华。

【出处】《元史·乌古孙泽传》:"常曰:'士非俭无以养廉,非廉无以养德。'身一布袍数年,妻子朴素无华,人皆言之,泽不以为意也。"

【考据】《元史》是系统记载元朝兴亡过程的一部纪传体断代史,成书于明朝初年,由宋濂(1310—1381)、王祎(1321—1373)主编。全书二百一十卷,包括本纪四十七卷、志五十八卷、表八卷、列传九十七卷,记述了从蒙古族兴起到元朝建立和灭亡的历史。

乌古孙泽(1250—1315),字润甫,先世为女真乌古部。祖父璧,仕金官明威将军、资用库使,随金宣宗迁汴(今河南开封)。汴城陷,转徙大名。父仲,倜傥不俗,教子甚严。乌古孙泽性格刚毅,读书通大义,不专事章句,才干过人。元世祖将伐宋,派其送钞至淮南饷军,得到丞相阿术赞赏,遂补淮东大都督府掾。

至元十四年(1277),元帅唆都出兵闽、越,辟乌古孙泽为元帅府提控案牍。当时宋广王赵昺聚兵甲子门,宋将张世杰攻泉州,兴化(治今福建莆田)守臣陈瓒积极响应。文天祥则置都督府于南剑州(治今福建南平),守臣张清行都督府事，图谋恢复建宁（治今福建建瓯），闽中郡县多又归宋，江东形势动荡不定。这时，唆都驻军浙东，在乌古孙泽建议下，与左丞塔出举兵南进，八战而至南剑州，杀守臣张清，宋军败退。冬十月，克福州，拔兴化。唆都恨其民反复，下令屠城，乌古孙泽屡谏不从，复建议纵其民南逃泉州以动摇泉州宋军士气，为唆都采纳。元军自兴化趋泉州，又下漳州，入广州，还击潮州。不久，文天祥败于江西，陆秀夫、张世杰等兵败崖山，唆都遂还军福建。五月，立福建行省，以唆都为参知政事，乌古孙泽为行省都事。唆都入朝，乌古孙泽又知兴化军。兴化军改为路，授行总管府事。至元二十一年，调永州路（治今湖南零陵）判官。湖广行省平章政事要束木贪纵淫虐，诛求无厌。乌古孙泽巧与周旋，民得以安。二十六年，丞相桑哥建议审查各地赋税钱谷，乌古孙泽被拘系。第二年，桑哥倒台，要束木被杀，乌古孙泽始获释。

至元二十九年以行省员外郎参与镇压海南黎族人民起义。军还，授广南西道宣慰副使。七月，并左右两江道归广西宣慰司，置都元帅府，乌古孙泽任广西两江道宣慰副使、佥都元帅府事。积极赈济灾民，募民屯田，兴办水利，发展生产，惩治赃吏，边民欢欣相庆。由御史台推荐，擢为海北海南廉访使。减收职田租，以其所余付儒学。倡行节俭，一件布袍身穿数年，妻子亦朴实无华。雷州东南沿海，常受海潮冲击，而西北土地广平。乌古孙泽组织民众挖湖筑堤，开渠修闸，得良田数千顷。至大元年（1308），改福建廉访使，又移官江东。延祐二年（1315）卒，终年六十六岁，谥正宪。子乌古孙良桢，官至中书右丞。

344. 学成文武艺，货与帝王家

【释义】学习好了文才也罢，武艺也罢，最终目的都是贡献给皇帝，都要替朝廷出力，也就是我国传统的儒家道德观念："学而优则仕"的意思。

【出处】元·无名氏《马陵道》的"楔子"。

345. 送君千里，终须一别

【释义】尽管伴送千里也终有分别之时。

【出处】元·无名氏《马陵道》楔子："哥哥，送君千里，终有一别，哥哥你回去。"

346. 盖世英雄

【释义】盖世：压倒当世。超出当代所有的人。用以形容非常杰出的英雄人物。

【出处】元·无名氏《马陵道》第一折："遮莫他盖世英雄,驱兵拥众。"

347. 济国安邦

【释义】比喻治理和保卫国家,使之安定巩固。

【出处】元·高文秀《渑池会》第四折："丞相原来有济国安邦之策,扶危救困之忧,跽孝双全,人中之杰,俺廉将军万不及一也。"

【考据】《渑池会》,全称《保成公径赴渑池会》。末本,正末扮蔺相如。元代钟嗣成《录鬼簿》,明代朱权《太和正音谱》在高文秀名下,分别以《相府门廉颇负荆》《廉颇负荆》为题。明·赵琦美脉望馆钞校内府本标为"高文秀作",且批注曰:"《太和正音谱》题作《廉颇负荆》。"此剧本事见于《史记·廉颇蔺相如列传》,基本上是按历史史实写的,但也有所突破。作者根据事件、地点、人物转换的需要,全剧设计为"四折二楔子"的结构形式。突破了元杂剧"四折一楔"通例的体制。

348. 斩尽杀绝

【释义】全部杀光。比喻做事不留余地。

【出处】元·高文秀《渑池会》第四折："将秦国二将活挟将来了,将众兵斩尽杀绝也。"

349. 丰功懋烈

【释义】丰:丰厚;懋:盛大。巨大隆盛的功业。

【出处】元·胡祗遹《木兰花慢》:"其于善行名言,丰功懋烈,谁得而废之。"

【考据】胡祗遹（1227—1293）,字绍闻,元朝磁州武安人,官至礼部尚书。他的儿子胡持是太常博士。

350. 风霜雨雪

【释义】比喻经历了种种艰难困苦。

【出处】元·马致远《黄粱梦》第四折："一梦中十八年,见了酒色财气,人我是非,贪嗔痴爱,风霜雨雪。"

【考据】《黄粱梦》为元·马致远作（为马致远与李时中、艺人花李郎、红字李二合著,各作一折）。取材于唐·沈济传奇小说《枕中记》,写吕岩进京赶考，客店烧黄粱饭之时，他梦中经历荣枯变幻，终于醒悟而成仙。全剧共四折一楔子。剧情是：吕岩（洞宾）进京赶考途中，在邯郸道一客店里休息，店家为他煮黄粱饭。钟离权奉命前来度化他，他却迷恋尘世功名，坚决不肯修道。倦睡之后，吕岩在梦中过了十八年，与高太尉之女翠娥结为夫妻，有一双儿女。他奉命征讨外出一年间，妻翠娥与魏尚书之子魏舍有私情。此时恰巧吕岩因卖阵受钱私自回家，撞破私情，欲杀翠娥，为院公劝阻。朝廷因其卖阵受钱，本欲将他斩首，后改为发配穷远之地，途中解差将他及其一双儿女释放。三人风雪之中迷路，得一樵夫搭救，指点他们去一草庵之中讨些吃食。不幸一双儿女被一壮士摔死，吕岩自己也被壮士持剑追杀。正在此时，吕岩从梦中惊醒，而客店为他做的黄粱饭还没有熟，吕岩这时才知梦中高太尉、院公、樵夫和壮士都是钟离权所化，省悟到"人生如梦，万事皆空"，于是断绝了酒色财气和人我是非之念而得道成仙。《黄粱梦》全名《开坛阐教黄粱梦》或《邯郸道省悟黄粱梦》，现存版本有：明脉望馆藏《古名家杂剧》本、《元曲选》戊集本、《古今名剧选》本、《元人杂剧全集》本。

351. 逢山开路

【释义】形容不畏艰险，在前开道。

【出处】元·纪君祥《赵氏孤儿》楔子："旁边转过一个壮士，一臂扶轮，一手策马，逢山开路，救出赵盾去了。"

【考据】元人纪君祥的杂剧《赵氏孤儿》作为中国戏剧中悲剧的一种，比较集中地反映了中国悲剧文化精神。全名《冤报冤赵氏孤儿》，又名《赵氏孤儿大报仇》，与《窦娥冤》《长生殿》《桃花扇》并称中国古典四大悲剧。元杂剧《赵氏孤儿》是一部历史剧，相关的历史事件记载最早见于《左传》，到司马迁《史记·赵世家》，刘向《新序》《说苑》才有详细记载。

《赵氏孤儿》写春秋时晋国上卿赵盾遭到大将军屠岸贾诬陷，全家300余口被杀，只有一个不到半岁的婴儿为门客程婴救出，即赵氏孤儿。为了救护孤儿，先后有晋公主、韩厥、公孙杵臼等人献出了生命。最后程婴用自己的儿子作替换，保全了赵氏孤儿。20年后，孤儿长大成人，程婴将赵家冤案始末绘成图卷，对他讲说了往事，赵氏孤儿遂决意擒杀屠岸贾报仇。元刊本至此结束。明刊本还有晋悼公处死屠岸贾、为赵家雪冤等情节。纪君祥从《左传》《国语》《史记》等史籍取材，并据历代流传的程婴保存赵孤的故事，进行加工创造，写成了这部壮烈的悲剧。作者肯定为正义而自我牺牲和向邪恶势力复仇的精神，与元亡宋后实行民族歧视政策因而引起的复宋情绪有关。自赵宋政权建立后，与辽、金、元不断进行战争，在危急时刻，宋代皇帝曾给程婴、公孙杵臼等人追封尊号，建庙祭祀，表彰忠义，扩大了这些历史人物的影响。

352. 眉头一皱，计上心来

【释义】形容略一思考，猛然想出了一个主意。

【出处】元·纪君祥《赵氏孤儿》第二折："韩厥为何自刎了，必然走了赵氏孤儿，怎生是好？眉头一皱，计上心来！"

353. 名标青史

【释义】标：写明；青史：古代在竹简上记事，因称史书。把姓名事迹记载在历史书籍上。形容功业巨大，永垂不朽。

【出处】元·纪君祥《赵氏孤儿》第二折："老宰辅，你若存的赵氏孤儿，当名标青史，万古流芳。"

354. 万古流芳

【释义】芳：香，指美名。好名声永远流传。

【出处】元·纪君祥《赵氏孤儿》第二折："老宰辅，你若存的赵氏孤儿，当名垂青史，万古流芳。"

355. 熊心豹胆

【释义】比喻非常胆大。

【出处】元·纪君祥《赵氏孤儿》第三折："老元帅！我有熊心豹胆，怎敢掩藏着赵氏孤儿。"

356. 往日无仇，近日无冤

【释义】比喻过去没有仇恨现在也没有怨恨。指彼此一向没有冤仇。

【出处】元·纪君祥《赵氏孤儿》第三折："你和公孙杵臼往日无仇，近日无冤，你因何告他藏着赵氏孤儿？"

357. 成则为王，败则为虏

【释义】旧指在争夺政权斗争中，成功了的就是合法的，称帝称王；失败了的就是非法的，被称为俘虏。含有成功者权势在手，无人敢责难，失败者却有口难辩的意思。

【出处】元·纪君祥《赵氏孤儿》第五折："我成则为王，败则为虏，事已至此，惟求早死而已。"

358. 眉高眼低

【释义】意指脸上的表情，泛指为人处世的道理或辨貌观色的本领。

【出处】明，张四维《双烈记·计遣》："大丈夫四海为家。那裹不去了。怎肯受你家眉高眼低。干言湿语。"

359. 说到曹操，曹操就到

【释义】形容曹操的耳目众多，动作迅速无所不在，随时都可能出现在你我面前，是必须要提防的人。

【出处】明·罗贯中《三国演义》

【成语故事】汉献帝在李傕与郭汜火拼时曾一度脱离险境，然而李郭二人合兵一处后继续追拿汉献帝，有人献计推荐曹操，说他平剿青州黄巾军有功，可以救驾，然而信使未出时联军已杀到，眼看走投无路之际，夏侯惇奉曹操之命率军"保驾"成功，后将李郭联军击溃，曹操被加封官爵。故有"说曹操，曹操到"之说。

民间说法是曹操主动前来护驾，与三国演义稍有不同。（见《三国演义》第十四回"曹孟德移驾幸许都"）且说曹操在讨伐董卓之后，曾任东郡太守。当时山东黄巾又起，他与济北相鲍信共同讨伐黄巾，招安降兵三十余万。自此曹操威名日重，被朝廷加封为镇东将军。董承、杨奉护驾至洛阳后，仍担心李傕、郭汜来犯，故奏请汉献帝，宣曹操入朝，以辅王室。操接旨后，尽起山东之兵，赶来洛阳护驾。刚到洛阳城外，适逢李傕、郭汜领兵来攻洛阳。

360. 心怀叵测

【释义】心怀：居心，存心；叵：不可。指存心险恶，不可推测。

【出处】明·罗贯中《三国演义》第五十七回："曹操心怀叵测，叔父若往，恐遭其害。"

【成语故事】三国时期，曹操准备率军南下攻打孙权与刘备，担心凉州太守马腾趁机作乱，就采用谋士荀攸的建议，封马腾为征南大将军，骗至许都杀害。马腾不相信侄儿马岱说曹操是一个心怀叵测的人，就带儿子马休一起去许都，结果被曹操杀害。

361. 难至节见

【释义】原本指国难到来，才显出大臣的忠贞，后泛指对国家、对民族的忠贞。

【出处】明·李贽《藏书·名臣传·肥义》："且夫贞臣也难至而节见，忠臣也累至而行明。"

【成语故事】赵武灵王十六年（前310），武灵王游览大陵。有一天梦见一位美貌少女弹琴唱诗，之后一再谈起、追慕不已。臣子孟文听说后，将女儿嬴娃送入宫中。武灵王一见大喜过望，"正是寡人梦中佳丽，幸哉！快哉！"美人官名叫孟姚，非常受宠爱，后来生下儿子赵何，母贵子荣，武灵王废了长子太子章而立赵何为太子。

公元前299年武灵王传位太子赵何，肥义任相且是新王的师傅，这就是惠文王。武灵王自称是主父，率领军队去巡视北方和胡地，并想从云中九原向南方袭击秦国。为了搞清秦国军情，他乔装成使者进入秦国。秦昭王过后惊怪他的相貌特别伟岸，不像人臣气度，立即派人追赶，可是主父早已飞马驰出关。惠文王二年（前297），主父巡视新占领的土地，经过代地往西在西河与楼烦王相会，并招收了他的士兵。惠文王三年，武灵王回师途中灭了中山国。归来之后，论功封长子赵章为代地的安阳君。主父又派田不礼去辅佐赵章，肥义的好朋友奉阳君李兑觉察出赵章有谋反的野心就劝肥义说："公子章正当壮年，并且心志骄狂，党羽甚众，野心勃勃；他的辅臣田不礼更坏，为人残忍并且傲慢，这两个人弄到一块，臭味相投，俗话说：'小人有欲，轻虑浅谋'。他们迟早会谋反的，您贵为相国，积权一身，只要祸起，您必然先受害。为今之计何不把权力移交给公子成，称病回家休息，得以保全呢？"肥义坚定地说："君言差矣！当初主父把新王托付给我，千叮咛，万嘱咐，要忠心辅佐新君，直到我去世。我再拜接受了王命。我听圣人说，坚贞之臣当灾难临头时节操就会显现，忠良之臣遇到牵累时行事必须鲜明。这些话我至死不会违背，我也非常感谢您对我的赐教和忠告。"李兑痛哭流涕而去。

为了防患于未然，肥义命令宫廷守卫将军信期加强对宫廷的戒备和保卫。惠文王四年（前295），群臣前来朝拜君王，安阳君也来朝拜。主父看到长子赵章颓丧的表情，向北称臣屈身在弟弟面前，心中不勉产生怜悯之情，想把赵国一分为二，让赵章做代国之王。但由于大臣们的反对没有实现。接着，主父和惠文王赴沙丘行宫去游览，父子分居两室。公子章同田不礼商量，假传主父之命召见惠文王，却预先埋伏刀斧手待文王入宫时弑杀之。相国肥义怀疑其中有诈，阻文王前往，并命令守卫将军信期做好战斗准备。他探入主父宫中探听虚实，不幸被杀。赵章等久等不见惠文王入宫，杀奔惠文王宫中。惠文王和守卫将军信期一边派人火速赴都城邯郸禀报公子成，命其带兵前来救驾，一边紧闭宫门、坚守待援。战况十分激烈，傍晚时分，公子成和李兑率大军十万火急赶来，一举将叛军消灭。公子章只身逃到主父宫中，主父出于父子之情，命人打开宫门收留了他。公子成和李兑为了除恶务尽，命令大军包围了主父宫室。公子章自刎而死。公子成和李兑继续包围主父宫室，命令宫中的人说："最后出来的人灭族"，宫中的人接到命令纷纷全出来了。主父饿得只好掏幼鼠捕捉昆虫充饥，一直坚持了三个多月，最后活活饿死在沙丘宫中。

李贽（1527—1602），福建泉州人。明代官员、思想家、文学家，泰州学派的一代宗师。初姓林，名载贽，后改姓李，名贽，字宏甫，号卓吾，别号温陵居士、百泉居士等。嘉靖三十一年举人，应会试。历共城教谕、国子监博士，万历中为姚安知府。旋弃官，寄寓黄安、湖北麻城芝佛院。在麻城讲学时，从者数千人，中间还有不少妇女。晚年往来南北两京等地，最后被诬下狱，自刎死于狱中。李贽在社会价值导向方面，批判重农抑商，扬商贾功绩，倡导功利价值，符合明中后期资本主义萌芽的发展要求。其重要著作有《藏书》《续藏书》《焚书》《续焚书》《史纲评委》。他曾评点过的《水浒传》《西厢记》《浣纱记》《拜月亭》等等，仍是至今流行的版本。李贽还评价秦始皇是千古一帝。《藏书》的成书主要取材于历代正史，也兼采了一些实录、野史、笔记、传奇等，录选并评述由春秋至元亡的约八百位历史人物。李贽按照自己的观点把这些历史人物加以分类，对一些类别写了总论，对一些人物、事件和言论写了专论或简短评语。藏书的意思是"意见与当时不符，只能藏于后世"。

362. 攻难守易

【释义】比喻坚守比攻取容易。

【出处】《藏书·九国兵争》

【成语故事】赵国在长平战役惨败后，打算通过掠夺燕国的领土，来补偿自己遭受的损失。平原君问他的大将冯忌说："我要出兵攻打燕国，您看怎么样？"冯忌回答说："这是不可以的。您看，秦国乘着连打七次胜仗的威风，在长平和咱们交手，事后又用全部兵力来围攻邯郸城；咱赵国呢，只靠收集到的散兵败卒，守着一座破城。可是尽管这样，秦兵到底也攻不下邯郸，反而把他们的锐气消耗尽了。什么缘故呢，就是因为攻起来困难守起来容易啊！现在赵国并没有连战连捷的威风，而燕国也没有受到象长平战役那样的损失。现在我国多次战败的元气还没有恢复，却想用疲惫的军队去攻打强大的燕国，那样的话，就是较弱小的赵国仿效强大的秦国去攻城；而较强大的燕国效法弱小的赵国来守城；结果反而给了秦国休息兵马的机会，让他们再钻空子找赵国的便宜。因为这个，我看不出您这个作法有什么可取。"

363. 梅开二度

【释义】指同一件事成功地做到两次。

【出处】实源于惜阴堂主人所编小说《二度梅》，京剧、越剧均有此戏。

【成语故事】传统戏曲剧目《二度梅》：唐代肃宗年间，邯郸城有一佳丽女子，名唤陈杏元。她家有株梅花树，时当花期，正喷香吐艳。忽一日，何故无风天雨花自残，陈杏元大惑不解。也在这一日，陈杏元在朝做官的父亲差人送来一位书童。这书童，聪明伶俐，才貌超人。后来得知，他原是被奸臣残害的忠良之后，名叫梅良玉。原来，梅花自败是应在了他的身上。这不禁使陈杏元内心里萌生了一种难以名状的感情……不久，他俩相爱了。谁知好景不长，俩人尚未成婚，北国南侵，唐王难以抵挡，选陈杏元到北国去和番……那时的邯郸是边陲重镇。凡到番邦去的人，一般都要登临邯郸的丛台，与社稷亲人垂泪相别。这样，陈杏元与梅良玉便也来在丛台之上……如今的丛台上便也仍然有着这样的八个大字："夫妻南北兄妹沾襟"……当陈杏元泪别梅良玉，一步一回头，悲悲切切地就要到达番邦，路经一处悬崖断壁，痛不欲生跳崖寻死之时，她突然得救了。救她的，是一缕阴魂，是前朝原因前来和番，到头来忧郁而死的王昭君的阴魂。那阴魂，背起陈杏元直送陈家，最终让她与梅良玉又成好事，喜结良缘……这件事，感动了陈家院中的梅花树。就在梅陈完婚之日，那梅花树又二度重开，且花朵满枝，艳丽无比，馨香四溢……

"梅开二度"是来自传统戏曲剧目《二度梅》,而此戏曲乃取材自同名故事的古典小说《二度梅》:主人公梅良玉父亲被奸臣陷害,他侥幸被人救出并送到其父好友陈日升家中寄居。陈视梅良玉如同己出,常带他在花园的梅树边拜祭故友。梅良玉不辜负厚爱,发誓要苦读诗书,决心考取功名,出人头地,将来好为父亲报仇。一日,盛开的梅花被夜晚的风雨吹打得凋谢了。陈日升带梅良玉诚恳地再拜,祈求让梅花重开。诚心感动天地,结果真的满园芬芳,梅开二度!这是个吉兆,梅良玉最终学成进京,中了状元,还和陈日升的女儿结为琴瑟之好。

如此可见,"梅开二度"原本表达的意思是好事再现,并没有不健康的义项,更没有"男女再度欢好"的意思。

364. 目中无人

【释义】眼里没有别人。形容骄傲自大,看不起人。

【出处】明·冯梦龙《东周列国志》第九十六回:"赵奢子赵括,自少喜谈兵法,家传《六韬》《三略》之书,一览而尽;尝与父奢论兵,指天画地,目中无人,虽奢亦不能难也。"

365. 朴素无华

【释义】俭朴、不浮华。

【出处】明·宋濂《元史·乌古孙泽传》:"常曰:'士非俭无以养廉,非廉无以养德。'身一布袍数年,妻子朴素无华,人皆言之,泽不以为意也。"

【考据】乌古孙泽,字润甫,临潢人。其先女真乌古部,因以为氏。祖璧,仕金为明威将军、资用库使,从金主迁汴。汴城陷,转徙居大名(今邯郸大名县)。父仲,倜傥有奇节,遭金季世,愤无所施,用高言危行,亲交避之,遂纵酒阳狂以自晦,然教泽特严。泽性刚毅,读书举大略,一切求诸己,不事章句,才干过人。